第一篇　职业规划篇

第二篇 就业指导篇

第三篇 创业创新篇

附录 政策法规

第一篇

职业规划篇

第1章

大学生职业意识培养

1.1 大学生的社会角色

人都具有自然和社会的双重属性，由自然人向社会人的转化是人的社会化过程。在这个过程中每个人都扮演着各种各样的角色。大学生作为社会的一员也不例外，大学生社会角色的成功扮演是顺利完成社会化的前提和保证，其最终目的是实现自我的人生价值。正确扮演好社会角色，直接关系到人生价值的体现。

【案例】

小周是一名刚毕业的大学生，在校期间，小周凭借过硬的计算机专业知识获得过无数次的学校嘉奖。这不，还没有毕业他就被一家世界500强企业破格试用。6个月的试用期中，小周表现异常优秀。他和同事之间相处也算融洽，只是偶尔会发点小脾气，嫌同事不够专业。虽然同事嘴上不是很在意，其实心里还是不舒服的。有一次与外商谈判，小周在没有得到上司通知的情况下，擅自做主私下请客户吃饭，拉近关系。上司听了勃然大怒，训斥小周，但小周嘴上虽然承认了错误，心里却不服。有时，小周和领导一起去参加与客户的谈判时，竟然随意打断上司的发言，主次不分，让上司很没有面子。小周虽为公司立了大功，但是却给上司留下了强出头、爱表现的不良印象。6个月试用期一到，小周就接到人事部的通知，国庆节之后他就不用去上班了。

为什么小周会被公司辞退？最直接的原因是不懂得尊重上司和同事，这对于职场新人来说，是非常忌讳的。

在校成绩优异的小周刚踏入社会，心态跟大多数大学生一样，就是想多多展示自己优秀的一面，这也无可厚非。但是从校园踏入职场后，首先要学会的就是及时转化自己的角色，遵守职场规则。

1. 大学生角色要求

（1）目标要求。

当代的大学生是国家的未来，民族的希望，是建设中国特色社会主义国家的后备力量。大学生的思想道德和文化水平如何，在某种程度上直接关系到国家未来的前途和发展方向。身为高等院校的大学生应该首先明白自己的角色，那就是学生。学生的天职就是学习。作为高等院校的大学生享有学习更为系统的知识的机会，但不能只关注知识储备的“量”，更应该注重“质”的飞跃。摆脱传统“金字塔”式的与实际脱节的学习模式，真正利用所学知识拓宽学习面，培养全面学习的能力，并且合理结合专业知识再拓展学习一到两门的平行专业。

大学生在校时总是会幻想出校门后凭借自己的努力一定会闯出一片天地，可是梦想和现实间总是隔着很多困难和不确定因素。

【案例】

张明是二本在校学生，系统学习冶金工程。但是在学习的过程中，他感到并不喜欢这个专业，也讨厌机器的轰鸣声，但又不知道他将来想干什么，也没有一个具体的目标。在一次同老师发生争执后，他竟然赌气退学了。而且退学的事并没有和家里人说，退学后他更加茫然了。后来，他突然对金融产生了兴趣。在看过一点专业书之后，发现这个专业并不难，想凭借着自己对金融的兴趣和研究，将来考取证券从业资格证，然后在这一行打拼。在自己苦苦钻研无果最终放弃之后，他又发现计算机行业很赚钱，于是他又钻进计算机知识里。就这样半年换一个专业自学，转眼间和他同届的同学都毕业工作了，在事业发展上迈出了第一步，但是张明却还是一事无成，他想再回到学校把学业完成，但现在已经没有机会了。

张明退学前的困惑或许是很多大学生都面临的问题，困惑的产生都是因为没有一个正确而具体的目标。对于大学生来说，应该努力学习更多的专业知识，积极地面对挑战，而不是选择退学来逃避问题。学习是一种自我强大的过程，只有自身足够强大才不会惧怕未来的路途艰险。定位自己的目标，对于大学生来说，非常必要。

（2）心理素质要求。

当代大学生是社会人才的储备军，有一个正确的自我角色认知和定位，对于大学生来说是非常必要的。错误的角色定位必将导致不可挽回的局面，要将自己拉回正确的轨迹，就需要大学生接受正确的理论指导，剖析角色定位的错误。最重要的是大学生要激励自己挑战自我，努力地完善自己，让自己达到更高的水平。

当代的大学生多数都是独生子女，在家被当作“小皇帝”“小公主”，他们在成长过程中，备受宠爱，甚至是溺爱，承受过重的学习和工作压力是一种挑战。

【案例】

某大学大三学生小良，成绩优异并且是校某部部长，高大帅气充满活力，在大学篮球对抗赛上为学校夺得首个奖杯，无数女同学为之倾倒。在大二时小良就和低一级的学妹小娴谈起了恋爱。在一起的一年里，由于小良和他的女朋友都是独生子女，在相处过程中多次因小良的专横发生口角。小娴起初都是哄着小良，带打球回来的小良去吃肯德基，给小良买新球衣，球鞋，处处让着小良。而小良在这过程中不但没有珍惜小娴，还多次带不同的女同学到处炫耀说是自己的新女朋友。心灰意冷的小娴在大三开学初向小良提出了分手。

小良无法接受这个事实，整天把自己关在宿舍里，不分白天黑夜地玩游戏，在网上结识了一些所谓的“志同道合”的朋友。有一天，那些朋友怂恿小良去报复社会，让小娴知道小良的厉害，好让她回到自己的身边。小良天性霸道还爱受人怂恿，分不清是非黑白。

在一帮朋友劝说下，小良最终选择做一名网络“黑客”，利用自己所学的计算机知识和几个网上结识的朋友攻击挂靠政府网站的服务器，并在网站上留下对小娴的思恋文字。几日下来，小良正幻想着小娴马上就回到自己身边，警车已经开到校园，戴上手铐的小良一脸失措。

小良让我们痛惜，也提醒了我们。大学生正确处理学习、情感、社交是如何地重要。正确认识自己在社会中的位置，不随波逐流，才能顺利完成大学的课程，做一名合格的公民。

（3）价值观要求。

价值期待是个人的意识，也是一个社会的内在力量。它是大学生对在大学生活中将要成为一种怎样的人的外在表象认识。大学生作为一个受过高等教育的群体，担负建设国家的历史使命。胡锦涛同志勉励青年工作者：“把弘扬中华民族传统同发扬时代精神结合起来，在

服务他人奉献社会的实践中逐步树立起正确的世界观、人生观、价值观，努力把自己锻炼成为社会主义事业的合格建设者和可靠接班人。”

【案例】

陆铮一直以来成绩不错，也是父母和老师心目中的好学生。但进入大学之后，他却迷上了电脑游戏，而且每天都花非常多的时间和金钱沉迷于此，无法自拔。渐渐地成绩退步了，身体也变差了。但他却丝毫不以为然，当别人劝他的时候，他却振振有词，说什么反正上完大学也是失业，不如现在就赶紧多体会一下失业生活。等到大家真的毕业，而且都找到了工作时，他这才开始着急。四处奔走找工作，但却一无所获。最后，他心一横，觉得反正自己找不到好的工作，不如就继续干以前的老本行，好好打游戏，争取成为一个游戏竞技类明星，这样就会赚大把大把的钱。后来，他果真就背着家里人这么做了，只是最后并没有成为什么竞技明星，灰头土脸地回家了。

陆铮因为树立了不正确的价值观，最后害苦了自己，没有成为一个对社会有用的人，并成为了社会和家庭的负担。

2. 大学生如何正确转换角色，化被动为主动

大学生毕业后踏入社会，从一名在校生转化成社会人，要经历许多过程。有的大学生在这期间能顺利完成蜕变，有的大学生很长一段时间无法适应新的环境，而这就是角色转换出现了问题。正确把握角色转换的度，让大学生从被动到主动，顺利完成蜕变。

【案例】

小花毕业后找到了一份令自己不是非常满意的工作，专业也不是十分对口。但因为工作不好找，所以有个单位同意录用她，她就将就了。可是到了工作岗位之后，她发现自己完全不能够适应，一直处于被动状态。她不能很好地安排工作时间。上班时，她总是习惯性地发短信和聊 QQ，而且一停下来这两件事，她似乎就六神无主了，这都是在学校里养成的坏毛病，大学四年，她连上课时都是如此。此外，就是非常害怕老板和同事，要讨论什么的时候，她总是异常地紧张和无措。有的时候，她感觉自己的心都快跳出来了，不习惯当众跟人交流。领导在会上要求大家发言，轮到她时，她只是随便说几句。有时候她实在是想放弃这份工作，可是担心如果换一家单位，还是会重蹈覆辙。

大学生在学习、工作、情感方面都会面临各种挑战，应了解自己的现实情况和社会环境，实事求是地面对自己的现在和未来。摆正位置、客观冷静地进行自我评价，是化被动为主动的必要手段。只有这样才能认识社会，全面地了解社会，积极主动地适应社会。只有立足于社会，才不会被社会的车轮远远甩在后面。

1.2 大学期间大学生的发展阶段

经过紧张的高中生活走入大学校门，许多学子松了一口气，在大学期间不再需要面对千军万马过独木桥的那种激烈竞争了。随之而来的是与高中学习生活完全两样的大学生活。那么，在人生最为关键的这 3 ~ 5 年，大学生应该如何规划自己的大学生涯呢？

1. 大学的磨合期

大学生初进校门，刚经历了高考的洗礼，虽然已开始大一的学习生活，但在心理上，还是高中生心理，许多同学尚不习惯大学的“放养”管理，对于自己的专业有待了解，对于以后的职业规划显得茫然没有头绪。这个阶段通常被称为“磨合期”。在这个时期，大学生要尽快适应节奏不一样的大学生活，了解自己的专业以及以后可能的就业范围，提高自己的交际

能力，逐渐走向独立生活。同时要认真学习本专业的知识，有意识地提高自己的专业水平，培养自己的职业素养。

【案例】

秦强是一个山里孩子，当他考进市里一所师范大学之后，原来学习上的优越感没有了，生活的贫困却压迫着他。能考上这所学校的学生，无疑都很优秀。而许多同学家里条件都比他好，他却连普通话也说不好。经历过最初的迷茫与心理失衡，他开始正视自己的生活。因为他的理想是做一名教师，让山里的孩子都能走出大山上大学，所以，他不放过任何一个可以提高自己专业知识水平的机会。他利用在学校食堂勤工俭学的机会，锻炼自己和同学说普通话。在很短的时间内就说得一口非常流利的普通话，听不出一点山里的口音。

高中的学习是被动式学习，而且可以说，高中阶段非常重视学习成绩。大学却不同，学生的组织才能、领导才能等都会作为评定一个学生的标准。大学不再是靠学分评价学生，更多地是考察学生的综合能力。因此，如何适应初进大学时的磨合期，也是对大学生的一个考验。

2. 大学的定向期

经过一学期的学习适应，绝大多数大学生都会适应崭新的大学生活，开始规划属于自己的大学生活，确定自己未来的发展方向，并且朝着适合自己的职业生涯规划去努力。在这个阶段，大学生要通过多参加校内各种社团的活动来提高自己的各种能力，并且通过参与一些兼职及与本专业相关的工作，提高自己的专业能力和对社会的认识，检测自己所学专业知识技能的掌握情况，增强自己的责任感，提高自己的耐力。这样，对于以后的求职与就业，将会很有益处。

【案例】

王磊是某会计学院的学生，为了在毕业求职时有更多的机遇与选择，他扎实学习专业知识，并且利用课余时间去一家超市帮忙结算，不计报酬，只享受一顿工作餐。这使得超市欣然接受他做兼职。在工作中遇到问题，王磊便带到课堂上问老师。同时，他还找出理论与实际工作之间的差异，撰写一些小论文。因为论文适用性强，经常被发表与转载，他也成了校园名人。

许多人都说大学生活没有做过兼职，就不是完整的大学生活。做什么样的兼职，做兼职抱有什么样的目的，对于每个人来说可能不太一样。但是，毋庸置疑的是，与专业有关的兼职历练，可以令你在以后求职的时候受益匪浅，所以千万不要错过这样的机会。

3. 大学的冲刺期

临近毕业的一年，是大学阶段的冲刺期。这一时期，大学生已经明确了自己的求职意向，在撰写毕业论文以及做职业规划时，应该多考虑提高自己的求职技能，了解收集自己准备求职的公司的相关信息，并且付诸行动做求职准备，学习写简历和求职信，通过互联网及联系离校的学姐学哥，了解筛选有用的求职信息，不打无准备之仗。与此同时，加强专业知识的学习显得尤为重要，特别是不要局限于书本上的知识，要了解本专业最新的国际科研动向，争取站在知识的前沿，才能有最好的冲刺。

【案例】

王琦峰在同学眼里，是一个比较懒散的人，什么事都不放在心上，什么事也都不着急。不熟悉的人见了还以为他是大智若愚，其实呢，他就是喜欢将今天的事推到明天做，明天的事情推到后天。

这不，眼看就要大学毕业了，同学们都忙着写简历，四处投简历。可王琦峰还是整天跟个没事人

似的，该打球打球，该睡觉睡觉，好像毕业和自己毫无关系似的。有同学劝他，让他为找工作做点准备，但是王琦峰却自信满满地说："简历那东西都是摆样子的，找工作对我来说根本不是问题，到时候三言两语就摆平了。"

俗话说"是骡子是马拉出来遛遛。"到了学校组织的招聘会，王琦峰草草地写了份很简单的简历，趾高气昂地来了，最后却垂头丧气地回去了。为什么？好几家招聘单位见了王琦峰的简历如此简单，干脆不容他怎么介绍自己，就把他给排除掉了。纵使小王有一肚子的能耐，人家不给他施展的机会，他也是毫无办法。虽然也有一两家单位询问了小王的情况，但是小王所回答的，都是一些夸夸其谈的大道理。尤其是被问到他对于自己的规划和择业标准时，他的回答更是不着边际。像这种"没谱"的应聘者，用人单位又怎么敢用呢？

有的在校大学生认为简历没有什么可写的，就像案例里的王琦峰一样。殊不知简历是招收单位了解应聘者的第一渠道，假如个人的简历过于"寒酸"的话，会影响到招聘单位对应聘者的第一印象。从心理学上讲，第一印象往往是决定成功与否的关键所在。

有的大学生会在自己的简历里罗列一大堆的荣誉，无论荣誉大小，恨不得把买彩票中奖的事也写进去，其实罗列荣誉不能贪多，要写含金量高的荣誉，对应聘者有利、相关的荣誉，切不可眉毛胡子一把抓。而且个人简历可以丰富，但不能夸大事实。简历中应多介绍一下自己有哪些实际工作经验，切忌说一大堆的空话、套话。简历是介绍、展示自己的窗口，不要让人看了产生厌烦的心理。

4. 大学的分化期

大学阶段的最后一年，也是个分化期。这一时期，同学们有的找工作，有的考研，有的筹划出国继续深造。到这最后时刻，每个大学生都应该明了自己所要选择的职业道路。前几年大学生活的准备就是为了这一刻。大学生只有明确自己的求职目标，才会越来越接近自己的求职理想。有位招聘的面试官说过："现在有的大学生，一应聘就说干啥都行，他这种人，其实是干啥都不行，因为他不知道自己哪一样是最优秀的。"寸有所长，尺有所短。只有明确自己的特长与兴趣，在充分做好自我分析和环境分析的基础上，才能正确选择自己所要走的路。

【案例】

每一年的大学生招聘会都会有一些幸运的同学进入工资待遇与工作环境较好的公司去工作。而这一切并不是偶然的。陈林是电脑软件开发专业的学生，之前他做过的所有兼职都是在一些软件公司做软件开发，没有毕业他就开发了一套网吧管理软件及酒店管理软件，令他在软件开发界小有名气。即使有的时候兼职软件开发的工资待遇相当低，他也一直都在坚持。而毕业招聘会上，IBM公司为他打开幸运之门，令同学们相当羡慕。想想自己平时为了做兼职能多一些收入，经常偏离了软件设计专业，因而实际工作经验远远不如陈林，这令大家后悔不迭，而这也正是IBM公司选择陈林的主要原因。

机遇总是垂青于一直准备着的人们。对于这句话大学生耳熟能详，但是真正能够做到的人又有几个？陈林从一开始就明白自己需要积累的是什么，所以，即使一路荆棘也坚持走了下来，他没有偏离主航道，最终实现了预定的目标。

案例点评

【案例】

小刘是一名金融专业的学生，之所以当初报考金融专业，是因为当时他听很多同学说金融专业将

来有前途，有发展。至于将来的现实情况究竟如何，小刘也是一头雾水。反正跟着大家走就对了，走哪算哪，天无绝人之路。

临近毕业的时候，小刘所在的学校，请来了一位金牌保险推销专家，来给小刘这些毕业大学生传授一下就业与工作的经验。而百无聊赖的小刘也坐在了会场里，乖乖地做了一名听众。

听了几次这位保险推销专家的讲座，小刘深深地迷上了保险这个行业。他是越听越兴奋，越听心里越是躁动不安。而且每次讲座结束，小刘都要找到这位专家，向他请教关于保险的问题。最终小刘决定毕业之后转投保险业，希望自己将来也能成为一名优秀的保险推销员。专家问小刘为什么想改行，小刘回答说："自己本来对金融专业没多大的兴趣。做保险不仅能帮助他人，而且还能挣大钱。"

干了几个月的保险，小刘竟然连一单生意都没能签下来。小刘还想坚持，因为他还年轻，而且他是一名大学毕业生，学历上有优势。但是至于坚持的结果究竟会如何，小刘心里也没有底。

【点评】

（1）很多时候，专业不一定能成为自己的职业，就像案例里的小刘一样。但是从某种程度来说，专业是每个就业者的信心来源。轻易背离自己的专业，从事所选择的新职业，可能会缺少理论基础和信心。贸然地改变自己的选择，有可能会像小刘一样，将自己置于尴尬境地。

（2）小刘之所以会失败，首先是因为对大学和专业的定位是错误的。大学不是名利场，如果什么都以金钱来衡量和选择，那大学也就称不上文化知识的殿堂了。专业也不是单单用来赚钱的工具，更是实现自我价值的一种途径。因此，在选择专业的时候，兴趣也是考虑的重要因素。

（3）职业规划可以适时调整，但有些调整会"牵一发而动全身"，或因今天的改变，不仅未来职业生涯会让你茫然和心里没底，而且为原有计划付出的多年努力也可能会付诸东流。例如，医学专业毕业的大学生，哪怕有半年时间改行做别的，再想回过头来继续从医，是很困难的。像小刘这样因为一时冲动和眼前利益，就盲目地改变自己的职业初衷，只会让自己变得更被动。

素质拓展

吴俊从小学习成绩就非常优异，从小学、初中到高中，不管在哪个学习阶段，吴俊始终是同学们羡慕的拔尖生。参加高考那年，吴俊以非常优异的成绩被北京某知名大学录取。

四年大学生涯，吴俊对待学习依旧是勤勤奋奋。在家人的要求下，大学毕业之后，吴俊选择了考研。因为在他看来，只有拥有一份高学历，将来才能有个好工作。甚至后来在家人的安排下，吴俊还到国外留学攻读了哲学博士学位。

但是吴俊在海外留学期间，发现生活的一切，与自己的想象有着很大的出入。以至于到后来，吴俊放弃了自己在海外的学业，返回国内找了一份企业管理的工作。这天，吴俊在吃饭的时候，和一个陌生男人闲聊，道出了他心中的郁闷。有时候人就是这样，只有面对陌生人才敢彼此倾诉：

陌生男子："你是做什么的？"

吴俊："企业管理。"

陌生男子："是本专业吗？"

吴俊："不是。"

陌生男子："哪毕业的？"

吴俊："在英国读的博士。"

陌生男子："那为什么回来？"

吴俊："上大学那会儿自己什么还都不懂，成绩还说得过去，所以后来家人就安排我去国外读了博士。本想着拿到更高的学历，将来赚大钱，可实际上根本不是这么回事。自己对那个专业没什么兴趣，

相反现在的工作我倒是挺喜欢的。早知道是这样，我又何苦跑到国外去折腾！”说完，吴俊显出一脸的无奈。

像吴俊这样的大学生并不在少数。或许正在读大学的你，对自己将来的职业规划也是一头的雾水。

如果是这样，不妨趁现在结合本章内容，讨论一下吴俊的无奈是什么原因造成的。同为大学生的你，从吴俊的案例中，能得到什么启示呢？

第 2 章

职业与人生

2.1 职业与人生的关系

一个人的青壮年时期，大部分时间都是在工作中度过的。人需要以工作为生计，也需要不断提升自己的能力和水平，满足精神方面的需求。

1. 职业的定义

职业，是一个人为了生存而要在社会中所从事的工作。它是人们自身发展和社会进步的载体。一般来说，职业有 4 个特征：带来稳定收入、是个人与社会相互联结的纽带、要承担相应责任、实现自我人生价值。

大学生在从事职业之前，都要接受职前教育。职前教育包括九年义务教育、中职教育、大学教育，以及各种实习培训等。职前教育的目的是培养学生的社会生存能力，也是经济发展、社会进步和科技创新的重要试验场。

【案例】

小叶子留学回国之后，没有立即找工作。她希望自己创业，趁着年轻，做一些自己喜欢的事情。因为她是学服装设计的，而且对时尚潮流有非常独特的见解，所以她希望未来自己能够创立和经营一家自有品牌的服装公司。

当然，想要一步到位是不可能的，这需要大量的启动资金。而家里为了让她能够在国外顺利完成学业，已经倾尽了所有。于是，她先是选择了当自由职业者，然后一步一步向她的理想迈进。

小叶子靠接一些私人或者企业的服装设计任务取得收入，从而维持自己的基本生活。除此以外，她通过微博、博客等大众推广平台将自己的时尚理念，服饰搭配技巧方法传播出去，然后配合一些商家的产品宣传获得广告收入。

小叶子在从事设计和传播理念的过程中，积累了非常高的网络人气。很多喜欢追逐时尚和穿衣打扮的花季少女、都市丽人都是她的忠实粉丝。而等待小叶子的点评和分析便成了她们生活中非常重要的乐趣之一。

后来，某厂商看中了小叶子的商业价值，采取合作的方式，帮助小叶子创建了她自己的服装品牌。并在生产、运营、推广等每个环节上给予小叶子全力支持。最后，由小叶子创办的这个服装品牌赢得了非常广泛的市场好评，大获成功。作为独立设计师兼评论人的小叶子和这家厂商实现了互利共赢，获得了事业上的大丰收。

小叶子从事的并不是传统的职业，但如果细细分析，我们就可以发现，她所从事的工作

同样符合职业的四个特点。所以，职业可能会有多种多样的形式，不必非要打破头挤进大公司或国家机关、事业单位工作。只要符合职业的四个特点，它就是职业，就有可能是施展才能的平台。

2. 人生的定义

人生，是个很宽泛和抽象的词。它是人们从出生到死亡，不断积累又不断消耗的过程。在这个过程中，人从事各种活动的目的就是追求幸福以及享受幸福。

【案例】

金赛花是一名普通的大学毕业生，但她即将要从事的事业却是神圣而伟大的。她响应国家“三支一扶”计划的号召，在青海省一所高原小学任教。这里每年大部分时间都是冬季，而这所高原小学，也被称为“屋脊小学”。艰若的工作条件并没有吓住金赛花，她希望能够通过自己的努力，把先进的知识和价值观带到青海高原上去，为那里的孩子发光发热。

而金赛花的这些想法，积极向上的人生观和价值观，都是在大学教育里养成的。她的家庭条件并不好，却是一个学习非常勤奋刻苦的女生。在考上大学之后，她并没有因为交不起学费而辍学，而是享受到了国家贫困助学的利好政策，圆满地完成了学业。

在她学习到知识，有了谋生的能力之后，她没有忘记在自己的困苦日子里，国家、社会、学校对她的辛苦栽培和殷切期望。因此，她选择来到西部这个相对不发达但潜力无限的地方扎根，为更多上不起学、像她当年一样面临辍学的孩子们带来福音。

“每个人都有受教育和追求幸福的权利！”这是支撑金赛花去支援西部的信念之一。正是有了这一信念，才使得她后来能够与这些“屋脊小学”的孩子们同甘苦共患难。

当她看见孩子们对知识渴求的眼神，看到校舍的简陋，学生们的课余活动没有硬件设施，更让她迫切地想要完成这一使命，完成她的理想，为这里多做些事。

大学的教育，对于促进一个人对于人生意义的思考，有着非常重大的意义。这一时期，大学生的心智、渐趋成熟，但又没有经过社会的渲染，如白纸一张。在这个时候，树立正确的人生观、价值观，对于个人的发展也好，社会的发展也好，都具有无可估量的正面意义。

3. 职业与人生的关系

理解了职业和人生的定义，下面讨论一下它们之间的关系。

既然人的生存发展离不开职业，职业是人生存发展的载体，那么职业就和人生有着密不可分的关系。清楚职业与人生的关系，对于大学生建立积极的人生观、正确的价值观、崇高的职业理想以及规划未来职业生涯都大有裨益。

围绕着职业，人的一生大致分为三个阶段：职前预备阶段、从业进行阶段、从业收益阶段。

（1）职前预备阶段。

从一个人咿呀学语开始，直到完成社会各级教育从事某种职业之前，均属于职前预备阶段。在这一阶段，个体在德、智、体等多方面取得不断的进展。这不仅是为谋求一份好职业做充分准备，还是为个体进行职业生涯发展规划奠定良好基础。

根据年龄、学习内容以及与职业的关系，职前预备阶段可以划分为：职业认知时期和职业选择时期。这两个时期，既有区别，又有相互重叠的地方。

要从事职业，就必须对职业有一个认识和了解。对职业进行良好认知，可以帮助大学生确定职业方向，树立职业目标，提升个人能力。

大学生通过对于自我和行业的细致科学的分析和观察，在学好专业知识的基础上，就能对自身未来的职业发展有一个大致相对合理的规划。

【案例】

杨文对建筑设计非常感兴趣，她崇拜的偶像也多出自建筑设计界。在高考填志愿时，她非常坚定地选择了一所建筑设计专业具有权威性的国内知名大学，并成功考取。她为自己能够凭借个人努力一步一步实现愿望而感到满足。

但真正进入学校开始专业知识学习后，杨文产生了一些懊悔情绪。因为她发现，她对这个行业不是非常了解。以前她对建筑设计行业有一些幻想。而来到学校之后，她才慢慢接触到真实的情况。

杨文最不喜欢的两门课就是建筑速写和建筑材料结构学。她发现自己毫无这些方面的禀赋。一想到要画画及分析建筑材料与结构，她就头疼不已。原本在杨文的眼里，建筑设计师就是通过自己的设计，进行创造。她没想到原来要学习这么多东西，而且经常要跟施工打交道。她不喜欢自己一个女孩子总是出现在工地。慢慢地，她对建筑设计行业也产生了抵触心理。

在勉勉强强结束学业后，杨文毫不犹豫地选择了报考公务员，她觉得相比建筑设计师，公务员的身份更合她的心意，并且上下班规律。

作为一个女孩子，杨文并不喜欢过风里来雨里去的生活。她喜欢简单的，文雅的工作。

对很多人来说高考报考专业时对专业的认知都不甚清晰，有时这会使大学毕业生在最终选择自己心仪的职业前，绕很大的弯路。耗费了人力、物力、财力不说，最后还有可能造成因为准备不充分而草率地找一份更不适合自己的工作。

在事业选择期，大学生不能简单地将事业和职业混为一谈。事业是一个人一生所致力的活动，这就要求它不只是满足自身生存的需要，更多是要符合个人职业理想些，使人生价值最大化。

这就需要大学生早做准备，并且客观、谨慎地做出选择。认真的对自己的职业生涯发展进行规划布局，将人生之中的每个阶段串接起来，实现自己的最终理想。

【案例】

小黄对于将来想要从事什么样的行业一直摇摆不定，他也不清楚自己要过怎样的一生。一方面，他告诉自己，绝对不可以为了金钱和权势活着；另一方面，他又非常渴望实现自己的个人价值，实现自己对这个世界做出巨大贡献的理想。

一开始，他打算大学之后直接进“四大”会计师事务所，而普华永道是他最看好的一家。他为此做了详尽的调查工作，对比四家事务所各方面的条件。同时，他也积极做了充分的准备，比如今后从事这一行，需要满足的条件。

但后来发生了一件事，让小黄感到非常犹豫。他的表哥就在“四大”事务所中的一家——毕马威事务所工作。但高强度和高标准的工作，长时间的加班和熬夜，使得表哥苍老得飞快，以前满脸红润的模样不见了，换来的是消瘦。而且，就在这之前，他的表哥因为工作压力太大大病了一场。而表哥才刚刚可以下床，就又得投入工作中去。

小黄也害怕同样的健康问题会困扰着自己。应该怎样选择，对小黄来说真的非常困难。在经过一番仔细的权衡之后，他还是选择坚持当初的理想。他想既然自己对这一行是出于热爱，那么就应该坚持下去，而且困难和险阻是任何一个人在朝着自己目标前进的过程中都回避不了的。去别的行业奋斗，也一样会碰到。

通过小黄的案例，我们可以看出，选择自己想要一生从事的事业，不是那么容易的，需要考量的因素非常多。而且其间经历的变故也是之前所无法预料到的。

但正是因为目标神圣而伟大，大学生才更要做好面对艰难险阻的准备。不要被困难吓倒，也不要忽视它的存在性。

对职业有所认知，对自身有充分了解，并且坚定自己的理想和自己将要从事一生的事业，

那么，接下来就是为自己的目标做冲刺了。

大学生，切不可忽视这一环节。同时，也不能认为既然自己已经有了目标，那么直管前进就行了。其实有了目标，一切才刚刚开始。

【案例】

韩浩是个有理想并且对自己要求很高的人。他事事要求完美，并且从小就树立了要当一名飞行员的远大目标。这不仅要求韩浩学习成绩好，而且要能满足一些身体上的指标要求。他最在乎的就是他的视力，在成长的过程中他采取了很多的方法去保护自己的视力。这些都是为了实现做飞行员的梦想而进行的努力。

当然，除此之外，还有心理承受能力的锻炼。这要求他必须要具有开朗的性格，宽广的胸怀，坚强的意志，在决策上要果断，情绪把控能力上也要稳定，反应要灵活，思维要敏捷。韩浩还要通过长期有效的训练，使得自己的理解记忆力维持在一个较高水平。

他一直跟朋友和家人说，飞行员的职业生命是有限的，他就算成为一个合格的飞行员，也不可能一辈子都在天上飞。但为了使自己所梦想的这短暂的职业生命充满惊喜和辉煌，他不得不积极做准备，因为这个事业，是他一生的事。

从韩浩为实现当飞行员这一梦想所做的准备，我们可以总结出两点：首先，没有充分的准备，就没有在这一行业顺利进行下去的可能性。所以，做足准备，是事业顺遂最基本的条件之一。其次，准备没有年龄限制，它存在于一个人选择了目标之后的每一个阶段，直到完成理想和使命。

（2）从业进行阶段。

从业,就是指个体在社会中从事一定的劳动并从中获得相应劳动报酬或经营收入的过程。从业进行阶段是人生最主要的阶段，它跨度大，时间漫长，是人生发展规划得到检验的一个阶段。

做好职业生涯发展规划的目的，就是为了能使规划在从业进行阶段准确实施。在这一阶段，不仅家庭和社会完成了对于一个人的培养任务，使大学生能够顺利走向工作岗位，还能够使其在经济上独立，满足个人及家庭生活需求。

在此阶段，大学生也有了不断提升自己，实现人生价值的精神需要，以及承担个人和社会责任的义务，为国家、人民和社会进步做出自己的贡献。

从业进行阶段分为满足生存时期和发展飞跃时期。

进入从业进行阶段，标志着一个人从学生向职业人角色转换的完成。大学生通过从事职业活动，获得满足生存所需的报酬，这也是大学生在满足生存时期最主要的任务。它是大学生独立走向社会的一个起点，意义极其重大。

【案例】

陈菲最近非常高兴，她终于找到了一份工作。在就业环境十分严峻的条件下，这是非常可喜可贺的，家人和朋友都为她感到高兴，而她自己也为终于能够在社会上独立生活而卸下了思想包袱。什么包袱呢？她不用再靠父母和哥哥的贴补过活了，而且她可以赶紧挣一点钱补贴家用，为父亲治病，为哥哥的婚事贡献一份力量。

小菲的家庭情况非常困难。哥哥小时候因为意外失去右手，没有考大学，高中毕业就去参加工作了。因为身体残疾的关系，工资收入一直非常低。而这时候父母又双双下岗，父亲由于过于担忧家庭和生活，也患了病，一直没钱医治。一家人不得不选择摆水果摊度日，不仅如此，他们还要每天去捡些瓶瓶罐罐、废纸来卖。哥哥都三十多岁了，为了供小菲完成学业，也一直没有找对象。

小菲看在眼里，痛在心里。有一次，小菲跟家里人商量，不上学了，希望早早就业，为家里分担

压力。但遭到家人的一致反对。理由是，再大的困难，只要坚持就可以过去，而青春的大好时光错过了，学习知识的时光错过了，以后在生活的重压下就更难弥补了。

就这样，小菲一直咬着牙坚持了下来。她终于没有辜负家人的期待，完成了学业，并且找到了工作。从今往后，她也不再是家里的负担，而是一家人能够挺过来越走越好的一个动力源泉。

可能不是很多人，像小菲一样遭遇不幸：家庭条件艰苦，父亲患病，哥哥残疾等。但每个人所面临的基本问题，都是一样的。

如果不能满足自身生存所需，那么就还得需要家人的经济支持。而一个人经历了二十多年漫长的从业预备阶段，就是为了能顺利平稳地在这个世界上独立生存。

在满足自身生存所需之后，自身得到了一定的磨炼，见识和经验都得到不错的提升。接下来就该进入向上发展不断实现飞跃的一个时期。

随着人类社会的进步，人们逐渐对精神生活的追求发生了浓厚的兴趣。这也是人和其他生物的根本区别：人不是只为了活着而活着。所以，人在满足了生存需要后，就会有自我不断发展的要求，有不断追求精神生活品质和实现个人价值的要求。这就使得职业不再是重复性的劳动，它需要有一个不断学习、不断积累、不断提升的过程来满足人们对于发展进步的要求。

大学生通过高考选拔，来到高等学府深造，目的也是如此。大学生从事各行各业，不仅仅是满足衣食住行，更带有使命感，带有责任感，是用自己的行动去实现个人理想和社会理想的过程。

【案例】

李果在经过了一段颇为艰辛和曲折的历程之后，终于成功地完成了大学毕业后的第一次跳槽，来到了他日思夜想的新公司。虽然，过程是磨人了一点，但结果是令他非常满意的：工资涨了近一倍，还有经常出国培训的机会，老板很器重他，他的晋升空间也非常大。

其实李果并非一开始就对他的老东家不满意。去年毕业，他也是跟很多毕业生一样，经过了非常多的面试，冲破层层考验才从众多竞争者中脱颖而出，进入那家公司。当时他兴奋的那个劲儿，丝毫不比现在少。得到的工资，待遇，对于一个刚出校门的大学生来说，已经非常不错了。

但李果是一个对自己要求非常高的人，并且他的个人能力很突出，学习和模仿能力极强。在短短半年里，他就成为部门举足轻重的一名技术骨干。但大型企业有一定的局限性，人才选拔程序繁冗，官僚作风也比较严重。李果虽然能力突出，但一直受到顶头上司的打压，并且这位顶头上司经常以各种名义窃取他的劳动成果。

李果在晋升交涉失败后，苦苦思虑了很久，终于还是选择了跳槽。他不想他最好的青春时光，最有创造力的时光，都被这家企业榨取完了。

而且之前其实很多猎头已经注意到了这个年轻小伙子，并且鼓动他跳槽。

如果仅仅是满足生存，李果没有必要跳槽，在原来的企业里活到老，干到老，有保障，免除后顾之忧，也是一种非常好的选择。但李果并没有因此而止步，而是不断寻求更好的发展。

满足精神生活需要，实现人生价值，尤其是让自己的个性得到发展，在物质生活水平不断提高的今天，是大学生较为强烈的需求。

（3）从业收益阶段。

从业收益阶段，是职业范畴中人生的最后阶段。人们依靠从业获得物质和精神财富的积累，由于对社会做出贡献而获得社会保障体系的回馈，如医疗、养老等方面的福利，从而能够安享晚年。

在安享晚年这个阶段，人们也并非只是索取。由于人们在漫长的职业生涯中，积累了大

量的经验和教训，这些精神财富比起物质财富来说，更加宝贵。这时候，人们会通过讲座、写作、聊天等多种方式，把这些精神财富传授给年轻人，从而不同程度地影响着年轻一代的职业生涯发展。

【案例】

萧慧毕业之后，和她的母亲一样，成为了一名小学语文教师，并且和她母亲在同一所学校工作。因为萧慧的工作有了着落，她的母亲又达到了退休的各方面条件，所以正在打退休报告。估计今年晚些时候就能获批。从明年开始，萧慧的母亲就要过上在家赋闲的生活了。辛苦了大半辈子，现在总算熬出头，母亲也可以放下胸口的大石头好好喘口气了。

在国家企事业单位工作的优势就在于工作比较稳定。“只要能好好为国家奉献几十年，自己的晚年不会过得差的。”这是萧慧母亲这段时间里经常念叨的一句话。她希望萧慧也能够女承母业，把人民教师的精神继续发扬光大。她的母亲觉得，现在的年轻人，缺的就是一个长性，如果肯踏踏实实把手头的工作做好，真诚正直地做人，也可以像她一样，能够安享晚年。

所以在这大半年里，萧慧的母亲都是竭尽所能地帮助萧慧完成学生向老师的角色转换，并且传授萧慧很多教育孩子、同孩子相处的小窍门。她也会用一些自己在教育方面，以及在单位为人处世方面所经历过的教训来告诫萧慧。

虽然母亲年纪已经大了，但心火不灭，她希望萧慧能够用今后几十年的实际行动，做一个像她母亲一样优秀的小学教师。

在萧慧母亲提出退休之后，校方也在积极研究她的退休申请。校方希望，在萧慧母亲退休之后，能够以返聘的形式，再回到学校，带领和帮助年轻人成长，继续发光发热。

萧慧母亲的一生，代表着大多数人在职业生涯当中的全部经历：从一个刚刚步入社会的年轻人——既没有经验，也缺乏技能本领，到慢慢在自己的工作岗位上不断磨炼，成长，然后逐渐成为国家发展和社会进步的重要动力。之后，随着年龄的不断增大，国家和社会将对他们创造的社会财富加以回馈，解决他们的生活、医疗等多方面问题，从而使他们获得一个美好的晚年生活。

在这个收益阶段，他们也并非只是索取者，相反，他们用自己的知识和经验，继续哺育着这个社会。

希望大学生们通过对职业与人生关系的分析，对于职业、人生以及它们之间的关系能有一个初步的了解。在今后职业生涯的规划中，摆正职业和人生的关系，你将会受益于这给你的职业生涯发展带来的重要而又积极的影响。

没有完美的职业，也没有完美的人生。但大学生可以运用自己的智慧、勇气和毅力在职场和人生中找到适合自己发展的契合点。

2.2 职业理想和理想职业

每个大学生都拥有属于自己的职业理想，每个大学生也都渴望找到理想的职业。大家都希望能通过职业生涯实现自己的人生价值：满足自己和家庭的生存生活需要，为国家和社会创造有价值的物质和精神财富，不断提升个人的学识与能力，从而获得令自己感到圆满的一生。

理想职业并不等同于职业理想，不可将其混为一谈。对于大学生来说，它们各有各存在的价值和作用。一门心思寻找自己认为最理想的职业，或者铁了心盲目去遵从自己不切实际的职业理想，都是有害的，会耽误大学生宝贵的时间和人力物力资源。

1. 职业理想

职业理想，它首先是一种理想，是人们在其特殊成长背景下，根据个人世界观，参照个人条件和社会标准制定的职业奋斗目标。

与其说它是一种目标，不如说它更像是一种境界，一种观念。

【案例】

王萱在毕业之前，其实并不十分确定自己将来要从事什么职业。有一份高收入的工作，一间属于自己的宽敞明亮的办公室，被人前呼后拥，这都不是王萱想要的。她渴望拥有的是不一样的职业，不一样的生活。可能并不一定非常刺激，但一定要有意义，能让自己过得有价值，为社会和大众创造幸福。

她学的是电影专业，非常热爱电影以及人文地理。在毕业之后，她曾经加入过一个小型的微电影制作团队，负责策划和艺术指导。但这个团队非常重视商业利益，所以拍摄要求通常都和王萱的理念背道而驰。在和制作人起了几次大的争执之后，王萱离开了这个团队。因为这和她想要实现的职业理想谬之千里。

一个偶然的机会，王萱结识了独立艺术家窦老师。在跟窦老师交流的过程中，窦老师工作的内容和方式深深地吸引了她。他们的团队，主要关注自然生态环境。他们会深入环境污染严重的区域拍摄，制作剪辑成短片，然后提供给相关的环保机构作为环境保护的素材。

他们拍摄的对象可能是一个污染环境的工厂，也可能是一群濒临绝种的动物。在拍摄过程中，他们经常会遇到各种阻挠，再加上恶劣的自然条件影响，以及拍摄经费的短缺问题，工作很艰辛。但他们的团队富有冲劲和活力，这正是王萱所向往的，她也因此找到了自己的理想所在。目前，王萱在窦老师的团队里工作得特别开心，有激情又有动力。

王萱的职业选择并非是以金钱为衡量标准。简单来说，她更看重的是工作中的那种境界与信念，这就是我们所说的职业理想。职业理想是职业兴趣的来源，没有理想追求的职业，会使人时不时地出现厌烦心理。相反，有理想追求的职业，则能促使人进步与发展。

一个人做一件事有激情又有活力，一定是缘于这个人发自内心的热爱。没有理想，也就没有发自内心的热度，也就没有那样的激情和活力了。生活和工作中没有向上的激情和活力，也就难以体会真正的幸福。

2. 理想职业

理想职业和职业理想有何区别？简单来说，理想职业是就业者对未来职业的一种主观完美构想，它是人们最基本的择业心理需求之一。例如，有人说“我将来想做一名画家。”“画家”就是这个人的理想职业。通常情况下，就业者一般都是先有理想职业，然后才会萌发出职业理想追求。相对于职业理想来说，理想职业有更广泛的定义，它是就业者为自己设定的前进方向，因此理想职业免不了带有不少的幻想色彩。

【案例】

叶敏酷爱文学和艺术，由于要遵从家人的意愿，她没有能够进入理想的文科院校，学习她喜欢的文学专业，而是在一所普通院校里学习机械自动化，她对这一行却是一点都没兴趣。但这也没办法，这个专业是她家人帮她选的，父母之命难违。但她心里暗暗下定决心，等到她自己说了算的时候，她一定要自己安排自己的未来。

在大学，除了完成必要的学业，叶敏并没有放弃自己的爱好。她苦读各种文学名著，以及艺术修养之类的书籍。在她心目中，最好的职业莫过于：在一所面朝大海的房子里，有敞亮的客厅，客厅里摆着简约大方的家具，她喝完早茶，写一首雅致的诗，然后投入一天的小说创作之中。她觉得这样过一辈子，简直是太幸福了。

叶敏毕业时，就业环境突然变得非常紧张。而她所学习的机械自动化专业并不好找工作，择业就

更加艰难了。

在找工作的过程中，她无所适从、焦虑、倍感不安。这时，她突然想起自己的文学英雄巴尔扎克。巴尔扎克为了能够实现文学上的追求，经历了无数的艰难困苦都没有屈服，她也应该这样。说不定，在她的努力之下，她能够过上她之前所梦想的生活。

就这样，叶敏背着家里人开始自己的文学创作。因为没什么收入来源，她租了一间又暗又小的地下室，并且一天只能吃一顿饭，健康状况十分令人担忧。没多久，文学梦想没实现，她大病了一场，家里人知道了，心疼地把她接回家中调养，对于未来只能再另做打算。

叶敏想追求她所希冀的理想职业，但结果付出惨重的代价。绝大多数的学生都会有自己的理想职业，可是假如现实中你的理想职业难以企及，你又迫切需要上岗，那就可以适当地降低自己的择业标准。在之后的工作过程中，结合自身努力创造机会、抓住机会，向自己的理想靠拢。

3. 理想职业与职业理想的关系

虽然理想职业并不等同于职业理想，但这两者却有着某种联系。

如果把职业理想比作一个人的前进方向，那么理想职业就是这个人在前进方向上给自己设定的一个目标。

【案例】

魏刚的偶像是已过逝的苹果公司创始人乔布斯先生。从苹果手机发布第一代时起，他就已经被乔布斯先生的魅力和才华所征服。他希望自己能够在毕业之后，通过自己的努力，加入或者创立一家这样伟大的企业。所以他刚进大学的时候，就给自己订立了这个目标：成为一家了不起的 IT 公司的 CEO，并且把这家企业打造成一家能够传世的企业。

但是，魏刚在大学所学的专业是物流专业，跟 IT 一点关系也没有。所以，他对本专业也有没抱有多大的热情，只是希望借此得到一个毕业证。

为了能够实现自己的目标，他从一进大学就开始钻研计算机方面的知识，痴迷于软件编程和界面设计。由于他对这些抱有极大的热情，在某些领域，他甚至比一般的软件专业毕业生更加有实际经验，并且卓有成果。

但他的很多朋友都劝他，不要抱不切实际的幻想。毕竟，他的理想是非常不现实的。乔布斯能够成就一番伟业，跟他所处的时代和机遇也有巨大的关系，并不是单靠一个人的努力就可以的。但魏刚很执著，没有丝毫动摇。

在毕业之后，魏刚并没有创建或者加入一家了不起的公司，不过凭借着他优秀的软件技术，进入了一家小型的创业公司，担任软件产品首席制作人。在短短半年之内，他负责的软件在互联网市场获得了非常不错的关注度。经过了社会的历练，他不再坚持要成为一位像乔布斯一样了不起的 CEO 了，现在他更专注于产品本身。不过他非常庆幸自己能在大学的时候给自己订立这样一个了不起的目标，正是有了这个目标，他才有动力走到今天的位置。

从魏刚的案例可以看出：实际上，理想职业是一个人职业理想的一个典型化结果，它并不是一堆空洞的理论，而是一个有模有样、有量化标准的目标。虽然它不切实际，但它能够帮助大学生确定自己的发展方向。许多人认为理想是很神圣的。在职业中，理想更多的是指职业理想。而理想职业必须建立在自己的能力、可利用资源，以及社会认可度的基础上。如果理想职业的定位都有所偏差，职业理想更无从谈起。

4. 如何确定职业理想

我们知道，职业理想对大学生来说非常重要。它能够帮助大学生树立正确的人生观、价值观，帮助大学生思考个人对职业的精神需求是什么，职业最终能带给自己什么样的精神境

界，以及自己今后将以一种什么样的面貌去迎接未来。

那么,如何去确定自己的职业理想？如何让职业理想成为自己前进的动力,而不是阻碍？这需要我们做到以下两点：了解自己和了解职业。

（1）了解自己。

眼高手低，是年轻大学生常犯的一个毛病。这都是因为大学生对自己的能力和个性估计不准。把梦想当成理想，把理想当成职业理想，在错误的路上走了很久，却并没有察觉。

建立对自己能力和个性的正确认识，是大学生塑造职业理想最基本的要求之一。

【案例】

小段出生在农村，从小到大他都非常勤奋。而大学毕业之后，他也顺利地考上了公务员。但小段属于那种敢闯敢拼的人，在逆境中反而能够斗志昂扬。当上公务员之后，他倒觉得自己像是使不出劲一样，而且人际上的交往和公务上的处理，也让他有点不适应。

在经过了很长一段时间的考虑之后，他决定辞掉公务员，跟表弟一起去南方某城市创业，经营蔬果买卖。因为他从小就跟庄稼打交道，所以他也很有信心。但这下可急疯了家里人，好说歹说没有劝住。

第一年，小段和表弟包了60多亩的蔬果基地，苦干实干，但由于经营不善，一下赔进去10多万，有时候吃饭都很困难。但他和表弟顶着巨大的压力继续创业，终于在第二年有了很大的转机，他和表弟的蔬果基地也由60多亩扩大到130多亩，再加上他们逐渐形成了自己的销售渠道，成本上得到了很大的控制，他们的蔬果获得了大丰收，为他们带来了丰厚的经济收入。

其实对于小段来说，他不擅长公务员的工作，缺乏这方面热情，也就干不好。而他擅长与农作物打交道，他有信心和勇气把这个事业做好，即使失败了也不会灰心丧气，只会继续前进。

先了解自己，才能确定自己的目标。不以自身条件为基础的计划和打算，是不会产生多大成效的。

（2）了解职业。

一些大学生很容易被职业的名称所吸引，但却丝毫不知道那是做什么的，未来会有什么样的前景。他们只是觉得如果从事这一行，将来跟别人提及自己的职业时，比较有面子，能够满足虚荣心。

还有些大学生，片面追求高薪和成功，不去认识从事职业所要付出的代价。这也是非常危险的。

所以，在了解了自身个性和能力之后，还要对自己感兴趣的职业进行仔细观察和分析。这样才能够比较客观地认识到，自己是不是真的想拥有这样的职业理想，这样的职业理想究竟适不适合自己。

【案例】

张腾大学学习的是测绘，不过测绘专业的出路，张腾并不是十分看好。他一直都对计算机比较感兴趣，而且看到IT行业很多人都拿非常好的薪水，他也很心动。通过自学，他也算是勉勉强强入了门。毕业后他来到亲戚家的软件公司做软件开发，虽然他对技术非常不在行，也没有这方面的天赋，但有亲戚撑腰，所以他也算是迈进了计算机行业这个门槛了。

但工作没多久，张腾就有点撑不住了。首先，这个行业最重要的就是加班，加班甚至比上班还重要。很多上班解决不了的问题都是在加班的过程中完善和改进的。张腾最受不了的也是加班，因为他平时就容易失眠，而一加班他又整夜整夜的睡不着了。软件开发还需要能够坐得住，但张腾偏偏就是个坐不住的人。他没有什么耐心，他绝大多数的工作任务不是写程序，而是一遍又一遍地调试和修改程序。面对着一行行熟悉又陌生的代码，他无所适从。

没多久，他就跟亲戚说不干了。他发现，其实他还真不适合做这一行。虽然他一直认为这行能赚大钱，而且和人说起来很有面子，显得很聪明。但真的“深入虎穴”，才发现自己真的不是那块料。

像张腾这样的年轻毕业生确实不少。他们渴望高职高薪，并且喜欢那些名字体面的职业，要求工作环境要在大型写字楼区，才算是上档次。但是，他们又不清楚这之中的职责要求，只是凭主观愿望，相信只要自己努力一定没有问题。没有对职业做到真正的了解，也就不明白自己将要付出的代价，更不可能把工作做好，也不可能确立一个客观合理的职业理想。

5. 如何找到理想职业

我们知道，理想职业是一个人所追求的职业理想中，满足自己精神需求的具体目标。它不仅有非常好的激励作用，更应具有现实可操作价值。因此，大学生在寻找自己的理想职业时，特别要慎重对待。不然不仅不能起到激励作用，反而会使自己走向错误的方向。

以下三点是帮助我们找到理想职业的关键。

（1）明确自己想要什么。

对于大学生来说，在这个信息繁杂的时代，各种正面的和负面的信息都会影响大家的思考。要想找到自己的理想职业，第一点就是要明确自己想要什么。

【案例】

邱薇薇是一所普通院校电子专业的本科学生，在校期间，她学习非常刻苦，而且成绩也非常优秀。毕业之后，她被一家中德合资的企业录用了，成为一名装配生产线上的工人。

但邱薇薇一直梦想成为专职翻译，所以自从她来到这家中德合资企业之后，她就开始加紧德语的学习。不管工作多么劳累，她也从来没有间断过。

因为她在工作中的表现非常突出，再加上她有一定的德语基础，德方的部门负责人很快就注意到了这位看起来平凡但又勤奋、坦诚的小姑娘。

一次，公司要完成新的生产任务，需要新的技术支持。由于从德国本土调员工来华，成本很高，因此公司就组织了一批中国员工赴德学习。邱薇薇因为工作能力强，德语水平还不错，便成了其中的一员。

在德期间，她非常积极地利用了这次难得的机会，抓住每一个锻炼的场合，学习德语，提高自身的德语水平。而她的德语也在短短三个月时间内就取得了巨大的进步。为了实现成为专职翻译的梦想，回国后，她又参加了德语的进阶培训。在公司招聘德语翻译时，她由于具有较高的德语水平以及专业的技术知识，受到了面试官的一致称赞，并且获得了德语翻译这个职位。

经过几年的磨炼，邱薇薇又晋升为公司的首席翻译。一路走来，她不免感慨，如果当时她就满足于当一名装配线上的工人，她不会有今天。

如果邱薇薇连自己想要什么都不知道，她也不可能走上首席翻译这个人生坐标。要拥有理想的职业，最重要的是先要有理想，明确自己的理想所在，有一个值得自己去奋斗的目标。但这个目标也不能太不切实际，要符合自己的个性和能力。也许邱薇薇将来会有一番更大的成就，但她并没有一开始就给自己定出这样宏大的目标，她的目标基于现实，是以她的个人条件和能力能够实现的目标。

（2）不断采取行动。

成功和不成功的差别，就在于行动。成功的人总是不断采取行动，而不成功的人总是等待机遇。机遇很重要，但行动更重要。大学生在明确自己的理想职业后，应该果敢一点。停滞不前，是不会有什么未来的。

【案例】

陈重在确定自己不考研之后，就开始制作简历，然后去校园招聘会参加某大型国企的宣讲会。虽然该企业的业务跟他的专业并不相符，但工作地点和待遇非常吸引他。他非常犹豫要不要投简历，考虑到如果连简单的第一步都不迈出的话，怎么可能有希望呢？他慎重地将自己的简历做了有针对性的完善，然后向该企业发出职位申请。虽然陈重自己没有抱多大希望，但他还是持续关注和留意这家国

企的状况。

没想到，他还真就接到了面试通知。于是他怀着忐忑的心情去参加了。因为是第一次参加正式的面试，而且是群体面试，十几个面试官，面试者10个人一组，陈重非常紧张，最后面试下来结果不好。

但陈重认为，这总是一个好的开始，他有了一些信心。接着，他往更高的目标前进，向四大事务所进军。但遗憾的是，三个事务所的简历都没通过。而简历通过的那个事务所，也因为他在笔试方面的劣势而没有录取他。不过他还是没有放弃。

最后，他应聘某知名化妆品外企，竞聘的职位非常抢手。在参加面试的过程中，他看到非常多比他更加优秀的人才，他情绪稍微有点低落。因为这个职位对他来说，是目前最理想的一个，发展前景非常乐观，工作岗位也符合他的个性和能力，工作地点也在一线大城市。为了能实现自己的愿望，他还是硬着头皮完成了全过程。不过最后他和另外一名比他学历高的同学一样，只差几分而落选了。但这次，他不准备放弃这个机会，之后多次跟该企业的人事部门沟通。

就在这时，一个出人意料的情况发生了，得到职位的一人因为某些原因违约不去了，这样岗位就空出来一个。按理说，那位比他学历高的同学应该填补这个空缺，但因为陈重先得知这个消息，并且跟人事部门的人已经熟悉了，所以最后他终于成功了。

不放弃，不断采取行动，不断争取机会，是陈重最后如愿以偿的根本原因。如果他不敢尝试，不敢迈出第一步，然后走下去，他可能在面对最后一家他梦寐以求的企业时，甚至连简历都不敢投递。

在追求自己的理想职业时，不能懒惰，不要惧怕，要努力地拼尽全力去追求，这才是最后取得成功的可靠保证。

（3）不断调整策略。

在追求理想职业的过程中，肯定会出现各种复杂的因素，干扰大学生的择业思路。这时候，除了努力之外，更要灵活。要不断地根据实际情况去调整自己的策略。

实现目标，找到理想职业，对于大学生来说，并不是只有一个途径。要学会在危机和困难中，发现机遇，在顺利和平稳发展中寻找继续成长的阶梯。

【案例】

林玫在填报高考志愿时，选择的是化工专业。但最后因为分数原因而被调剂到机械专业。但林玫对机械专业丝毫没有兴趣，不过她没有因此而消沉。她了解到，在第一学年末，专业排名进前三十就会有一次重新选择专业的机会，如果另一专业愿意接受，那么就可以实现转专业的愿望。

林玫非常努力，在课业上，她没有一刻放松。在课余时间，她也积极和化工专业的老师进行沟通，表明自己想要转换专业的意向。老师和有关领导也对这个意志坚定的小姑娘显示出极大的兴趣。

在第一学年末，她的专业排名进入前十，理所应当获得了再次选专业的权利。但不幸的事情发生了，化工专业当年因为一些原因取消了专业转换计划，所以林玫的愿望不得不又落空了。

这时，化工学院的一位老师找到林玫，告诉林玫，材料专业还剩一个转换名额，而且材料专业在研究生阶段有一个非常好的专业方向跟化工专业很接近，而且化工学院和材料学院也经常在这些项目上展开合作，建议林玫去试试。而且以林玫的成绩而言，保研没有什么大问题。

林玫经过一番深思熟虑之后，采纳了老师的建议，转去了材料专业。在材料专业三年的学习，令林玫对材料和化工的认识成熟了许多，又因为林玫的勤奋，她在专业的排名一直维持在前三，并且顺利取得保研资格。

但这时，林玫认识到，研究生的含金量这些年一直在降低，而等到她研究生毕业，就业状况可能会更糟，她不能因为要逃避这一现实，就躲在象牙塔里用自己漂亮的成绩单欺骗自己。

林玫积极准备了就业事宜。并且在她的努力下，她成功进入了一个很有实力的化工研究所的下属单位，后来她得到一位化工研究所领导的赏识。领导跟她说，研究所经常会从下属单位提拔一些有才

干的人，所以建议她一面工作，一面为此进行更加系统的专业学习，参加研究所的选拔考试。而林玫现在也正在向她的梦想奋斗前进。

要达到一个目标，通常情况下，都不是只有一条路，林玫的案例就充分说明了这一点。要想找到自己的理想职业，需要大学生不断灵活地调整自己的策略，在失意时不气馁，在得意时更需谨慎。

但是，在这一过程中，大学生也要努力去辨别什么是机会和什么是诱惑。不要被机会的困难和复杂所吓倒，也不要被诱惑的吸引力所左右。

这就需要大学生做好职业规划，并且不断完善和改进职业规划，找到一个既喜欢你，你又喜欢的工作。既要找到自己的兴趣和动力所在，长期稳定高效地发挥个人的价值和创造力，又要让未来的职业帮助你不断地发展和进步从而实现个人的人生价值。这样才能收获一段美妙和丰富的人生。

案例点评

【案例】

毛芳芳经历了重重困难和波折，总算进入了一家她向往已久的日化公司。这其中的酸甜苦辣，只有毛芳芳最清楚。但不管怎样，她挺过来了。她现在所在的部门是公司的财务部门，工作压力虽然大，但是工资和福利都相当不错。首先是薪资比较高，年终奖之类的也不在话下，休假制度也非常令她满意。

来到这样一家不错的公司，选择这样一个合适的职业，对毛芳芳来说，是幸福的，但她确实也经历了非常多的曲折。

她之前做职业规划时，对自己、对职业、对公司都有过一番仔细的研究。毛芳芳最开始的打算其实是考研，觉得自己的性格可能并不适合到大企业那种环境里，面对各式各样的人。她认为平静一点的工作可能会更好，但她仔细权衡之后，放弃了这种打算，她觉得要努力拼搏创造未来，安逸不是出路。而且再加上有学长成功进入这家公司的前例，这带给了她巨大的信心，她决定好好竞争一番。

但面试过程中相关考核令经验不足的她吃尽苦头。面试官不仅问了很多刁钻的问题，还考验了她很多看似没有答案的问题，不过随后，她及时地将话题引入了自己的强项这才博得了面试官的好感。后来面试官了解她这个强项竟然占去了大部分时间，不过这对毛芳芳来说非常地有利，说明面试官对她这样的人才感兴趣。而之后的笔试，虽然网络上有标准答案，但她知道，这些标准答案其实并不能代表一个人的水平。她又重新对自己的思路进行了归纳和整理，坦诚而又细致地应对考题，最后终于得到了面试官的首肯。在这一过程中，她正是通过不断行动、不断调整，最后才顺利过关。

为什么偏要选择这个行业这家公司呢？首先，她非常看好日化行业，不管全球经济状况如何变化，日化产品都是快速消费产品，它的产业结构很稳定。其次她非常看重现在这家公司的一点，就是公司的内部提拔制度。公司中，几乎所有的晋升机会，都是面向内部员工的。也就是说，公司大部分的管理者，都是通过校园招聘这样一步一步走过来的。这意味着毛芳芳在未来的职业道路会比较顺利，而且公司会安排非常全面的培训计划帮助她不断成长。这样使得企业在提拔员工时对学习能力、沟通领导能力的重视程度要大于学历。而毛芳芳正是一个愿意学习和不断拼搏的人。所以她找对了职业，找对了公司。

还有一点她非常欣赏，就是公司会特别信任公司的员工。即使是刚进来，公司也不会吝惜让他们参与非常重要的任务，常常都是几百万甚至上千万的单子。而这种信任也正是毛芳芳所期待的。

【点评】

职业和人生都是相辅相成的，它们并非是孤立存在的。在现代社会三天打鱼两天晒网，换工作如同家常便饭，没有定性，这都是对职业和人生理解不到位，对职业生涯发展毫无规划的大学生的表现。

在这个案例中，与其说毛芳芳最终找到了自己理想的职业，实现了自己的职业理想，不如说她为自己规划好了一段丰富多彩、稳健发展的人生蓝图。

毛芳芳的成功，总结起来有以下几个原因。

（1）职业人生是完整的一段规划。

毛芳芳并没有孤立地看待职业和人生。在最开始的时候，她选择了考研，不得不承认，她确实有些想要逃避的想法，不想这么快就面对一个人的独立生活。但她很快就醒悟了过来。人不能一辈子就这么躲着藏着，总有一天要面对，与其这样，不如把整个人生的发展规划都确定下来。而后来她选择的这家公司，确实如她所愿，有不错的晋升机会和空间，她不仅能获得高收入养活自己，而且能在未来有长足的发展，最重要的是老有所养、老有所依。这才是完整的职业人生规划。

（2）要对自己和职业有充分的了解。

一个人最难的不是认识别人，而是正确地了解自我。毛芳芳正是这样一位对自己有着冷静认识的人。她不愿考研，因为她觉得自己不适合在大企业的环境里工作。这就是一个典型的认识自己的过程。即便在此期间，毛芳芳的思想和职业规划有所变动，但是其出发点始终未曾改变。职业选择与理想选择都不可脱离“自我”这条主线。同时，对所选择职业具备一定的了解也是必不可少的。你要适合职业，职业同时也要适合你。

（3）不断行动和不断调整。

一个聪明的应试者，总会有办法将面试官的问题引到自己所熟知的问题上。毛芳芳就是这样一个聪明人。假如在面试的过程中，她始终是跟着面试官的思路走，难免会被引向自己感到陌生的问题。所以毛芳芳及时地调整面试策略，变被动为主动。将问题引向自己所擅长的，一切都显得得心应手。

素质拓展

夏峰的家庭状况不好，再加上父母早年离异，他性格上一直都比较阴郁寡欢。一直以来，他希望能够通过自己的努力去干点什么，让家里人能过上好日子，但他又总是害怕失败，什么也不太敢尝试。

毕业之后，他先是在一家平面设计公司做设计。这本来不是他的专业，但他听说这一行收入很高，于是就通过自学入了门。而进设计公司之后，他发现，其实这里的薪水很低，根本没有他所想的那么高，而且，工作条件也差，老板也苛刻。于是没多久他就辞职了。

之后，他又打起做买卖的主意。但他并没有多少启动资金，所以只好在路边摆摆小摊。而这并不属于合法经营，经常有城管会把他的摊收走。他不想再受这种苦了，就没有再坚持下去。

无奈之下，他看到一些培训机构打出非常多的广告。广告上说在那里工作会赚大钱，他心动了。于是他又一次投身于培训机构，想做一名英语培训教师。但很不幸，这一行需要灵活的脑筋，出色的口才，天生木讷的他又退下阵来。现在他对自己的未来感到一片茫然。他不知道自己的梦想是什么，也不知道未来的路该往哪里走。

结合本章所学内容，分析一下你觉得夏峰的职业发展是哪里出了问题。他的问题在你身上也同样存在吗？如果是，那么你该如何做出调整，才不至于最后落入和他一样的困境呢？如果不是，你认为怎样规划自己的职业人生才是合理的、客观的、有价值的？

职业生涯发展规划

对于大学生来说，都期望着踏入社会将来能事业成功。俗话说："水往低处流，人往高处走。"拥有上进心是每个人天生的本性。可现实里事业的成功，又并非人人都能做到。对于失败者来说，问题究竟出在哪里呢？如何才能做到事业有成呢？职业生涯规划为我们提供了一条走向成功的路径。

3.1 职业生涯发展的基本理论

1. 定义

职业生涯发展是指为达到职业生涯计划的各种职业目标进行的知识、能力和技术的发展性培训、教育等活动，也是个体逐步实现其职业生涯目标，并不断制定和实施新目标的过程。

2. 影响职业生涯发展的 5 个方面

（1）社会环境因素。

社会环境因素是指因为社会发展和环境变化，所带来的社会产业结构的调整、用人政策和管理体制的变化、社会劳动力市场人才需求的变化等，对人的职业岗位认同、选择和调整职业生涯发展规划的影响。经济发达的地区，企业相对集中，好的企业多，择业范围广，可选择余地大；反之，经济欠发达或者不发达地区，择业的范围就相对小。这都影响着职业生涯的发展。

【案例】

付凯是学计算机专业的，从高职毕业后他想找编程员一类的工作来做。可是，他的老家在贵州山区，以他的专业，在老家并没有太多对口的工作，可是如果不回老家工作，势必不能照顾日渐年迈的父母。为了能回父母身边工作，他最终选择了职教工作，做一名职业学校的计算机老师，这样至少可以走上一条自己不算喜欢但也不算反感的事业之路，而且还能够照顾辛辛苦苦供他上学的父母。

因为贵州山区经济欠发达，所以，付凯的就业选择面比较狭窄，他的职业生涯规划就受了社会环境因素的影响，迫使他不得不做出这样的选择。

（2）家庭影响。

家庭是人们生活的重要场所，人的一生都与家庭相伴，在一定程度上会受到家庭成员想法的影响，使人产生一定的价值观念和行为模式。而这种价值观和行为模式，必然影响一个人对职业的评价和对未来职业的选择的倾向。此外，职业生涯的每一个阶段都与家庭因素息息相关。如经济因素、家庭关系等。

【案例】

陈莉从小在医院的大院里长大，经常和小伙伴们玩“医生和伤员”的游戏。她的爷爷是老中医，父亲子承父业，继承了爷爷的针灸技艺，成了一方名医。妈妈是内科医生。在这个家庭里，闲聊中聊得最多的就是病人和病情。陈莉耳濡目染，看着病人们对爷爷和父母打心眼里的尊重，她从小也立志做一名良医，为病人解除疾苦。爷爷看她喜欢医学，在闲暇时间便教她记一些穴位图，背汤头歌。她高中毕业考上了南方一家著名的中医学院，爷爷把自己最喜欢的一套针具送给了她。

家庭对一个人职业生涯的影响应该是较大的。因为家庭成员从事的职业给了孩子最初的影响，在他的脑海里，这个职业比其他职业更有亲切感。而且，因为能接触到职业的核心内涵，所以他会比其他人更热爱这个职业。在我们周围不乏家庭中几代警察、军人或医生、教师的例子。“龙生龙，凤生凤，老鼠的孩子会打洞”虽然是句俚语，但是，其中也揭示了同样的道理。

（3）教育背景。

每个人受教育程度的不同，决定其选择职业时表现出的职业能力、职业行为也不同，这关系到职业生涯初期的适应性是否良好。不可否认，受过高等教育的人，大学会有较好的发展空间。受过良好的、多样教育的人，其流动性、机动能力、竞争能力相对较强。所学的专业，对职业生涯的发展起决定性的作用，即使是想换职业或流动到高层次的职业岗位，人们也首先考虑自己的专长。当然不同的教育水平、教育程度，不同的学科门类，同样会影响人的思维模式和解决问题的方法。

【案例】

秋明和李伟是好朋友，两个人好得不分你我。李伟 15 岁的时候，父母外出进货遭遇车祸，母死父残，从此，李伟便辍学打工，维持家里的生计。秋明大学毕业后应聘到某酒店做客房部经理。在这期间，李伟从事了多份职业，但都不稳定。秋明工作稳定后，他支持李伟学了厨师，最终在他任职的酒店里给李伟安排了一份工作。为此，李伟相当感激秋明。有一天，李伟从同事闲聊中得知新来的财务总监张某对秋明有看法，处处为难秋明，李伟决定教训教训张某。好在有同事及时和秋明提及了这件事，秋明才得以及时制止了李伟愚蠢的行动。秋明告诉李伟，工作上的事情自然有工作上的解决方法，不能私下里解决，更不能做违法的事，等李伟冷静下来，才发现自己有多危险，他向秋明保证以后肯定不会做傻事了。秋明怕李伟再生出什么事端来，每天空闲时间就开始教李伟学习法律常识。

因为受教育程度不同，每个人的职业生涯发展和处理事情的方法也不一样。李伟在没有秋明为他规划之前，换了无数的工作，因为他根本就没有规划。后来，如果不是秋明及时制止，李伟就为了哥们义气做了傻事。这一切都说明，知识能决定命运。

（4）个人需求与心理动机。

真正能引发职业需求的心理动机有：生存动机、地位、责任、权利以及实现自我价值等。每个人都对自己的生活有定位，而且都在往好的方面去努力，追求生活得更好，生活得比别人好，为儿女创造良好的生活空间和条件等等。许多成功人士之所以能够成功，除了因为他们的个人目标明确之外，还因为他们能把握住合宜时机，有较强的应变能力，并且能够把握住自己的命运，从而获得了职业生涯的成功。

【案例】

邵强一直是某国营企业的业务科长，因为是老国营企业，大锅饭思想还严重存在于企业内部。干多干少一个样，干好干坏一个样。这一点，虽然邵强一直努力改变，但是没有人响应。后来一次偶然的机会，一个朋友介绍了一个私营企业的老总和他认识，该私营老总非常赏识邵强的工作能力和进取

心，力邀他加盟私企。邵强纠结了一个星期，终于下决心放弃国企这份铁饭碗，去私企开始新的工作。虽然许多人都不理解邵强的决定，但是好在家里人都比较支持，没有给他太多的压力。为了证明给不看好他的人看，也为了爱他的家人有更好的生活，邵强夜以继日地工作，终于在年终的时候，老总给他包了一个大大的红包。他把红包拿回家，家里人都为他庆祝，他却欣慰得流下眼泪。

只有目标明确的人，才会在选择时果断，在工作时努力，在事业上得到成功。邵强就是这样的人。他知道自己需要什么，知道应该怎么去做。最后他收获了应有的幸福。

3.2 职业生涯发展规划的概念、原则和方法

1. 概念

职业生涯发展规划是指结合自身条件和现实环境，确立自己的职业目标，选择职业路线，制订相应的培训、教育和工作计划，并按照职业生涯发展的阶段实施具体行动，以达到职业目标的过程。

2. 原则

① 清晰性原则：考虑自己的职业生涯规划的目标、措施是否清晰、明确。

② 挑战性原则：职业生涯规划要有挑战性，挑战性是人们生活、工作的动力。

③ 变动性原则：职业生涯规划要有弹性或缓冲性。

④ 激励性原则：职业生涯规划的目标要有激励性。

⑤ 合作性原则：职业生涯规划的制定要有合作性与协调性。

⑥ 全程原则：拟定生涯设计时必须考虑到生涯发展的整个过程，做全面长远的考虑。

⑦ 具体原则：生涯设计各阶段的路径与安排，必须具体可行。

⑧ 实际原则：实现生涯目标的途径很多，在做设计时必须要考虑到自己的物质条件、社会环境、组织环境以及其他相关的因素，选择切实可行的途径。

⑨ 可评量原则：设计应有明确的时间限制或标准，以便评量、检查，使自己随时掌握执行情况，并为设计的修正提供参考依据。

3. 方法

职业生涯发展规划的方法有许多种，下面是几种常用的方法。

（1）SWOT 法。

SWOT 分析是一种功能强大的分析工具，是检查个人技能、能力、职业、喜好和职业机会的有用工具。主要是分析组织和个人内部的优势与劣势，以及外部环境的机会与威胁，制定未来发展策略。所谓的 SWOT 的真正含义是“S——Strength，指强项，优势；W——Weakness，指弱项，劣势；O——Opportunity，指机会，机遇；T——Threat，指威胁，危机。”

运用这种方法有四个基本步骤，即：正确评估自己的长处和短处；找出职业机会和威胁；列出自己未来 5 年内的工作目标；列出今后 5 年的职业工作计划。

【案例】

周红，女，1987 年出生。2006 年考入某著名大学新闻传播专业，2010 年 7 月毕业。2010 年 9 月

考研录取，现读研二。

1. 内部环境分析

S：优势

理想远大、生活态度积极，善于以积极的眼光看待自己的人生。诚实守信、为人正直，喜欢与人交往，待人诚恳。有强烈的责任心，较强的社会适应能力，心思细腻，思考问题有独特看法。勇于创新，喜欢接触新生事物。

W：劣势

社会工作经验不足，遇事缺少理性思考，有时表述问题过于繁琐。自恃清高，我行我素，很多时候听不进他人的友善建议。优柔寡断，为此常常坐失良机。

2. 外部环境分析

O：机遇

如今是一个信息爆炸的时代，媒体在社会中的作用更是与日俱增。而传播学在国内是一门新兴学科，其涉及面广，发展空间巨大，并且需紧跟现在传播技术的发展。更重要的是，社会对这方面人才的需求量大，相对来说就业前景一片光明。

我所在的大学为我们提供了良好的学习环境，以及精良的硬件教学设施。在导师的指导下，我们还能经常参与一些科研项目的研究，还可以有机会与该行业的一些高层人士学习交流。

T：威胁

我国就业形势严峻，人才过剩的现象比比皆是。因此越来越多的用人单位更看重实际工作能力和工作经验，而并非只注重学历。

近年来，研究生的数量剧增。研究生人才遍地都是，想要从中脱颖而出，最后拼的还是知识的把握和能力的展现。

3. 未来选择

通过 SWOT 法进行个人分析后，我对自己的发展有了更加清晰的认识。未来两年的研究生学习期间，我打算利用较强的学习能力，努力提高自身的传播学和广告学知识水平。要进一步提高自己的英语和计算机能力，拓展自己的知识范围。同时利用课余时间做些兼职工作，增强自己的社会实践能力，为日后的就业打基础。

（2）“5W” 法。

许多职业咨询机构在提供质询时都是从“5W”开始询问的。“5W”是指：我是谁（Who）？我想做什么（What）？我能做什么（What）？环境允许我做什么（What）？我的最终目标是什么（What）？通过一切归零的思路，重新了解认识自己。

【案例】

1. 周强大学毕业后的十年规划

（2009～2019 年，20～30 岁）

美好愿望：家庭美满、事业有成

方向：企业高层领导人

总体目标：首先完成硕士、博士的学习任务，进而进入某知名外资企业，努力做到管理层。

已进行情况：硕士学业已结束，目前在一家外资企业工作，想继续攻读博士学位。

2. 社会环境规划和职业分析（十年规划）

（1）社会一般环境。

当下中国政治环境稳定，经济持续多年高速增长。随着国力的逐步提升，越来越多的外资企业选择来中国投资，中国的本土企业也将随着大潮流走出国门。

（2）管理职业特殊社会环境。

由于中国的管理科学发展较晚，大部分企业都还是采用国外的一些管理模式，其中有许多还需完善的地方。在这样的大环境下，中国急需大量的本土管理人才，因为企业管理职业前景光明。而且，企业若要在中国生存，其管理模式必须适合中国国情，这就需要管理者采取科学与实践相结合的管理模式。如此一来，很多外资企业都需要借助本土管理人才进行这样的管理改革，这就为我国的企业管理人才提供了大量的就业机会。

3. 行业环境分析和企业分析

（1）行业分析。

本人所在公司为跨国性会计事务所，属管理咨询类企业。由于中国加入 WTO，商务运作逐渐全球化，国内企业经营也逐步与国际惯例接轨，因此本人所在行业十年来发展十分迅猛。

（2）企业分析。

本人所在公司是全球四大会计事务所之一，企业的领导层风格稳健。公司以“诚信服务、勇于创新”为核心价值观。多年来向全球推广业务，并在 10 多个国家设有分支机构。虽然因为公司业务繁忙，导致本人无暇参加个人培训，影响了本人的提升空间，但总体来说，能在这家公司接触到许多企业顶级的管理者，我还是相当幸运的。

4. 个人分析与角色建议

（1）个人分析

英语可无障碍交流，沟通能力出众。且法律专业基础比较扎实。思维敏捷，表达自如，在校期间曾担任过学生会干部，培养了较强的组织能力。

（2）角色建议

父亲：“要不断学习提升自身能力，勤奋工作，希望到大城市发展，方便将来我们退休后，家人搬到一起生活。

母亲：“工作和婚姻都不可耽误。”

老师：“聪明乖巧、有上进心，缺乏社会经验。”

同学：“组织能力超强，适合做白领。”

……

5. 职业目标分解与组合

职业目标：全球知名外资企业高级管理人员。

（1）2009～2012 年

成果目标：通过社会实践学习，总结出具有中国特色的管理理论。

学历目标：争取取得硕士学位和律师从业资格，通过 GRE 和英语高级口译考试。

职务目标：外企企业商务助理。

能力目标：具备在经济领域从事法律工作的理论基础，并为此积累一些实践经验。英语水平应得到权威机构认证。

经济目标：在校期间兼职，年收入 2 万元；商务助理年薪 6 万元。

（2）2012～2015 年

学历目标：通过注册会计师考试。

职务目标：公司部门经理。

能力目标：熟练掌握本职位所有相关事务，在公司内业绩突出。熟悉企业管理机制和企业文化，能快速理解上层的意图。

经济目标：年薪 15 万元。

（3）2015～2019 年

学历目标：取得博士学位。

职务目标：进入知名外资企业最高管理层。

能力目标：具有较强的科研能力，并在国外某权威刊物发表论文；有较高的演讲水平，能够独立管理运作一个团队。具备处理突发事务的心理素质和能力。在业界有一定知名度。

经济目标：年薪30万元。

6. 成功标准

个人、家庭、职业三者能够协调发展。

为了家庭，牺牲职业目标的实现，我认为这是可以理解的。因此在28岁之前，一定要组建自己的家庭。

7. 职业生涯规划实施方案

差距：

① 管理理念与实践经验相当缺乏。

② 成为高级职业经理人所必备的创新意识不足。

③ 应变能力有待提升。

④ 社交圈过窄。

缩小差距的方法：

（1）教育培训方法。

① 充分利用在校学习的时间，努力提高自己的专业知识和技能。多参与社交活动和培训课程。并取得相关技能资格证书。

时间：2012年7月之前。

② 攻读管理学博士学位。

时间：五年以内。

（2）实践锻炼方法。

① 锻炼自己的定力，达到即便在喧杂的环境里，也能冷静地思考问题。

② 养成良好的日常生活习惯，保证充足睡眠，每天给自己留出固定的锻炼身体的时间。

③ 利用自身的工作条件，努力扩展自己的交际圈，重视身边的每一个人，不论出身贵贱、学历高低。

（3）平衡单分析法。

这个方法主要是对比自己的各种生涯规划，对比优缺点，制定自己的生涯发展规划。

牟丽，大学三年级，会计专业。个性活跃，自主性、能力强。但是最近她心里很矛盾。一来她希望自己将来找份稳定的工作，二来骨子里又渴望有挑战性的工作。目前她所考虑的三个未来方向是：①考公务员；②国内考研；③国外攻读MBA。她之所以为自己设定这样三个选择，有以下几点原因。

考虑方向	考公务员	国内考研	国外攻读MBA
优点	铁饭碗，工作压力小，而且一劳永逸	能和老师、同学建立牢固的人际关系，而且随着学历的提升，将来还有晋升的机会	实现自己留学海外的梦想。可提升自己的英语能力和独立处理事务的能力
缺点	时间长了会感到无趣，缺乏挑战性，根本无法想象自己若是做一辈子的公务员该是多么无聊	读研期间基本没什么收入，全得靠父母的资助	语言文化不通，担心自己无法适应海外生活。压力大、花费大
其他	父母都很支持	男朋友很支持	自己有一些小积蓄，同时也想到国外转转

牟丽的职业生涯平衡单：

考虑项目	考公务员		国内考研		国外攻读MBA	
加权范围（1~5倍）	得（+）	失（–）	得（+）	失（–）	得（+）	失（–）
1. 能力匹配		–3	6		6	
2. 兴趣匹配		–4	5		9	

续表

考虑项目 加权范围（1～5倍）	考公务员		国内考研		国外攻读MBA	
	得（+）	失（–）	得（+）	失（–）	得（+）	失（–）
3. 价值观匹配	5		4		7	
4. 自尊心匹配	7		4		7	
5. 社会地位匹配		–4	3		7	
6. 理想生活匹配	3		5			–5
7. 经济报酬匹配	8			–2		–8
8. 带给家人的声望匹配	3		1		3	
9. 社会资源匹配	2		8			-2
10. 个人目前处境匹配	5		2		2	
11. 择偶匹配	7		6			–4
12. 未来的发展性匹配		–6	7		8	
合计	40	–17	51	–2	49	–19
得失分数	23		49		30	

填表说明：

每个项目的得分或失分，可以根据该方案具有的优势（得分）、缺点（失分）来回答，计分范围由1～10分。

最后，合计每个方案的优点总分和缺点总分，正负相加，算出客观的得失差数。

根据自己的真实想法作答，正确评估每个方案对自己的重要性。

每个项目的重要性因人、因时、因地不同。对于此刻的你，可以根据考虑的项目重要性与迫切性，给他们乘上权数（加权范围为1～5倍）。

注：加权指的是一个常规倍数，每个测试者可根据所测项目对自己重要性的不同，乘以不同的倍数进行测算。

将平衡单上的原始分数乘上权重，分数差距变大，最后把“得失差数”算出来，并据此做出最终的决定。

比较每一种方案的综合得分，据此做出生涯决定，此决定就是用生涯抉择平衡单所做出的综合效用最大化的决定。

牟丽的平衡单分析得分显示，三种选择中，相对来说，国内考研是最理想的选择。

3.3 大学生进行职业生涯发展规划的意义

1. 职业规划能尽早对行业发展做出准确而有效的判断

时代在前行，世界的联系也越来越紧密，行业发展充满了各种各样的变数。有些人能够迅速崛起，这与他对行业发展所做出的积极响应是分不开的。没有计划，就无法应对变化。

【案例】

林祥一直以来都是家人眼中的好孩子，老师眼里的乖学生，兄弟姐妹们的榜样。一路走来，顺风顺水，并且以优异的成绩考上了非常不错的重点大学，学习计算机专业。到了大学，他便完全松懈下来。既然考了好大学，学的也是非常热门的专业，那今后的就业也好，发展也好，他认为都不是什么大问题，完全可以高枕无忧。但接下来发生的事让林祥跌破眼镜。

首先，由于计算机行业在国内经过很长一段时间的热门期，市场人才渐渐饱和。其次随着互联网产业，移动产业的风靡，传统的计算机行业受到重创，一些老牌的 IT 大企业不得不进行大规模裁员，而小型互联网公司、移动产品公司小而快、微创新的模式，是在学校里学惯了死知识的林祥根本无法适应的。

当别的同学都在校外积极参与实习，参加各种互联网产品、移动产品培训的同时，林祥错过了给自己充电，积累经验，开阔眼界的大好机会，慢慢跟这个行业发展脱了节。等他开始懊悔的时候，别的同学已经进入一些新兴的小产品互联网公司，有的甚至开始负责独立的项目开发。而林祥不得不“补上这一课”，继续依靠父母在经济上的支持，花了将近一年时间参加一些针对性强的培训班，来面对移动互联网行业里残酷的竞争。

过分依赖好学校好专业带来的优势，没有积极做准备，不去了解行业的动态，很容易在这个瞬息万变的时代，茫然失措。既浪费了宝贵的时间和资源，也失去了在第一时间做出反应，在新兴行业里大展拳脚的好机会。

2. 职业规划能帮助个人在发展中进行定位

眼高手低，是大多数无法准确定位自己的人的常见表现。不对个人能力进行权衡，总是着眼于大挑战高目标，而操作的时候也没有做透彻的分析，很容易导致定位不准。

【案例】

在淘宝行业和快递行业一开始兴起时，李琳就敏锐地发现互联网购物在未来将会大有可为。很多同学都在淘宝上贪图便宜，购买廉价高仿货，而同宿舍的陈慧却从来不这样做，陈慧宁可少买精买，也希望自己所穿所用都货真价实。因为穿假货用假货，如果被识破，会很伤自尊，还不如选择一些自己能消费得起的普通品牌。

李琳也渐渐发觉，那些原本购买了仿货的同学最后都会把钱省下来，再去商场选一件正品货。这不正是机遇吗？李琳便大手大脚做起了海外代购。陈慧劝李琳不要这么着急冲动，创业是好事，是很不错的选择。但首先应该思考一下，在职业规划里，创业是作为一项历练，还是今后确实要去从事的工作。如果已经打算好从事这一行，那之前一定要细致地分析行业状况，结合自身的特点做出判断。没有进行大量的准备工作，觉得自己一定行，盲目冲动，很有可能在之后遇到自己预想不到的麻烦，而这些麻烦又不是自己有把握去应对的。

但李琳认为自己有敏锐的观察力，也有魄力和胆识，如果好好做，一定能做出一点成绩。最后，由于她缺乏经验，再加上没有精打细算，甚至怀着侥幸的心理，委托朋友在过海关时，隐瞒不报关，因此货也被相关部门扣留。

不管目标是什么，规划都是必不可少的。创业也好，就业也好，深造也好，可行不可行，这也要视个人情况而定。但如果不去规划，不去判断自己合适与否，也就无法得到对自己能力的真实定位。

3. 职业规划能帮助个人在竞争中获得主动优势

不是所有的人都能够站在同一条起跑线上，而在起跑线上占得先机的人也不一定就能最快到达终点。要扬长避短，更需精心策划。没有哪一场仗是在毫无准备的情况下得胜的，即便能够侥幸获胜，那或许也只是因为对手比自己更疏于准备。

【案例】

周红是个不起眼的女生，没有很好的条件，个头偏矮，家庭经济状况也不好，但她不卑不亢。从一进大学开始，她便着手对职业对未来进行规划。考博、留校对于一个普通的女孩子来说，确实是不错的选择。但她认为，人只有在激烈的竞争中得到磨炼，自我才能得到提升。周红也清楚地知道，自身条件并不好。但知己知彼，总是没有错的。不仅要了解竞争者的水平，也要了解自己将来要从事行业的具体情况。

在完成学分任务的同时，周红积极争取各种校外实习的机会，也对自己的专业和行业动态做了详尽的分析，还进行个人品位修为的培养。在别人都在忙着复习英语书面考试的时候，她努力练习口语，纠正发音。

在毕业之后进行面试的过程中，周红对专业和行业动态的详尽分析和独特见解，让考官们刮目相看。周红这时候也展示了同学们平时看不到的优雅一面，非常棒的口语能力也在面试中加分不少。

劣势并不是永远不可改变的，而要在劣势中迎头赶上，得益于周密和详尽的规划。无论是否占到先机，都应该沉着面对，综合自己的特点，有选择地做出应对。

4. 职业规划能对个人起到鞭策和激励作用

我们都知道，"要成功"这一类空泛的口号，并不具备可执行性。因为它并不是一个具体的策略。如果要实现某一个目标，必须要把它具象化。而职业规划就是一个可执行性非常强的具体策略。

有了目标，有了具体的操作步骤，也能时刻提醒自己，自己正进行到哪一步了，还应该做何种方向的探索，何种努力。通过一些硬性的指标，对自己起到约束作用。

而每实现一个目标，也都会离自己渴望的成功更进了一步，小阶段的成功喜悦也能带给自己完成下一步任务的动力。

5. 职业规划能尽早对阶段性发展做出调整和完善

人生不可能一帆风顺，顺风时，乘风破浪，逆风时，不应该过早就失去信心，更应该去做好准备，为下一个阶段计划好安排好，不至于错失前面更好的机会。一个好的计划也有可能会失败，但早做计划比晚做要强。

【案例】

郭诚对自己的专业——应用物理专业，一点儿也不感兴趣。除了要必修一些枯燥乏味的物理数学课程让他很烦躁之外，郭诚同室友和其他同学的关系，也比较冷漠。而他的室友和同学，基本上也和他情况相同，只想快快混张毕业证给父母一个交代。

后来郭诚因为滑板这一兴趣爱好，结识了学机械设计专业的张腾。虽然张腾也不是很满意自己的专业和院校，但他生性乐观，慢慢地他们变成了好朋友。既然两个人都不喜欢自己的专业，为何不能做一些自己感兴趣的和有意义的事呢。于是他们俩决定一起创业，选择他们热爱的滑板项目。

在一般人眼里，滑板运动代表着前卫和时尚，但这项运动在学校里不会有相关课程，相关的器材也不容易购买，再加上滑板耗损很严重，修理也成问题。他们便在大学园区周围人流密集的地方开了一家滑板店，在人多的时候做一些滑板表演，激起大家的好奇心。这虽然吸引了广大同学的眼球，但并不能吸引广大同学进行消费。于是，张腾和郭诚组织起了轮滑俱乐部，举办了相关比赛，利用互联网社交工具微博、人人网等进行推广。在得到了大家的信任，赢得口口相传的好口碑后，很多同学都加入其中，收益情况也越来越好了。

与此相反，郭诚的室友们只是每天教室、食堂、宿舍三点一线的重复生活，到了毕业，盲目一窝蜂去参加各种人才交流会，不考虑薪资，也不求发展。看着郭诚，他们只有羡慕的份儿。

很多同学都会碰到类似情况，选择了不喜欢的专业，选择了不喜欢的学校。但在失意的时候更不应该自暴自弃，应该尽早做好规划，对近期和远期前景有所展望，及时做出调整，在调整中不断完善，才不会导致一错再错，损失更大。

这就是大学生进行职业生涯规划的意义所在。通过不断地规划，不断地完善，不断地了解自己，从而对日益严酷的竞争环境做出积极反应，在与对手的竞争中脱颖而出，得到社会和单位的认同。这都是实现理想实现抱负非常必要的手段，对迈向成功有着极其重要的价值。

3.4　毕业去向的分析与选择

自20世纪90年代末高校扩招以来，我国大学毕业生人数迅速递增。每年几百万的大学毕业生他们究竟流向何处了？

1. 毕业去向的主要形式

（1）就业。

据中国社科文献出版社每年发布的《就业蓝皮书》统计，自2010年以来，大学毕业生就业率达85%以上，已经走出了金融危机的阴影。由此，我们不难看出，就业是大学毕业生的一个主要毕业去向。

【案例】

品学兼优的苗露是某传媒大学毕业的，在校学习期间，她一直踌躇满志，想着毕业后非省级媒体不去。都说理想是丰满的，现实是骨感的。谁也没想到临近毕业时刚好赶上金融危机，扑天盖地的裁员与公司倒闭，令她感觉就业形势很不乐观。虽然等她毕业的时候，金融危机已经过去，可是仍然感觉到经济的不景气。大学校园里招聘会明显少了，别说省级媒体了，就是市级媒体也少有招人的。就在她漫天投简历投得快要不抱希望的时候，她收到广东某市级日报社的录用通知。说实话，她压根没想到自己会去一家市级媒体，可看着周围的同学工作还没有着落，她要是不去，似乎对机会是一种浪费。于是她抱着骑马找马的想法，去了广东，自己安慰自己全当是积累工作经验了，但她仍然没有放弃投递简历。在报社见习了几个月后，她收到中原某省级媒体的录用通知，那一天，她抱着通知书流下了欣喜的泪水。

机会总是留给一直准备着的人。先就业后择业几乎已经是多数大学毕业生的共识。毕竟寒窗苦读数载，大学生很想走上理想的工作岗位去施展抱负。苗露是幸运的，在她把第一次就业当成对自己的锻炼时，她就已经成熟了。

（2）继续深造。

有一部分同学毕业后发现自己的知识水平不足以寻求一份理想的工作，或者由于家庭需要，他们选择了继续深造，这也是为将来就业打基础。

【案例】

林翔和袁茜都是家中独生子女，他俩在大三的时候走到了一起，并且得到家里的认可。对于他俩的毕业去向，家里明确表示，如果他们考研，家里全力支持。林翔因为品学兼优学校可以保研，而袁茜却必须自己考。为了他俩的将来，这对小情侣静下心来复习，林翔负责为袁茜辅导，以期取得好成绩。经过大约半年的复习，结果出人意料得好，袁茜竟然考出了本校研究生考试第一名的好成绩。经历过面试之后，袁茜和林翔一起登山庆祝，他们的前景将会一片美好。

许多大学生都表示，如果可以就业，毕业时首先选择就业。一般来说，之所以选择继续

深造，除了因为自己早有理想之外，和就业竞争太激烈强有关系。随着学历的提升，就业相对会容易一些，待遇也会更好一些。为了更好地就业，于是，不得不继续深造。

（3）出国。

有的大学生感觉对于自己的专业国内的高等教育没有国外的先进，于是计划在毕业后出国进行深造，再回国就业。也有一部分学生因为家境比较优裕，希望出国“镀金”后回来，求得更好的发展。无论是哪一种情况，我们不可否认，大学毕业生出国也占了一定的比例。当然，也不乏一些出国寻找发展的，但是道路比较难走。

【案例】

刘杰然是北京某工业大学材料科学与工程专业的毕业生。早在大一的时候，他就想着这个专业需要出国深造。经得家长的同意，一直在做准备，在毕业前终于把雅思考过。他的一个表哥目前在英国某大学读本科，他希望能和表哥去同一个国家，相互照应。看着同学们都在忙着就业，刘杰然信心倍增。虽然他要比同学们晚几年就业，但他相信，有过留学深造经验的他，虽然就业起步会晚，但由于起点高，一定会超过他们的。

我们不难看出，如果不想移民，大学生毕业后选择出国，最后还会回到国内来发展。毕竟这是自己的根，是母语文化，即便走得再远，最终还是想回来。

（4）考公务员。

“你考公务员了吗？”这句话几乎成了大学校园里的问候语。考公务员已经成了即将毕业的本科生和研究生的就业手段之一了。因为就业竞争愈演愈烈，压力也越来越大，一些本科生和研究生把眼光投向了公务员考试，谋取一份国家饭碗，既可以解决户口问题，还有较高的社会地位，何乐而不为？

【案例】

陆虎的大学本科专业念了五年。他父母早就下了岗，靠打零工供他读书。因此，家里人都希望他能够及早就业。但是由于他没有其他优势，就业单位一直都不理想。为此，他暗下决心要出人头地，于是参加了公务员考试，终于在一次重庆公务员考试中被录取，成了一名警务人员。陆虎的父母很高兴，只可惜单位离家有些远。陆虎告诉父母一定努力工作，以后就把家安在重庆了。

现今的公务员考试可以比得上高考没有扩招前的高招了，千军万马过独木桥。成绩一公布，有开心的，有流泪的；有放弃的，有再接再厉的。为此，国家还进行了一些公务员考试的改革，要求有一定年限的工作经验。这样看来，这条路以后刚毕业的大学生很难再走下去了。

（5）参军。

近年来，国家对应届大学毕业生参军的政策越来越优惠，不但放宽了年龄限制，还对参军回来的毕业生优先选拔录用，补偿学费和代偿国家助学贷款，考学升学还有一定的优惠，并且对于事业单位公开招聘的工作岗位还优先。这样的优惠政策令许多就业不理想的应届毕业生有所心动，于是，参军也成了大学毕业生的一个新去向。

【案例】

小张毕业后和一家用人单位签订了意向书，可发现好多同学都打算参军。他了解了一下国家对应届毕业生参军的优惠政策，也动了心。于是，他也报名参军了，因为他各项条件都符合，光荣应征入伍。接到入伍通知，他担心用人单位诉他违约。结果一咨询律师，了解到“依法服兵役是公民应尽的义务和权利，受国家法律和政策的保护”无论是在校大学生、已毕业的没有就业和已经就业大学生，只要符合兵役法规定的年龄等条件，就可以报名参军，应征入伍。如果已经与有关单位签订了就业协议，签订了劳动合同又去报名参军，都不构成违约。因此，小张在家安心等候通知。

有人说人一生至少要经历过“扛过枪、下过乡、同过窗”中的一件事才不至于遗憾。说实话，既能读完大学又能参军的人确实令人羡慕。部队的大熔炉会锻造出一个崭新的自我，如果有可能，选择参军将是大学毕业生一个不错的去向。

（6）创业。

近年来，我国政府各部门意识到大学生自主创业的重要性。为此，不仅在政策上有相关政策法规作支持，而且在经济上各省市每年都会拿出一定的资金无偿资助高校毕业生自主创业，政府主张有能力、有资金、有出路的大学生自主创业，希望高校毕业生能够创立一些科技型的中小企业，发挥他们的聪明才智。而且创业对于就业而言是倍增的效应。

【案例】

取得应用电子专业本科文凭的小刘想乘着国家政策的东风自主创业。可是令他没有想到的是由于孵化基地不好找，配套政策难落实，加之社会经验不足、市场开拓乏力，在广州创业面临不少难题，他几欲退出。最令他头疼的是找不到办公场所，一百多平方米的办公场地他租不起，可小一点的，产业园区又不愿意提供。他打电话联系多家产业园区，结果有的明确表示不接受，有的连电话都打不通。经过几天的电话沟通，仅有一家创业中心表示可以接受，不过场地面积在150平方米以上，至于如何向政府申请政策优惠，该园区表示一概不管。这样的境遇，令小刘和同学一筹莫展。

大学生自主创业值得提倡，但是，不可否认还有这样那样的因素制约着大学生创业的发展。而且，不可否认，一部分大学生自身还存在社会经验不足、承受压力能力差等问题。因此，不可盲目创业，创业要做好一切准备。

2. 影响毕业去向选择的因素

影响大学毕业生毕业去向选择的因素有许多，诸如收入预期、家庭背景、社会地位、专业特点、发展空间、性格特点以及生活稳定等，都能起到一定的作用。而这些因素又分为家庭社会因素和个人因素两个方面。

（1）家庭社会因素。

从家庭、社会因素来看，是否为独生子女对毕业选择造成一定影响，独生子女的出国概率显然要高于非独生子女。家庭经济情况的影响最为直接，毕业出国是需要一定的经济基础的。学生在毕业去向的选择上，经济因素的影响显然是最为直接的，而所学专业的就业方向也颇为重要。此外，还有很多可能影响到毕业选择的家庭、社会因素，诸如：父母和亲友期望、周围同学等生活环境、社会舆论与评价、国家政策、学校老师的就业指导、学校的教育培养。

【案例】

陈爱军的父母都是军旅出身，虽然他上的是普通高校，但是参军一直是他的梦想，他喜欢父母英姿飒爽的相片，喜欢他们谈论一些军旅话题。当他毕业后，首先想到的是参军，而在这一点上，作为军人的父母都颇为支持。他们认为经过部队锻炼的孩子会更加坚强、有责任感和正义感。再加上他作为军人子女，参军回来在就业上还有一定的政策优惠。而陈爱军的打算是在部队考军校，和父母一样，以军人为职业。这一打算他还在悄悄准备中，打算给父母一个惊喜。

他的同班同学李跃却和他不一样，李跃有一名生意做得极为出色的母亲，李跃也喜欢商界的生活。他迫不及待地等待毕业，因为妈妈答应给他一笔创业资金，让他做自己的事业。相比于同班同学急于找工作，他早已物色了几个人作合作伙伴。目前，这几个小伙伴已经正式在他租下的80平方米的办公室里开始了创业生涯。对于成功，李跃和伙伴们有信心。

不同的社会和家庭背景下成长的孩子，理想可能也会受其影响。这就是为什么会出现一

世代从事相同行业的现象了。孩子的价值观、世界观、事业观都受到家庭的影响，并且社会家庭背景会成为影响毕业去向选择的重要因素。

（2）个人因素。

一项调查结果显示，先天因素中的性别和性格对毕业选择不会造成太大影响，后天因素对毕业选择有很大影响。毕业生的学历不同、思维角度不同，做出的选择必然会不同。例如，研究生更倾向于进行进一步学习研究，而专科生和本科生的就业意向更为强烈。个人成绩和综合能力均对就业去向选择造成很大影响，这是显而易见的。

【案例】

廖晓华高中时英语成绩突出，到大学后，更是勤练口语，取得了一定的成绩。在大三的时候他争取到了对外交换生的机会。一个月的美国当地生活，令他的口语突飞猛进。因此，毕业后他便打算找一份和自己英语特长有关的职业。虽然他是学习电子商务的，但是这不妨碍他找一份自己喜欢的职业。他良好的英语书写能力和口头表达能力得到某外资企业的青睐，让他负责亚洲地区的人力资源管理。这令许多同学艳羡，后悔上大学时没有好好练习口语。

老生常谈，机会总是留给有准备的人的。廖晓华在他的大学生活中，努力锻炼自己的英语，使之成为强项，这给了他后来成功就业的保障。

3. 毕业去向选择的原则与方法

（1）毕业去向选择的原则。

① 正确定位。

因为是初次择业，一些大学生会抱着走一步算一步，骑驴找马的态度，并没有明确的职业认识，也没有完整的职业生涯规划。因此，正确进行自我定位非常重要，只有不过高或者过低地估计自己，才会对自己的毕业去向有正确的选择。

【案例】

赵明大学毕业后，雄心勃勃，对未来的事业充满期待和美好憧憬。但是面对错综复杂的社会环境和竞争激烈的就业市场，他开始重新定位自己的就业目标。毕业前，他给自己的定位是做国企或者事业单位的人力资源部经理，而且最好能在三至五年内分配住房。但经过几次求职，并且了解到周围同学的就业情况，他明白像他这样虽然学历较高，但没有太多实际工作经验的毕业生，是不太可能直接走上人力资源部经理的岗位的。因此，他适时调整自己的就业方向，把目标定为国企和事业单位的人力资源部的工作人员，从基层做起，逐步晋升。当他重新定位后，他很快找到了适合自己的工作岗位，并且准备放开拳脚，大干一番。

② 兼顾大环境原则。

在市场经济的大环境下，毕业生要考虑当前的各项政策与法规，让自己的毕业去向利益最大化。例如，近年来国家对参军的优惠政策相当多，在条件允许的情况下，应届毕业生不妨报名参军，运既是一种体验也是一种积累。

【案例】

茅运来研究了今年的就业形势，感觉自己的专业和个人特长都不占优势，而自己唯一的优势是上学比较早，本科毕业才刚 22 岁。如果服两年兵役，退役时才 24 岁，那时候再就业也不晚，而且还比别人多了优先的条件。如果能在部队里考上军校，读三年书出来也不算晚。于是，他开始着手报名参军的事。

大学生就业不能光顾埋头找工作，还要看清什么样的就业轨迹更适合自己。茅运来利用自己的年龄优势，选择参军这条路无疑是正确的。

③ 勇于竞争。

大学生要牢固树立自信、自主、自立的意识，认识到市场经济对人才素质的要求更高，充分发挥自身优势，努力提高自身素质，勇于参与竞争。

【案例】

劳拉，女，应届毕业生，在校期间品学兼优，综合素质高，获得了多种奖学金。在参加招聘会前，她很好地总结了自己，明确了自己的长处，并给自己确立了合适的择业目标。同时，她认真预备自荐材料，充分翔实地了解用人单位的情况，为应聘做好了充分准备。她还有一个最大特点就是不怯场。虽然是女生，但她敢于竞争，在用人单位招聘人员面前能充分展示自己的才华，最后被深圳某技术有限公司录用。

大学生就业时，应该明确目标，敢于竞争。机会只给有准备的人，当大学生准备充分，勇于竞争，一定会有好的回报。

④ 先就业后择业。

大学生如果对自己的职业目标不明确，也没有明确的职业规划，那么，不妨先就业后择业，第一份工作不一定不能做长久。

【案例】

孙小光在大学里连续三年被评为“三好学生”，品学兼优，还是学生会干部。按道理他的求职道路应该是比较顺利的。可是却屡屡受挫。后来他自己认真分析了一下，认为受挫原因在于自己的外表。因为他身高仅 165 厘米，而且外表也很一般，不能给用人单位留下较好的第一印象，同时期望值过高超过自己的实际情况。为此，他改变自己的求职思路，充分发挥自己专业成绩好的优势，最终选择了一家和专业有关的单位开始就业。虽然并未从事专业工作，可是他的工作表现较为突出。一年后，由于表现突出，被公司提拔，终于坐到了自己理想的工作岗位上。

当孙小光满心无奈选择先就业时，他心里还有一些不甘，但是，他并没有因此而消极对待，而是认真、努力做好眼前的本职工作，反而为自己赢得了理想的职业。

（2）毕业去向选择的方法。

① 客观评价。

每个人最难认清的就是自己。因此，一直以来，人们客观、公正地评价自己比评价别人还要困难。要做好毕业去向的正确选择，客观、公正地评价自己显得尤为重要。寸有所长，尺有所短。只有客观评价自己的能力，才会在就业中树立良好的心态，获得理想的职业。

【案例】

任力伟是某高校毕业生，大二时曾因病休学一年。复学后，他学习更加刻苦认真，专业课成绩非常突出。就业招聘前夕，在系里老师的指导下，他认真分析自身情况和所学专业特长，积极与用人单位自荐洽商，最终与一家研究所签订就业协议。他到单位工作后，由于专业对口、专业基础扎实，工作非常积极主动，一年后，就担任组长工作，并被作为专业技术骨干进行培养。

扎实的专业基础对就业及以后的发展会有很大帮助。而正确认识到自己的优势，并将其发扬光大，才是真正的成功者。

② 认清形势。

刚毕业的大学生，最好别太注重眼前利益，要认清当前形势。有些人对起薪要求甚高，往往导致错失良机，最终找不到合适的工作。就业时要看自己当前从事的工作是否有利于自

己的长远发展。如果有利于自己未来的发展，即使收入暂时低些，也要踏踏实实地工作。

【案例】

周康，在校时综合素质较好，被系老师推荐进入北京一家公司就职。原本他想和女友一起去女友郑州老家就业，但因为这份工作虽然要在分公司锻炼一段时间，但最后可以在北京工作，面对长远的发展，他选择了这家公司。虽然刚开始去分公司的时候比较辛苦，经常出差，但他兢兢业业、任劳任怨，短短三年时间便成了这家分公司的业务经理，并且随后不久便被调回总公司任职。同时，公司还安排他的女友也到了北京总部，他终于赢来了爱情和事业的双丰收。

做什么选择都不能盲目。大学生毕业去向选择不能只看眼前，还要看到自己以后的发展。如同下象棋，每走一步要看到以后多步的，才是智者。只有在正确的选择中不断努力，才能取得最后的胜利。

③ 抓住机遇。

机遇是不等人的。大学生在毕业时要抓紧身边的机遇，勇于竞争，不要让机遇从身边溜走。当今社会机遇与挑战并存，只有在求职中树立信心，敢于竞争，抓住机遇，才能在众多的应聘者中脱颖而出。

【案例】

和姜颖一起应聘总经理助理职位的有近二十名女生，他们来自不同的院校和专业，在面试时，主考官考察她们的记忆力，让她们恢复办公室的原貌。尽管明明是蓝色文件夹在黄色文件夹的上面，但主考官一口咬定蓝色文件夹在黄色文件夹下面，而且如果有谁反驳，便对其厉声呵斥。后来渐渐没有人有异义。但是，唯有姜颖在最后还是坚持蓝色文件夹在黄色文件夹的上面。并且拿出她的手机，把她悄悄拍摄的图片打开来证明。结果，她成了不二的人选。主考官评价这就叫有勇有谋，考试中并没有禁止用辅助工具，姜颖这样的做法并不违反规定。而且她能坚持自己的观点。对于总经理助理这一职位而言，这一点非常重要。如果是人云亦云，不知道提醒正误的助理，不如不要。

④ 及时调整。

不是每个人最初的职业生涯规划都是准确的。在实现规划目标的过程中，当发现自己的定位或目标不准确时，要及时修正，注意调整自己的规划方向，才能更好地为自己规划未来。大学生不可回避自己的缺点和不足，要实事求是地看待自我，才能追求到真正适合自己的职业。

【案例】

水成勋的同学们都找到合适的工作了，只有自己每天跟无头的苍蝇一样乱碰运气。为此，同班好友王晶蒙为他着了急。终于有一天忍不住在他求职归来后叫住他，和他谈心，最终找到了症结所在。原来，水成勋给自己定位过高，总希望能进入大公司成大事，却忽略了许多大公司都不愿意培养生手，而愿意接纳有经验的熟手。为此，王晶蒙提醒他重新制定职业生涯规划，先选择一个将要发展的方向，进入一家中小型公司开始做起，三至五年内跳槽至大公司。水成勋按照好友和自己的分析路线，及时调整方向，终于在自己的工作岗位上露出了笑脸。

案例点评

【案例】

王先生，财经学院工商管理专业毕业，本科学历。毕业之后曾在一家外资企业从事过两年的财务工作。可是王先生的理想职业并非是做财务，于是后来王先生又转行做起了销售工作。可工作一段时

间后，王先生发现销售工作也并非看上去那么容易，自己越来越力不从心。

后来在朋友的介绍下，王先生到一家网站做起了编辑，可编辑没当几天，王先生觉得编辑工作其实也不适合自己。

几次失败的就业经历，深深地打击了王先生的自信心。他想当一名软件开发人员，但理想如何实现？王先生不知究竟该如何正确地规划自己的职业生涯。于是王先生找到了一名职业顾问，希望专家能告诉他究竟该怎样为自己设计职业生涯规划。

【点评】

王先生的案例非常典型。即便是一些有几年工作经验的大学生，往往还是稀里糊涂，不清楚自己的未来发展方向究竟在哪里。原因就在于他们无法为自己确定职业规划。这使得他们常常感到无所适从，盲目地去择业，频繁地跳槽，到头来还是一无所获。

要避免这种苦恼，需要对以下三个基本问题进行认真思考，得出最终的结论。

① 你的专业是什么？

对于大学毕业生来说，在选择第一份工作时，尽量还是要选择与自己专业有关的工作最保险。案例里的王先生是工商管理专业毕业，无疑从事财务类的工作是他当下较好的选择。与专业有关的工作不一定是利益最大的工作，可最起码是最保险的选择。

② 你希望从事什么工作？

受现实情况所迫，许多人从事过的，或者正在从事的工作，并非自己的兴趣所在。从职业角度分析，你能胜任自己的工作，不代表这份工作就适合你。例如，王先生对财务工作应该说还是比较胜任的，但是他对于自己的工作感到了厌倦，不想继续下去，而是希望转行尝试一些自己喜欢的工作。可是职业者的转行需要考虑个人情况、家庭情况，以及社会环境情况。而对于一个刚刚走进社会的毕业生来说，没有一定的阅历和经验，是很难将以上这些问题考虑周全的。所以建议在改变职业时，最好请专业人士为你做指导。

③ 你的理想工作你能胜任吗？

王先生的理想是成为一名软件开发人员，可是根据他的专业知识能力，这种理想是不太现实的。起码在短时间内这种理想难以达到。假如你的理想工作超出了自己的能力范围，不妨将自己的兴趣转移至自己的专业上。王先生对于财务工作感到枯燥。专家建议他将职业方向锁定在既包括财务管理，又可以经常外出与客户沟通的工作。王先生采纳了专家的建议。不久，王先生就成为了一家大型会计事务所的审计师。

素质拓展

① 请根据本章所学内容，为自己设定职业生涯发展规划，并依照本章所介绍的职业生涯规划案例，为自己制定职业规划书。

② 运用本章所讲到的SWOT法、5W法，做自己的职业生涯规划。

职业认知

对职业进行正确的认知，是大学生职业生涯发展规划中非常重要的一个环节。很多大学生在毕业之后的职场道路上走得并不顺畅，跟他在职业生涯规划中没有做好职业认知有很大关系。知己更要知彼，这样才能帮助大学生在未来职业生涯中少犯错误，少走弯路。

4.1 职业的特性与分类

1. 职业的特性

职业是大学毕业生即将担任的社会角色。大学生走出校门，经济开始独立，要获得生活所需的物质条件，就必须从事各种各样的工作。这也是大学教育的目的之一——培养大学生的求生能力。

此外，大学生步入社会，成为国民经济活动的主体，通过劳动推进国民经济发展，创造的成果被社会和个人分享。性质不同、形式不同、内容不同的劳动岗位造就了不同的职业。

【案例】

杨瑞毕业之后在浙江一家名牌服装企业做面料采购，他的工作职责是根据生产和资金状况，制定并实施采购计划。杨瑞不是一个健谈外向的人，但为了很好地完成工作任务，他必须得转换个人角色，表现出能说会道八面玲珑的一面。在面对突发状况时，他又要恢复自己冷静沉稳的一面。这跟在学校里学习的单纯生活完全不同。

2012 年上半年，纺织品市场持续低迷，很多面料工厂的开机率不到 50%。面料主供应商供货不足，杨瑞所在的服装企业产能也大幅下滑，他的日子很不好过。服装行业是个季节性行业，面料种类随季节而变化，一季赶不上，下一季又要使用不同面料，生产无论如何拖不得。所以，杨瑞除了每天督促主供应商按时供货外，还要配合团队不断寻找新供应商，弥补供货不足问题。

企业完不成生产任务，杨瑞的个人收益就会受到很大的影响，而他收入来源中最重要的就是绩效奖金。由于工作繁忙，别说娱乐生活了，连在餐桌上好好吃一顿饭对杨瑞来说都难得。每天同各式各样的人打交道，处理突发状况，也使他慢慢改变了自己沉默寡言的性格，逐渐适应了工作岗位。

杨瑞在一系列社会活动中，要处理好个人和社会的角色转换，这也是大学毕业生走出校门面对的难题之一。大学毕业生要改变以自我为中心的思维方式，主动承担起社会角色，完成社会交给自己的工作任务，才能获得报酬，满足生存和发展需要。

在国民经济活动中，杨瑞的作用是利用自己在大学里学到的专业知识，通过采购这种形式的工作，为企业创造社会价值，积累物质财富。同时，也为供应商带来生产任务，资金流入和产品输出，促进两家企业进行社会资源配置和社会生产。

通常职业具有三种主要特性，即专业性、多样性和时代性。

（1）专业性。

职业要求大学生通过学习专门知识，获得专业技能，为社会创造特殊价值。同时从业者还应坚持相应的职业操守，在所处专业领域不断进步，提升核心竞争力。

每种职业都蕴涵着不同的技术含量。技术含量高的职业，不仅能为社会创造高价值，被企业所需要，同时也能为大学毕业生带来高收益。要想创造独特的社会价值，就需要独特的技术含量作支撑。

【案例】

小齐是电影3D化制作行业里的新生力量。他的任务就是利用各种专业软件进行电影3D处理，使得我们观看3D电影时，能够体验到空间的纵深运动。而进行这种图像特效处理，不是一般的图形工作者所能胜任的，它需要非常专业的技能来做支持。

虽然这几年，随着《阿凡达》等影片的热卖，3D化在国际上已经成为一种被广大观众所接纳和喜爱的视觉标准，但国内这方面的人才可谓是少之又少。因此，像小齐这样在该领域有所建树的人能获取非常高的个人收益。除了完成特效处理任务，他还要负责为一些制作部门提供技术指导。小齐说，3D不止用于电影，在游戏、在移动互联网领域都有很不错的前景，他也正在进行这方面的探索，力求成为国内这方面的佼佼者。

而在这之前，小齐并非这么炙手可热。他在一所不起眼的专科院校毕业，攻读计算机专业，毕业之后找的第一份工作是在一家网络公司编写程序，待遇不好，而劳动强度和收入根本不成正比。后来小齐发现，3D在电影中的应用虽然已经十分普遍，但国内却没有相关的制作团队。于是小齐果断辞去第一份工作，专门接受这方面的培训，并通过刻苦钻研，掌握了很专业的技能，这才赢得了自己现在的成功。

小齐的成功并非偶然。没有专业的知识，没有独特的技术含量，一切就都变得不可能了。

刚从大学毕业，每个人的社会能力都不是很强，但如果能提供特殊的社会价值，便能弥补自己的一些不足。大学生能力的不同也会在职业的专业性上有所体现。在相关专业领域得到的磨砺越多，自身水平也提高得越快。

（2）多样性。

随着社会分工精细化程度的提高，职业的门类也变得多种多样。丰富多样的职业门类造就了有层次性的经济结构及产业结构，随着这些结构发生变化和调整，衍生出了很多新的行业。大学生如果故步自封，不关注这种多样性变化，也就无法获得在新兴行业中闯出一番天地的机会。

【案例】

那年9月，谭艳刚刚结束为期2个月的环球旅行。这是她大学毕业后第二次环球旅行，虽然花光了积蓄但她仍意犹未尽。偶然间，她看到国内某家旅游网推出旅游体验师这一职位，于是毫不犹豫地递交了申请。凭借开朗、热情、有亲和力的性格，以及环球旅行的经历等，谭艳吸引了面试考官的极大关注，在众多申请者中脱颖而出，成为一名首席旅游体验师。

网站的项目负责人说，近几年来，国人越来越注重旅游的品质、享受更好的服务、追求更好的旅行体验，这些是人们迫切的愿望。而设立谭艳担当的旅游体验师职位，就是希望通过旅游达人的身份和游历号召力把更好的体验传播出去，指引旅客玩得更有质量。在外人看来，也许这有点不可思议，到处游玩也能变成一项工作？但其实谭艳并不是随心所欲地游玩，路上她要不停拍照，发微博，与粉丝分享互动，还得完成高质量的旅游攻略和旅游计划。除此之外，在担任旅游体验师团队负责人后，她还得管理整个体验师团队。中国国家旅游局统计结果显示，2011年中国出境旅游人次达7025万，中国已成为亚洲第一大出境旅游客源国和世界第三大出境消费国。

如果没有旅游业的迅猛发展，人们对消费体验要求的不断提升，也不可能会有旅游体验师这一职业，而谭艳也不可能在全世界范围游玩的同时还获得收益。

在这些新兴行业里，大学生们有很多一展拳脚的空间。不过，也要谨慎地做好分析，使其成为自己向上发展的助力阶梯，而不是绊脚石。

（3）时代性。

职业门类的变化总是依托于时代的变化。没有时代的变化，也就没有职业门类的变化。一些职业摇身一变，可以创造新的价值，一些职业可能只有随行业没落而衰亡。在这些职业的兴衰变化中发现机遇，避开不利因素，对大学毕业生来说是一种很好的挑战。

2. 职业的分类

一般而言，职业总体上分为三大类，即技术和技能型职业、第三产业职业和高新技术型职业。

（1）技术和技能型职业。

它是职业总量中最大的一类，主要分布在我国工业生产的各个主要领域，以技术技能操作为主要工作内容。如生产，建设等。

（2）第三产业职业。

主要是指服务业，配合并促进第一、第二产业发展。相对而言，它占职业总量的比重很小。如餐饮，保险，运输等。

（3）高新技术型职业。

它占职业总量的比重最小，但其技术含量要求最高，以知识经济为主体。如新能源，移动互联网等。

大学毕业生步入工作岗位不再是重复课本知识，需要进入社会角色，对职业分类有清晰的认识，才能配合好国家和企业的系统化管理，极大程度地发挥个人价值。

【案例】

三个月前，朱静升任 BTN 康复中心办公室负责人。作为管理新人，朱静并没有太多相关经验，又缺乏专人负责人力资源管理，结果办公室所有的文件处理、日常工作安排、外联事务均由朱静一人承担。她不仅要管理办公室的日常工作，还要操劳于各种文件审核，按时上下班和吃饭都成问题，这让朱静很受困扰。于是朱静向上级领导申请，组织一次大学生招聘，分担办公室的一些工作。

但事与愿违，朱静招进来的三个大学生小张，小王、小郑、非但没有分担朱静的压力，反而带来了更多的麻烦。原因是朱静虽然给他们分配了各自的工作任务，但分配过于笼统，没有设置确切的职责范围，大家的配合方式也不是很清晰，导致了这些毕业新生们搞不清楚自己的职责所在。出现问题或者有突发状况时，大家要么一拥而上，要么相互推脱。再加上没有订立相关考核方法跟奖惩办法，大家工作也很随性，自己事情没有处理好，却对别人的工作指手画脚。结果还没过试用期，这些大学生就被辞退了，朱静不得不再次组织招聘。

职业的分门别类，正起到了合理规划人力资源的作用。如果岗位能够有明显区别，职责能分工明确，合适的人在合适的位置，朱静也不必如此劳累。

大学生们对于工作岗位和分工合作要有深刻的认识。以自我为中心的任性而为，非但不能使工作有序进行，反而会给团队带来大麻烦，更不可能得到领导的赏识。

4.2 当代职业发展趋势

职业作为人类社会发展到一定历史阶段的产物，逐渐分门别类不断精细化，这标志着社

会的进步。就历史演进来看，职业变化也呈现出加快的趋势。

对大学生来说，牢牢把握变化趋势，顺应趋势制定和调整自己的职业规划，既能使个人价值得到良好发挥，为自身发展奠定稳固基础，也会对社会人力资源配置起到积极作用。

【案例】

唐奇最近失业了。原因是他所在的团购网站行业在经历过一阵热炒后迅速降温，并趋于冷淡，而唐奇所就职的某团购网站也因资金链断裂而宣布关闭。这对刚从大学毕业不久的唐奇来说，有点难以接受。

根据有关方面数据显示，到今年 5 月为止，国内团购网站的数量由之前的 5000 多家减少至最后只剩下 2996 家，其中六成以上已不再真正运营，而团购网站还在不断加速倒闭，团购消费群体的总量也呈现出大幅度下滑。

唐奇记得，刚进入这家团购网站时，团购还是一个新兴的互联网产品，网站很容易拿到风险投资，无论是网站架构、前端设计，还是网站运营的职位，都有相当不错的待遇。工作压力虽然大，但大家士气相当高。可到唐奇临近离职的时候，公司已经连续好几个月拖欠工资，员工们不满情绪很大。

作为产品策划师，唐奇加入这家团购网站时异常兴奋，因为他对团购行业抱有非常大的热情和信心。但现如今，团购网站“死的死”，“伤的伤”，“能活”下来已经不错了，谋求好的职位简直没可能。即使有职位，待遇可能还不如一些规模一般的互联网公司。唐奇只好另谋生路。

从团购行业的兴起和萎缩，以及大学毕业的唐奇第一次的失业遭遇，可以看出：一个行业，一定会伴随市场需求发生变化，而行业的不断变化，也会导致职业和社会角色的不断变化。

大学毕业生在择业时一定要仔细分析行业发展的趋势，找准自己在这个行业中的定位。这对规划个人职业生涯和实施规划帮助很大。

当代职业的发展表现为以下 3 种趋势：职业需求的教育含量不断升高；职业的多重发展方向；以信息技术为主导的高科技行业发展势头持续强劲。

1. 职业需求的教育含量不断升高

社会进步带来分工精细化程度提高，加上就业人口同就业岗位比例严重失调，使得竞争进一步激化。而竞争激化的结果，则是用人单位对人才选拔的要求盲目提高，最主要体现在教育含量上。

用人单位在招聘大学毕业生时，无法准确全面获取每个人的信息，如能力如何，性格如何。他们所关注的，往往是一些简单的有代表性的硬性指标，如学校排名，专业排名，成绩排名，获得过哪些证书等。

人才太多，信息获取不准确，这就导致即使某个职位可能不需要非常有含金量的学历，但用人单位在选择大学毕业生时，也只好择优录取，而这个“优”，最主要就是教育含量。

【案例】

顾小玲的梦想是回母校当一名中学教师。考大学前，她就给自己订立了这个目标。但她并没有考进自己心仪的师范院校，而是进入了一所水平一般的师范院校。虽然她为此事烦闷，但至少离梦想更近一步了。而小玲周围的同学跟她情况不大相同，他们很多人并没有打算进师范院校，也没有立志要当一名教师，只希望有个学历文凭。

小玲大四那年，经济环境不好，加上大学毕业生泛滥，就业压力陡然增大，很多本科生甚至要和硕士博士同台抢饭碗。由于竞争激烈，连中学甚至小学的入职门槛也高得离谱，研究生毕业已经成为竞争取位的基本条件。小玲非常失落，因为以她现在的学历水平，一个普通院校本科生，愿望几乎只能是落空。于是在别人参加招聘会和面试将要开始工作时，小玲又急匆匆改变计划，加入考研大军，希望能通过一张研究生文凭实现自己的梦想。

在小玲辛苦复习半年之后，通过了本校笔试面试，顺利成为了一名研究生，但惨痛的消息又来了：今年，由于国际环境的变化对国内经济的严重影响，公务员、教师等这类相对稳定职业的竞争更为激烈了。而小玲的母校已经不再招收一般院校的硕士生，现在要求必须是名牌院校硕士以上文凭。小玲现在很费解，难道还要继续深造，读一所名牌院校的博士，才能实现回母校教书的愿望？

小玲想回母校当老师的梦想虽然普通，但对于小玲来说，经过几年努力仍然高不可攀。这也从一个侧面反映出，竞争激烈的结果，必然导致人才选拔条件的提高。尤其像公务员、教师这样的稳定的机关、国企事业单位的岗位，毕业生的教育含量对用人单位的选择有着十分大的影响。

2. 职业呈现多重发展方向

中国经济持续增长，促使了从业者对未来职场抱有充足的信心。中国经济结构和技术的快速更迭，也在很多新的领域创造了就业机会满足就业者的需求。这将导致永久性职业逐渐减少，取而代之的，则是就业呈现多重发展方向的态势。

根据全球某领先权威报告显示：约七成中国从业者欲在五年之内转换职业方向。在这七成中国从业者中，大学毕业生是比重最大的一类人群。他们年轻，有活力，不安于现状，不愿一生都被一个工作所束缚。

【案例】

笑笑是一名新入职场的年轻人，她的口头禅是“及时行乐”。虽然笑笑平日里过得非常潇洒，上班下班，和朋友吃吃喝喝，但令家人担忧的是：笑笑毕业不到两年，已经换了五份工作，而最近，她又打算辞职了。这在一辈子坚守自己岗位的父母眼里，笑笑的行为简直就是胡闹。

但笑笑却有自己的说法：一方面，她觉得薪水低，不能满足她的消费需求，消费上不去，身价就要掉下来，朋友难交，更不可能受追捧。另一方面，她和顶头上司不合，发生过一些正面冲突。多换换单位，也能多交交不同层面上的朋友。现在的时代，最重要的还是人脉，一个人闷头苦干实干，没有人脉，很多工作都无法顺利展开。

“做自己感兴趣的事，青春才能值回票价。”这慢慢开始成为笑笑这类年轻人的择业观念。虽然现在工作难找，需要工作的人多，竞争也异常激烈，但相应地，职位也多，只要不挑剔，找到一份工作应该还是不难的。而见识多、交际面广似乎也越来越成为年轻人综合素质加分的法宝之一了。

笑笑的想法虽不值得赞赏，但这也表明：世界正在年轻化自由化，一生只工作在一个单位里的情况将越来越少。

年轻的大学毕业生有选择的权利，也愿意去尝试不同的事物。而招聘的单位也希望能通过优胜劣汰机制使自身活力更充沛，发展更强劲。

虽然职业呈现多重发展方向的趋势，但大学毕业生切勿眼高手低，好高骛远。脚踏实地，让个人价值得到提升的职业规划才是好规划。

3. 以信息技术为主导的高科技行业发展势头持续强劲

这些年来，科技进步对传统行业产生了巨大冲击。一些老牌传统报媒巨头的市值，甚至不及一些新兴信息科技行业市值的零头。在这些老牌企业大规模裁员节流的同时，新兴信息科技行业却在疯狂地对外扩张。而这些都是以信息技术为主导的高科技领域的巨大进步所带来的转变。

在这种转变中抓住机遇，借势而上，对大学毕业生来说，是非常不错的选择。

【案例】

小马毕业后来到某互动分享阅读软件公司做产品策划师。该公司的软件只对移动互联网平台开放，

目前只服务于苹果 iOS、谷歌 Android 和微软 WM 三个平台。小马团队策划设计的这款软件将微博、博客、报纸杂志、网络新闻等众多内容，按照用户个人的意愿聚合在一起，供用户分享和互动。并且软件使用起来非常简单和人性化，具备精美杂志版式的阅读形态，逼真的翻页效果。

这款软件一上线，便引起了业界的巨大反响。而在这之前，移动阅读和传统的纸媒阅读有着不可调和的矛盾：传统纸媒很不情愿向网络版发展，因为这样会极大地影响自身纸媒的收益，而国内网络的版权问题一直没有得到妥善解决，也是传统纸媒望而却步的原因之一。就在他们举棋不定时，新兴的移动传媒却占到了先机，他们不做实体，甚至不做桌面互联网，只做移动互联网。因为有着非常新颖的广告体系和庞大的用户群，现在也融到了巨额风险投资。

随着人们对移动产品的依赖，移动互联网显示出了十分强有力的增长势头，而小马正是这场变革中的受益者之一。因为这款软件的走红，小马也成为了众猎头瞄准的对象。

小马所在的移动互联网行业，为小马带来了前所未有的机遇。也许很多人在一些行业里摸打滚爬一辈子，也不及发生在刚从大学毕业的小马身上一年的翻天覆地变化。

行业的洗牌通常伴随着巨大的人员流动，各方面资源重新整合，这也为大学毕业生大显身手提供了极好的舞台。

放手一搏，去一片未知的领域创造未来虽然新鲜刺激，但大学毕业生也需要保持清醒的头脑。没有经过仔细评估，莽莽撞撞，哪里热闹往哪里闯，也可能会带来意想不到的打击和损失。

4.3　职业认知的方法

很多同学把职业和工作混为一谈。他们认为职业就是工作，工作就是职业。这些都是职业认知上犯的错误。

职业（Career），是一个人一生要去追求和完成的一项事业。它既有专业分工的要求，又有精神层面的要求。职业代表着人专门要从事的一个领域，它也是人逐渐满足自我实现自我的一个过程。而工作（Job），更多的是指职业生涯当中的一个阶段，一种谋生手段。

对职业的认知不当，导致很多大学生将谋生手段和人生追求区别不开。他们对将来要进入哪一行没有具体目标，自身定位也不准确，不清楚自己对什么公司和什么工作感兴趣，前景和未来发展方向更无从谈起。

【案例】

小孙是今年浩浩荡荡就业大军中的一员，在经历了招聘会、面试、笔试之后，他顺利成为某知名企业分公司的一名签约员工。在进入公司之后，小孙对什么新鲜事物都感兴趣，对什么工作都热情耐心，领导非常赏识他，同事也都很喜欢他。

但好景不长，小孙很快就表现出对工作的懈怠，跟领导顶撞，与同事发生矛盾，和刚进公司的他，简直判若两人。这样的情况维持了没多久，小孙就被安排去了别的部门。这种安排，非但没让他冷静下来，而且他还要闹辞职。当单位拿出合同指着违约金这一项给小孙看的时候，小孙才傻了眼。

后来新部门的领导找小孙私下谈话，才知道原来小孙并不喜欢这份工作，也不喜欢自己所学的专业。他是看大家都找工作，而且家里一直催，他才去应聘工作的。因为对公司待遇很满意，所以刚进公司的时候才会那么有干劲。但时间久了，小孙感觉自己就好像在坐牢，被人看着管着，没自由，动辄还被威胁扣工资扣奖金，所以就下定辞职的决心。而这一切变化不过才 2 个月时间。

据有关数据显示，40%的大学毕业生盲目择业，47%的大学毕业生第一份工作持续不到

一年，46%的大学毕业生第一份工作与专业不对口，87%的从业者第一份工作因一时不满而冲动离职。

小孙的例子可以说是千万大学毕业生的一个缩影。他冲动择业，最后消极对待工作就是由于他没有建立起正确的职业认知，没有认真依据自己的个性、偏好以及行业要求做好职业生涯规划。

可见，职业认知的意义非常重大。良好的职业认知可以帮助大学毕业生找准职业方向，树立有效目标，发掘个人潜能，提升求职成功几率以及确保后续发展的顺利。

大学生的职业认知方法有以下 4 种。

1. 对职业范围的认知

目前，高校在设置专业时，非常注重培养全方位人才，采取厚基础宽口径原则，每个专业的培养可以应对多个职业方向。虽然毕业生们的就业面广了，但选择多种多样也会让人眼花缭乱无从下手。这就需要大学生们首先对职业范围有一个相对理性的划定。

【案例】

陈丽毕业之后在某国际知名大型制药企业工作，这让她的同学很是羡慕。她和同学进大学时都选择了生物工程专业，但她的同学最后找到的工作，不是跟农作物培育有关，就是跟酿造发酵有关，整天出没于作物大棚或化工厂。像陈丽这样工作待遇又好，工作环境又舒适的毕业生，屈指可数。是不是陈丽的条件就比其他同学好很多呢？也不尽然。

在成绩上，陈丽在院系的排名一直是中等偏上一点，算不上是名列前茅。而在学校工作中，陈丽也不如其他同学积极。但陈丽刚进入学校，就已经开始观察和分析自己的就业前景。除了掌握专业知识以外，陈丽还积极去校外参与多种多样的实习工作，以自己善于交际并且踏实能干的特点给这家大型制药企业的部门领导留下了深刻的印象。

农作物培育和酿造发酵是大部分学长们的选择，但这并不是唯一的选择。就业面广了，大家却不知道该如何选择了。只好依照前辈们走好的路前进，不去发掘也不敢尝试。其实现在院校设置专业门类、设定课程时，目标都是培养全方位人才。基础课程所占的比重非常大，要求学生们注重实践，不只是去啃书本。院校这样做的目的也是鼓励同学们进行多方面的尝试和探索，希望能够拓宽学生们的就业面。

陈丽就是一个很好的例子。在对职业范围的划定上，她没有被惯性思维所局限，积极探索自己可能性的职业之路。最后，依靠自己的实力争取到了很好的机会。

大学毕业生们要能够认真分析和观察，在学好课本知识的同时，积极参与各种实践活动，拓展自己的思维，吸纳各方面的知识。这是让自己获得更多就业机会的渠道之一。

2. 对专业培养方向的认知

很多大学生在进入大学时，所读专业可能并不是自己喜欢的。但不管所读专业是否令自己满意，都无法确保自己将来就业时一定专业对口。专业是通往职业的一个阶梯，它只是一个方向，却不一定决定一个人一生的职业轨迹。

所以，大学生除了要学好本专业知识以外，还要积极主动去探索和掌握社会所需要的其他技能本领。

【案例】

王强大学学习软件交互设计专业。当年考大学，他靠着对科技产品和科技产业英雄的热爱，填报了这门专业。但经过了四年的学习，他才发现自己并不喜欢这个专业。每次考试也是勉强通过。但现在他也要面临找工作的问题了。

毕竟自己为此耗费了四年时光，王强很不甘心就这样放弃自己的专业。而且当时选专业时，他又吵又闹才跟父母争取来这个机会，如果现在要换，实在说不过去。要是选择其他职业，王强也实在不知道自己适合做什么。没有专业上的优势，大学文凭对择业的帮助基本上也就没那么大了。

后来，在经过一番犹豫和彷徨之后，他还是硬着头皮参加了各类招聘会和面试，还在网上申请了很多招聘岗位，可基本上也是杳无音信。而对他感兴趣的寥寥无几的用人单位给出的待遇条件，也让他很不满意。看着周围同学一个个都签了单位，王强的心情失落到了极点。

失望的王强最后找到了职业规划咨询机构，接受了专业的测评和分析。质询师发现，王强的性格气质适合做与人打交道的工作，建议他职业发展的路线应该是客户专员—客户经理—部门主管。而他四年学习的都是纯理论知识，可能对客户服务领域并不了解。于是又对王强进行了相关的短期培训。王强这才慢慢对职业方向和自己的未来有了信心。

感兴趣、有热情是好事，它们是大学生择业很重要的动力之一。但缺乏对专业培养方向的认知，没有谨慎认真地去了解它分析它，像王强这样只是因为喜爱于软件交互设计专业相关的事物，就冲动的报考、学习，而且最关键是还没有依照、发掘自己的兴趣早做打算和准备，最后只能是因专业学习阻碍了自身发展，导致毕业时盲目择业。

3. 对职业与自身关系的认知

大学生进行职业生涯规划，对自己准确定位，找到自身条件与职业的契合点，是取得未来职业良性发展的大前提。将自己的兴趣爱好、性格条件、技能水平同专业知识相结合，往往是目前大学生难以把握的。

【案例】

小静，24 岁，于国内某知名大学经济系本科毕业。她外语水平和专业成绩都很好，性格外向开朗，在校内一直是学生会干部，组织能力强，表达能力强。毕业之后，在一场 2000 人中取 3 人的应聘竞争中，幸运地被某知名外企录用，工作是负责公司的财务分析。为此，她主动说服家人，放弃研究生保送机会，自信满满地翻开自己职业生涯的崭新一页。

可是 9 个月之后，小静辞职了。她发现原来自己并不喜欢财务工作，成天对着电脑搞数字分析，每天说话的机会都可以拿手指头数出来，自己也变得越来越自闭了。现在，她一看图表分析和数字分析就畏惧和抵触，无休止的加班和上班已经占据了小静所有的生活内容，这让她无法再继续承受了。

薪水很高，工作很体面，也很令朋友羡慕，但小静却开心不起来。她常常想，一个女生，有必要这么劳心费力去打拼未来吗？她原以为自己是个很需要成功很渴望成功的人，目标是成为一个职场女强人，也可以为了成功放弃很多东西。但现在，她发现自己放弃健康，放弃享受生活，放弃青春所有美好的事物来换取工资条上一堆堆数字和自己的虚荣心，真是不值得。

像小静这样对行业要求和工作内容并不是很了解，而自身条件又不错的大学毕业生，很容易把成功当作自己人生的全部，而忽略自己成功的目的是什么，要从成功中获取什么。这也是职业认知中的误区之一。

每个人的身体条件，性格特征，技能水平都存在差别。也许没有一种职业是为自己量身打造，在实际情况中确实需要做一些妥协、退让和改变。但始终要注意，应量力而为。

4. 对职业发展趋势的认知

职业发展趋势同社会的发展和进步是分不开的，它是对个人职业生涯规划有着很重要影响的外因。对社会发展趋势和职业需求进行多方面的分析和权衡，能让大学生在未来职场走向成功的征途上多一分胜算。

4.4 价值观的相关理论

德国哲学家E.施普兰格尔将理想价值观划分为6种类型：理论价值观、政治价值观、经济价值观、审美价值观、社会价值观和宗教价值观。

施普兰格尔认为，人们的生活方式都是顺应这6种价值观的方向发展的。这6种价值观念的划分并不代表存在这6种典型人物，但人们或多或少都具备这6种价值观，而核心价值观却因人而异。

对大学生来说，价值观就是大学生自身的存在对社会的作用和意义。没有作用，没有意义，也就没有所谓的价值观。它是一种看法，一种态度。

大学生的价值观，要体现出它的作用和意义，就要通过大学生对社会所创造的价值来体现，这也是职业的功能之一。

规划合理的职业生涯，是大学生实现自我价值观很重要的前提和步骤。相应地，树立正确的价值观，也是大学生规划职业生涯的目的之一。

【案例】

于上海某大学毕业的小刘来自甘肃张掖。直到今年5月，他还没有跟任何单位签就业合同。其实小刘的个人条件并不差，在校成绩也处于中等水平。拖了差不多将近一年，他家里帮他联系到张掖当地一家食品加工公司，这家公司在看过他的简历之后表示愿意录用他。因为专业对口，又是当地人，希望他回家来面试一下。

但令人出乎意料的是，小刘要求工作地点必须是家乡省会兰州市，什么岗位都无所谓，待遇也可以谈，但工作地点必须在兰州才行。这件事也就不了了之了。最后，连食品厂的岗位空缺也迅速被人填上了。家人懊悔不已，但他本人却若无其事，继续在上海飘着。原因是在心底深处，小刘是觉得他在学校所在的一线大城市待了4年，也习惯了大城市的生活，如果再让他回到小城市，他无法接受。

像小刘这样过分看重单位所在地的毕业生占绝大多数。据学校有关调查数据显示：95%的毕业生选择效益好、工资高的单位；超过88%的毕业生要求单位所在地如果不是一线城市，至少也是二线大中型城市；愿意到急需人才的边远地区和选择艰苦行业的毕业生仅占不到1%。

小刘的内心想法代表着当前大多数毕业生在择业过程中的一种普遍价值观。他们的择业期望高，向往经济发达地区，尤其是沿海中心城市，至少也要是家乡的省会城市。

但经济发达、工作环境优越的地区所对应的正是人才相对过剩，生活成本高。由这种价值观作指引的择业观念，很容易导致大学毕业生的愿望与现实产生巨大反差。

价值观特性

（1）价值观具有主观性。

既然价值观是一种看法，一种态度，它就难免会带有一定主观性。它伴随着大学生对自身价值和社会认同的评估，左右大学生的职业选择。职业选择是好是坏，取决于大学生带着哪一种价值观看待问题。

【案例】

魏洁从小就希望像她母亲一样，当个女强人。她在各方面都很要强，学习成绩始终名列前茅。进入大学后，她成绩也非常优秀，还在校学生会担任重要职务。毕业之后参加某国际知名外企面试，在众多申请者中也是佼佼者。

但魏洁其实并不是非常受人欢迎。她的性格很强硬，在与人相处时，也总是习惯把自己摆在核心位置，显露出强势的领导者身份，连很多男生都惧怕她。在她的观念里，也许不是所有强者都会欺负弱者，但弱者一定会被强者欺负。所以维系自己强者的身份，也是一种自我保护。

进了国际大企业，展开具体的工作之后，她才开始屡屡碰壁。学校里的风头在这里已经完全不管用了。她确实曾经名列前茅，但这家企业里所积聚的，是长年以来整个社会汇聚而来的人才资源，能耐大有魅力的人很多，她不过是个新人。

从来不肯向任何困难低头的她慢慢产生了心理抑郁情绪，最后不得不去寻求心理咨询帮助。在心理咨询师给她做完一些心理测试之后，确诊了她患有中型心理抑郁症。这时，她才坦露自己内心其实一直很脆弱，要强只是一种伪装。一直以来都只想做个强者，因为只有强者才能在这个世界上立足。

魏洁会这样看待问题，跟她长期以来秉持的价值观脱不开干系。可能包括她的家人在内，都不曾教育她，靠成为强者、靠别人的依从来获得安全感。这很可能是她自己长期以来积累的对世界的认识，对自我的认识。

虽然这种认识是畸形的，不健康的，但它能反映出，不管是好的价值观还是不好的价值观，都是一种主观性的观念。

既然价值观是主观的，大学生们难免就会陷入以自我为中心去观察世界、衡量社会与人的关系的深潭。这时候就需要做到既遵从自己的心声，又要保持理性。

（2）价值观是自由的。

正因为价值观具有主观性，所以没有哪个人的价值观是被迫的。因为它来自一个人的思想和态度。也许会被别人影响，但最终的形成完全掌握在自己的手里。

（3）价值观是发展的。

不同的人持有不同的价值观。随着大学生的成长成熟，自身见识和经历的增多，看待问题的方法也会产生一定改变。这种变化，正是价值观发展的结果。

这种发展有良性和恶性两种结果。建立积极向上的价值观，对处于个人塑造阶段的大学生来说具有相当大的意义。

【案例】

小邵虽然不是一个死读书的大学生，但她一直比较听话，也有着传统的价值观，积极向上，不拜金，希望做对社会有意义的人。她们宿舍共 4 个女生，有两个考研，虽然小邵不需要考研，但四姐妹也还是像以前一样，经常去一间自习室自习。

一个偶然的机会，小邵接到一个电话，通知小邵获得了一个面试机会，希望她准时参加。从来没有相关经验的小邵非常兴奋，这是她第一次独立接触社会。无比激动的她还借了正装，从来没化妆的她也化了一点淡妆，而且比预约时间提前了足足一个小时。

面试地点在非常繁华的写字楼区，小邵心怀忐忑找到了面试地点。但之后她才发现，这是一家人寿保险公司。小邵挺失望的，她本来就看不上做保险的，认为他们素质低下只会粘人，但小邵还是硬着头皮参加了面试。面试她的经理是名牌大学毕业生，由于这是小邵第一次面试，再加上经理本人能说会道很有鼓动性，因此没说几句，小邵就被打动了。

但接下来的一个月里，小邵亲眼看见一群斗志昂扬的年轻人在一次又一次的被拒中被碰得头破血流，在刁钻跋扈的客户的挑剔中一点点地消磨着飞扬的心志，也亲眼见到一些有钱人的丑恶嘴脸。但同时，她又对那些辛苦不易的保险工作者多了一份理解。虽然小邵最后没能留在那家公司里，但她学到了在学校里永远也学不到的东西。

小邵的经历，反映了一个人价值观转变的过程。小邵在这份工作中见识了不少，学习了不少，逐渐成熟了。她的价值观也自然较之前更加理性和全面了。

大学生在毕业之前，待的最多的地方就是学校。学校是一把保护伞，在保护伞里不管走多少路，始终都无法经历真正的风风雨雨。

希望广大毕业生们，能够积极地去历练，去尝试，这样才能健全自己的价值观，更加理性地去规划职业生涯。

（4）价值观是一种社会化的结果。

个人价值观不是独立存在的。不同的社会环境下，不同文化背景的人形成的价值观也大不相同。但它们又都能反映这个时代的精神实质。而这个时代的精神实质，又指引着大学生向前发展。

【案例】

高远刚进大学的时候，就跟周围的同学嚷着要创业。说创业如何如何好，青春就那么短，人应该把目标放的远大一点，为自己拼搏一下。后来也确实如他所说，他一直不停地在捣鼓创业的事。先是在学校里开了一间仿名牌鞋店，后来又张罗着开了一家奶茶店。但由于经营不善，都在小亏之后悄然关闭了，之后他也就没有再提什么创业。

进入大四后，有一次他跟学长聊天，学长给他讲述了自己的职业生涯规划，学长意味深长地指出，考研才是唯一的出路。然后罗列了一大堆自己的见解和规划的具体方向，高远再一次心动了。于是他赶紧去考研教室占了座位，也购买了各种考研资料，还报了相关科目的培训班。这时，他又在宿舍大肆宣扬考研的好处，以及大学生应该好好规划自己的职业生涯，而不是东飘西荡，没有目标。但没过两个月，他发现高数和政治实在不是自己的长项，就又放弃了考研。

但很快，公务员招考热又吸引了他的注意。他觉得人经历了一些事情应该成熟一点，机关事业单位能够提供稳定的岗位，这很能满足他稳步发展的要求。不过随着周围的同学一个个都去参加企业招聘会，当他看到条件不如他的同学也得到了不错的单位的回应，他马上又放弃了考公务员试的目标。

目前，像高远这样，三天两头变换职业目标的大学生不在少数。这种变化，并不是孤立产生的，它通常都伴随社会环境的变化而变化。社会环境出现什么热门，就会左右一些同学的价值取向，使得他们趋之若鹜，而他们的追捧又促进了这股流行热。

大学生在做职业规划时，需要保持清醒的认识，既要顺应社会的发展，又不要在变化里迷失。

4.5 岗位分析

说到“岗位”（Post），通常都与“工作”（Job）一词同时出现。可见，岗位并不像职业一样，泛指一群人的共同属性，通常它具体对应个人，一个人一个岗位。它是组织要求个人承担一项或多项职责而赋予个体工作范围的总和，是职责同具体工作结合的产物。

岗位分析是大学毕业生对用人单位各类岗位的性质、职责、工作环境和工作条件的系统研究，这里面包括员工承担岗位应具备的资格条件。

进行岗位分析，能够让大学生们明确岗位规范，高质量完成部门安排的工作任务。只有清晰理解岗位分析的意义，大家在规划职业生涯时，才不会混淆一些概念，从而造成规划上的混乱。

【案例】

周战对于就业没做多少准备，就接到了南京某企业分公司的面试邀请。对方在电话里问了他的基本情况，然后就叫他去参加面试，周战非常兴奋。可能是因为该分公司急需招人，所以面试没有怎么

为难人。在经过两轮面试之后，负责人就与他签订了工作合同，工作岗位是做产品运营。

今年8月，周战开始了自己第一天的上班生活。但到了工作岗位，他才知道原来所谓的产品运营就是市场营销，这时候周战开始有点失望。但因为之前实习过一段时间会计工作，所以他想尝试一下新的工作也未尝不可，毕竟是自己第一份工作，他多少有些期待。

在熟悉了团队的具体业务之后，周战就开始尝试联系客户。刚开始，只是做网络营销，就是发发邮件，使用即时通信工具和客户进行沟通以及推销。没多久，团队负责人就要求大家使用电话联系客户还要登门拜访客户，而周战一直以来都对销售之类的工作很反感，所以越做越没兴趣。

后来，因为团队开发了新产品，但是没有资金做推广，所以周战的工作又变成到各大网站论坛、社区发软文。这确实有点违背他的初衷，他立刻要求辞职。但因为违约，周战缴纳了违约金才得以脱身，得不偿失。

周战之所以第一份工作以失败告终，与他之前没有做足用人单位的功课，没有掌握好岗位信息，是有很大关系的。

大学生，一定不要被一些不良企业巧立名目的岗位名称所吸引，一定要了解清楚岗位的具体工作是什么，职责是什么。这样才能避免不必要的麻烦。

1. 岗位分析的作用

（1）选择适合自己的岗位。

岗位分析，可以帮助大学毕业生根据自身条件，如学历、能力、技能水平等，寻找和选择适合自己的岗位和发展方向，从而避免盲目就业。没有进行很好的岗位分析，即使进入了行业，也可能不能胜任岗位所要求的工作任务。妨碍自己的发展不说，也对用人单位人力资源配置造成影响。

【案例】

程慧个人能力一般，也并不是个能说会道的人。毕业于上海某大学的她，对于毕业之后找工作，一筹莫展。她不想回家乡，在上海晃了半年之后，为了应付家里人，只好去到最容易被录取的销售行业求职。在她眼里，销售行业无非就是推销，既然暂时别无选择，推销就推销吧，脸皮薄也要往前冲。

但进入这个行当，她才发现销售没有自己想象的这么简单。首先是非常低的无责任底薪800元存在陷阱：说起来是无责任，但如果一单生意都没有谈成，一分钱都不会拿到。这其中还不包括平时的各种经济惩罚，如迟到、客户沟通不满意等。其次是无休止的客户拜访，销售没有具体的上班下班时间，只要醒来就要工作。也并不是如她之前所想的，厚着脸皮就能完成工作任务。以程慧的性格和条件，她非常不适合这个岗位。

才上班两个星期，程慧就被小组经理骂哭3次。最后部门经理也找她谈话，说如果不适合这个岗位，希望她再试试别的行业，一个女孩子，不要这样为难自己。毫无办法的程慧只好灰溜溜地又回到家乡。

很多像程慧这样的大学毕业生，一直以来，都是在父母和学校的庇护下长大的。想留在人才济济的大城市，个人能力方面却没有什么突出表现，这样当然无法找到适合自己的工作岗位。

这时候应该理性面对，从一点一滴做起，仔细分析自己所擅长的和缺乏的，瞄准岗位要求，不骄不躁、不卑不亢，用小小的成功慢慢积累起的自信心，才能走向更美好的未来。

（2）将职业规划方案落到实处。

专业也好，职业也罢，都是一些宽泛的概念。同没有实现步骤的目标一样，不具有可执行性。而岗位分析，则可以让职业生涯规划更到位，在深入了解岗位的同时，也能更好地定位自己，为有效的规划提供可靠依据。

2. 岗位的分类

① 生产岗位。生产岗位主要从事基本的生产业务，如制造、安装、维护等。

② 执行岗位。执行岗位主要从事行政或者服务性工作，如秘书、后勤等。

③ 管理岗位。管理岗位主要负责管理工作，如主管、部门经理、项目负责人等。

④ 监督岗位。监督岗位主要负责监督工作，如审计、监察等。

⑤ 专业岗位。专业岗位主要从事专业技术性工作，如工程师、会计等。

⑥ 决策岗位。决策岗位主要是指高级管理层，如总裁、总经理等。

3. 岗位分析的方法

（1）根据自身条件匹配岗位资格。

同样的专业，同样的职业，却会产生不同的岗位。除了分工的必要性以外，岗位还可以协调大学生自身条件的差异性。

岗位配置、岗位类别和岗位等级都是判断自身条件是否适合的重要依据，对岗位资格拿捏到位，不仅能提高就业成功率，还能为今后的发展打好基础。如果知道岗位不适合，可以早做调整，不然就会变得被动。

【案例】

小常近期参加了华为的招聘会，通过了过笔试、面试并签订了三方协议。小常本来打算应聘软件技术类岗位的，但此次并不招聘该岗位。小常进入的是华为销售和售后服务岗位，负责华为产品对三大运营商的销售和品牌文化推广。这个岗位的要求是性格开朗外向、责任心强、主动敬业、对销售有激情、心理素质强。其他还好，只是小常的性格并不开朗外向，他平时喜欢闷头一个人钻研技术类的东西，也不太爱说话。为了面试需要，小常当然也隐藏了自己的这一性格特点。虽然对岗位不是非常满意，但能进华为这样的企业小常还是非常高兴的。

不过，在参加华为面试的同时，小常也悄悄到中国移动的招聘会碰了碰运气。毕竟如果不能进入华为，自己也能多一成就业机会。幸运的是，移动正好对小常酷爱钻研技术的特点很欣赏，而且他们的一条产品线上正好缺软件技术支持类的岗位，但这个岗位并不在本地，需要到二三线城市去发展。

小常综合考虑了一下：去华为，做销售和售后服务，虽然自己不感兴趣，但待遇不用发愁。去移动，首先要是对华为违约，而且还要去二三线城市，但好在可以做自己爱好的软件技术工作。在权衡之后，小常还是决定违约去移动。毕竟年轻人本来就缺乏人生经验工作经验，如果还不能发挥自己的长处，势必会阻碍未来发展。

（2）根据发展趋势分析岗位需求。

行业的发展趋势，对岗位数量的影响极大。而岗位数量的多少则决定着大学生的就业前景。行业不景气，即使大学生有自己的核心竞争力，也不一定能够谋求到好的岗位，实现报酬公平也几乎不可能。

如果不了解岗位需求，选择了不适合自己发展的岗位，这既不利于大学生身心健康，无法调动工作积极性，也会有损用人单位人力资源建设。

【案例】

邓明没有实现去名校的愿望，成了一所二类院校数学专业的学生。在毕业之时，中石油的一个地方分公司向他投来了橄榄枝。他非常犹豫，因为毕竟这样的好机会，很多同学想要还得不到。但邓明最后还是放弃了，他想继续深造，希望能谋求更好的发展。而且这个职位和他的专业也并不对口。

邓明在努力拼搏之后终于成为了一所名牌院校的研究生，但依旧学习数学专业。进了名牌院校之后，邓明反而没了期待，也不知道自己未来要做什么。师兄们建议他毕业之后进高校当老师，也许不能留在本校，但去一所一般院校数学系还是没有什么大问题的。不过这个专业并非邓明的兴趣所在。

在历经了彷徨之后，邓明决定跳出所学专业，进入他感兴趣的金融业。虽然社会对于教师的需求量越来越大，但随之而来的是这一岗位越来越难以争取。也许等到自己研究生毕业，就落伍了，并且自己的性格不适合国企事业单位。而金融业在中国资本市场进一步完善的环境下，越来越凸显规范化的优势，而且可以为他今后的理财带来方便。

最后通过自己的再次发力，邓明也如愿地进入了当地一家银行，从事基金的销售和市场分析工作。

从邓明的案例中我们可以看出，行业的发展趋势对岗位的需求有着非常大的影响。如果不能根据发展趋势判断岗位需求，也就无法做好职业生涯的发展规划，更不可能找到适合自己而又令自己较为满意的岗位。

案例点评

【案例】

小金在大学学习的是动画专业。当时选这个专业，一方面跟他的兴趣有关，他十分喜欢研究软件；另一方面，这个专业当时听上去比较时髦，毕竟是搞设计。

在毕业之后，他来到一个网游公司工作，做一些相关美术指导，如人物动作、场景变化等。工资是比较高，但工作很累人，而且他慢慢觉得这一行有点过于看重利益了。完全就是在把那些涉世不深的，生活无聊的，或者自控能力不强的人拉进水，然后设置各式各样的圈套，让大家往里面扔钱。对此他有点看不惯，因为这不符合他的价值观。再加上做这一行，变数非常多，压力也非常大，他慢慢就对这一行失去了信心。

没多久，小金就辞职去了一家广告公司，当设计总监助理。这份工作要稍微轻松一点，而且在这一行，创意永远比无价值的重复劳动重要。再加上市场环境不错越来越多水平差不多的创业公司闯进市场，靠得正是广告的效益。广告出色，就显得公司水平不一般，品位不一，从而能给创业公司带来巨大收益。小金和总监的工作就是通过制作广告公司的形象和品位。

小金在这家公司干的不错，不过在任职将近一年的时候，总监突然要拉着他一起创业，因为长期的工作让双方都产生了一定的信任和默契。一方面，出去创业，这对小金的职业生涯来说，确实是非常大的诱惑。但另一方面，如果总监走了，意味着他将升任这家公司的设计总监。

在经过艰难的抉择之后，小金理智地选择了留在公司发展，没有跟总监一起出去开创未来。他这么选，是有他的意图的。首先，他毕业才刚一年多一点，各方面的经验都不是很充足，不像总监这样的人才，在这一行摸滚打爬10多年，各方面的人脉和资源都很齐备。而他只不过是个刚入行的新兵蛋子，他需要的是更多的磨炼，而不是一冲动就做出其他选择。他要对自己负责，要对公司负责。总监走是山小留不住，而小金走则是不忠诚的表现。既然他现在能从这家公司被人拉走，将来也会在新公司被别人拉走。而这个行业，人员流动大，所以忠诚度就会显得非常可贵。因此小金婉言谢绝了总监。

果不其然，总监走后，小金就理所应当地成为了公司的设计总监。然而这个职位也不是小金所理解的那么简单。以前总监在的时候，他虽然很多事都耳濡目染，但真要自己当一把手了，却是手忙脚乱。

然而在小金当设计总监刚刚顺手一点的时候，广告行业的冬天来了。大批公司生存很困难，自然裁员和减薪就是节约成本的最好办法。而小金本来想申请减薪，但减薪没有裁员对公司的帮助大，公司还是希望他能主动离职。于是小金又走进了失业大军的队伍。

这时，前任总监知道了这个消息，于是找到小金。总监非常欣赏小金的能力和操守，希望他们一起创业。而前任总监现在不直接做广告了，主营业务是为广告公司、客户以及广告投放市场牵线搭桥。这是一个新行业，充满了光明的前景。

【点评】

小金的职场之路可谓是一波三折。但小金却对职业的内涵有着相当不错的认知，这也是他今后创

业的宝贵财富。从这个案例中也可以看出，对职业的认知，对职业发展趋势的了解，直接决定着一个人的职业命运。而小金之所以能够一直被大家所欣赏，一路走来都在一个相对正确的方向，跟他的以下优点有关。

（1）对职业内涵的把握准确。

对小金来说，一份职业，不应该只是填饱肚子的一个饭碗，它更是提升自己，不断进步，体现个人价值观、实现个人价值的途径。因为对这点认识清楚了，所以尽管他的第一份工作薪资不错但他仍选择了辞职，他认为在网游公司无法提升自己，也无法实现他的个人价值。

（2）职业发展趋势把握准确。

在总监第二次邀请他加入创业团队时，小金欣然接受。他知道，行业未来的划分会越来越细致，做什么生意不是关键，关键是要为别人带来效益。所以，他选择了为广告商、广告主、广告投放市场牵线搭桥的创业方式。这种创业思路很特别，也很精准。在未来也会有很好的发展。

（3）正确的价值观。

小金身上最为可贵的财富是正确的价值观。他没有因为在第一个公司能赚大钱而背离自己的价值观。因为他希望能做一些更有意义的事，所以放弃了这个机会。而在总监第一次拉他一起去创业时，他深深地明白，对于一个广告创意公司来说，突然失去了核心的设计人员，对公司有着多大的打击。在公司需要他的时候，他没有离开，而在公司需要裁员的时候，他选择了主动请辞。这都为他后来得到前总监的赏识埋下了伏笔。

素质拓展

曹啸毕业之后，在一家银行工作，而且他一毕业就和与自己相恋10年的女友结了婚。按理来说，之后的日子努力打拼，生子立业，日子也算是美满了。但就在这时，发生了一件意外的事。

他听了某名人的一次演讲，演讲非常地慷慨激昂。演讲的主题是，人都应该努力追求自己的梦想，将来所有稳定的职业都会告别历史舞台，大家都将成为SOHO（在家办公）一族。他非常受触动，结果就辞了职，然后去参加各种的摄影培训、素描培训等。每天不上班，只是在家跟网友聊聊天，出门跟朋友喝喝茶，生活上所有的负担都压在了他妻子的身上。他妻子也不敢劝他，不然好像就是不支持他梦想了。他的妻子现在非常地焦虑。

而他的父母也劝过他，但他也总是不听，还笑话父母不懂得未来职业的发展趋势，父母都觉得他不靠谱。

结合本章的内容，请同学们分析一下，曹啸为何会出现这样的问题？他的问题到底出在哪里？

像曹啸这样，连职业最基本的内涵——满足自我生存的需要，都不能实现，他能够有一个美好的未来吗？如何才能对职业有一个正确的认知，不至于像曹啸这样？

第5章

职业定向

职业定向，是指大学生根据对自我的认识和对外界环境的判断，确定其未来职业的发展方向。如果大学生能使自身的个性能力与职业特征相匹配，便能够优化其职业生涯发展，提高其工作积极性。职业定向是职业生涯发展规划中的第一阶段，同时，也是大学生迈向成功未来非常重要的一个阶段。

5.1 职业定向的基本要素

职业定向的基本要素共有10个，根据其属性可分为两类：内部基本要素和外部基本要素。其中，兴趣爱好、能力特长、个性差异、专业方向为内部基本要素。而社会需求、发展空间、薪资酬劳、行业竞争、职业声望、工作压力为外部基本要素。大学生在做职业定向时，一定要全面合理地分析和把握这些要素。

1. 内部基本要素

（1）兴趣爱好。

兴趣爱好是人们对某种事物具有求知欲和掌控欲，并且希望经常参与其中的心理倾向。它是大学生在做职业定向时需要考虑的重要因素。它具有一种强大的精神催化力，能使人在做某种事情时发挥其主动性和积极性。

如果大学生根据自己的兴趣爱好定向自己的职业，那么，他在今后的职业生涯中便会把工作当成是一种乐趣，而不是一种负担。这对大学生在工作中充分发挥其主动性和创造性非常有利，能使其维持高水平的工作效率。

【案例】

李颖的父母都是从事广告行业的，她自然就按照家人的意愿学习广告专业。其实她对广告这一行一点都不感兴趣，而且她从小就对电视里插播的各种广告特别不喜欢，她也非常厌烦父母的工作。但李颖又是个不愿意违抗父母之命的孩子，所以毕业之后，她也顺顺当当成为了一名广告人。

李颖并没有一开始就去父母的公司上班，而是去了父母的一个老朋友的广告公司上班。平日里，李颖虽然一切如常，但她内心并不快乐，也没有什么快乐可言。整日恍恍惚惚，看似忙碌，其实无所事事。

广告行业压力大是众所周知的，而在这一行生存，没有热情是坚持不下来的。李颖虽然很想努力工作，靠自己的成绩来回报父母，但她一直也定不下心来。父母的老朋友，也就是公司的老板陈女士发现了这一情况。她其实一早就看出李颖并不喜欢从事广告行业，不过是父母之命难违罢了。陈总通过跟李颖交流，希望李颖能够正视自己的兴趣爱好，不然不仅会耽误自己，还会影响公司的业绩。如果李颖愿意，她愿意利用她的人际关系给李颖介绍一份喜欢的工作，也会跟李颖父母交流这个问题。

在陈总的一番劝说下，李颖开诚布公地和父母谈了一次，将自己内心真实的想法告诉了他的父母。

听了李颖的倾诉，父母表示理解自己的孩子，也愿意尊重孩子的选择。后来在陈总的帮助下，李颖进入一家销售公司做起了一名销售业务员。虽然工资不算很高，可最起码李颖比过去更快乐了。

如果对一份职业没有什么兴趣的话，也不可能会有多大热情。李颖碰到的问题，相信一部分大学生也会碰到。正如李颖老板所说的，要正视自己的兴趣爱好。没有兴趣爱好，无论这一职业多么有吸引力，多么有发展前景，它对于一个大学生未来的职业生涯来说，都不会有太大帮助。

（2）能力特长。

一个人的能力特长包括很多方面，如学习能力、适应能力、抗压能力、交际能力、表达能力，以及独立工作能力等。它也是决定大学生成才的关键。

一个大学生具备专业知识，而且又有一定的能力特长，这就能帮助他尽快胜任所在岗位的工作。如果大学生做职业定向时能综合考虑自己的能力特长，就能使他在工作岗位上个人价值得到充分发挥，而不至于怀才不遇或者望洋兴叹、鞭长莫及。

【案例】

万琳在学校学的是市场营销。其实万琳并不太喜欢这个专业，只是因为当时高考分数不够，而被调剂过来的。相比较而言，她更喜欢艺术氛围浓厚一点的工作。这跟她从小学习钢琴，受到很强的艺术熏陶不无关系。

毕业之后，她来到一家网络服务公司。这家公司是为一些中小企业做网络推广工作的，帮助他们把品牌更好地传播出去，从而为其带来更多的生意。虽然万琳在工作中非常努力，也获得了不错的业绩，但她却一直都不是很开心。

有一次，她在公司里一个很好姐妹接到一个客户，这个客户刚刚成立一家琴行。因为知道万琳对钢琴很在行，于是她的好姐妹就同她调换了任务。万琳非常高兴地就去了，而且她和那里的老板聊得非常投机，兴起之时万琳还弹奏了一曲。

这位老板一下就看中了她的才华——非常好的营销能力，而且对钢琴有着深刻的了解，自己一定不能错过她。于是用高薪将万琳挖来了。

万琳当然非常高兴了，她原以为自己的特长只能用来日后教自己的孩子，没想到，它会变成自己今后要从事的一项事业。

好的特长能让人脱颖而出，就像万琳一样。如果她只是具备市场营销的专业知识，而不具备钢琴这一项特长，那么在琴行里做销售也就算不上是如鱼得水了。

具备专业知识，又能发挥个人特长，这能帮助大学生在行业里将自己的价值发挥到极致。在做职业定向时，能力特长是一个不能忽略的因素。

（3）个性差异。

相信每个人都有其与众不同的个性特征，而个性特征并非都是一成不变的。在长期的学习生活与职业生涯中，它都会随着时代、个人阅历和交际圈的变化而发生改变，具有一定的可塑性。

大学生在进行职业定向时，一定要关注这种个性特征的巨大差异。因为个性差异不仅影响着个人工作的性质，也影响着团队协作的效率。如果一个大学生从事的职业同他的个性特征相匹配，那么对这个大学生来说，他的工作舒适度就会提高，而其工作的积极性、效率也会随之提高。这样不仅有利于个人的职业发展，也能为用人单位创造更多更大的价值。

【案例】

程宝和周彪在大学做了四年的室友，关系也非常好，他们读的是相同的专业。在毕业之前，他们一同做好打算，不考研，而要去同一家公司找工作，以后工作了两个人还要一起继续做好兄弟。

他们来到同一家贸易公司做销售工作。虽然两个人是好兄弟很投缘，但两个人在性格上却有很大差异。程宝是个性格内向的人，心思缜密，说话少，做事多，自尊心很强，不是非常擅长与人交流沟通。而周彪则是个大大咧咧，有一天过一天，知足常乐，很喜欢结交朋友的人。

来到工作岗位后，程宝遇到了很大困难，因为销售需要有很好的交际能力，懂得沟通，懂得跟客户建立关系，而不是死板地只谈工作，只谈数据。而周彪则正好相反，喜欢交际，他喜欢跟客户们谈天说地，或者闲聊家常，不管生意谈没谈成，他跟客户都建立了友谊。可能一时，大家没有办法合作，但是一旦有了需要，他们就跑来找周彪谈。

后来，周彪在新人中的表现很抢眼，才半年就升任了部门经理，薪资待遇都有了很好的提升。而程宝却备受压力，不知前方的路如何走是好。

其实一个人的个性特征，没有好坏之分。在一个行业里，它能起到推波助澜的效果，但在另一个行业中，它可能会令大学生处处受阻，抑郁不得志。

做好职业定向，需要认真评估自身的性格因素，考查自己究竟适不适合在这一行发展。如果在这一行发展，自己的性格会不会不占优势，反而让自己陷入困境。

（4）专业方向。

除了兴趣爱好、能力特长、个性特征有差异外，大学生还会因为专业不同而导致职业定向的千差万别。

学校分门别类设立专业，是为了满足社会分工的需要。大学生因所学专业不同最终流向社会分工的各个分支，满足社会发展的需要。在职业发展中，每个人都会因专业不同而显示其独特的优势。

在大学生进入社会后，最主要还是依靠个人所学的专业知识来完成其工作任务。所以，大学生做职业定向时，大多数情况下都会让职业跟专业方向保持一致。

【案例】

小唐在大学学习的是建筑设计专业，起初他对这个专业不是非常感兴趣。只是因为他对绘画很感兴趣，而家人又觉得绘画只可以当作兴趣爱好，不能靠这个吃饭，所以就想让小唐学一门可靠的手艺，于是选择了建筑设计专业。

虽然小唐对建筑设计不是非常感兴趣，但他还是努力把学业完成，而且成绩还相当不错，再加上他在绘画方面的特长，使得他如虎添翼。毕业时，有很多用人单位都争着要他，但他在这时却做了一个让人意外的打算：他想去从事动画行业。

家人和朋友都想不通，不过他觉得建筑行业虽然好，但对人脉和背景的要求比较高，而他更想从事时尚一点的行业。他觉得动画行业在国内一定会成为一个非常有发展前途的行业。而凭借着他在绘画上和软件上的造诣，他一定会大有前途。

但当他进入动画行业之后，才发现现实并不是他所想象的那样。工作压力非常大，作息时间非常不稳定，再加上他是半路出家，公司也很不重视他，更不要说培养他。在他很失意的时候，他做动漫设计师的同学非常欣赏他的才华，将他引荐给自己所在的动漫制作公司的老板。这位老板对小唐大为赏识，立刻以重金和优厚待遇将他留下。

在小唐工作一段时间之后，他发现，经过这些年大学教育的熏陶，建筑行业的专业学习让他在动漫行业上手非常快，而且也容易得到同行和竞争对手的认同。从此，他也更加自信了。

有些大学生并不是非常喜欢自己的专业，但是迫于某种压力，也顺利完成了学业，不可否认，他们的专业所学仍是他们的优势。

也许小唐的专业知识不是很强，但相对于很多动漫行业的外行来说，他至少算是入行了，而且前进起来也不会非常吃力，毕竟有绘画和软件基础。而且，就算他在动漫设计上的专业

技能目前不是很强，可他可以利用各种同学关系网和社会关系网，在工作中逐渐进步。这些都是一些半路出家的外行人所不具备的资源和优势。

好好利用自己和专业有关的资源和优势，将会有效地帮助大学生在未来的职业生涯走得更高更远。

2. 外部基本要素

（1）社会需求。

我们通常所说的，热门行业和冷门行业涉及的就是社会需求。虽然一项工作一种职业不能创造出多大的社会价值，但当社会出现供不应求的现象时，它也会变得炙手可热；而一项工作或一种职业虽然可以创造巨大的社会价值，但当这类人才供应相对过剩，社会对这类人才的需求相对不足时，这个工作或职业也会无人问津。

例如第二次世界大战以前，便携式剃须刀并不被广大消费者所接受。随着战争的到来，便携式剃须刀被列为军需品，这为剃须刀生产厂家带来了巨大的商机。剃须刀订单犹如雪片飞入厂家。但是随着二战的结束，剃须刀的需求量也跟着锐减，该行业也逐渐冷淡下来。这就是通过市场和社会的需求，形成了热门与冷门行业。

在大学生进行职业定向时，社会需求是非常重要的一个考量标准，它决定着一个大学生的薪资水平和未来发展状况。但是对大学生来说，目光也要放远一点。不能看见需求旺盛就一门心思往里闯，要综合考虑。

【案例】

陈欧进入大学时，因为几分之差进了哲学系。不过陈欧一直以来都是一个顺应命运的人，他觉得学哲学也不错，如果好好下点工夫，说不定还能当个大思想家呢。

之后的大学生活，他对哲学是下了些工夫，自己研究和琢磨了不少东西，但这些东西对考试都没有什么用处，这就导致他学业成绩平平。而且临近毕业跟导师做毕业论文时，他也因为一些理念问题跟导师起了冲突，使得他的毕业论文成绩很低。他也就此打消了考研留校的想法。

但接下来，工作就成了大问题，学习哲学系去哪里找工作呢？除了考公务员之外，他似乎都没有别的出路了。可能最多也就是做一些文案工作，或是书籍出版之类的工作。如果让他去从事跟专业不相关的工作，他又实在没有什么信心。

就这样，时间一天天过去，他找工作的事也丝毫没有起色。最后在家人和朋友的帮助下，他来到一个社区做社保工作，但主要还是负责文职工作。虽说收入不高，但是对他来说总算是安定下来了。

不同的时代环境，也会促使社会需求不断地变化。假如你所学的专业，此时并非有太多的社会需求，而且你对在本专业就需要自己主动寻求变化，一味地捧着本专业守株待兔，时间一长就会被高速发展的社会所淘汰。成功者往往懂得与时俱进，在变化的时代和环境中调整自己，主动适应社会。

（2）发展空间。

发展空间是指大学生在某个行业或某种职业里的发展潜力和成长空间，它与该行业或职业的人力资源培养计划有关。例如，一些企业是劳动密集型企业，对普通劳动型的岗位需求较多，而对技术性的岗位需求较少，这往往会造成有专业技能和才干胆识的大学生无用武之地，而大学生各方面素质得不到提升，发展空间自然就小了。

职业人的发展空间有多大，一方面取决于个人能力的高低；另一方面更重要的是看用人单位为职业人提供的施展能力的舞台有多大。目前，有相当一部分企业缺乏诚信，压榨既没有工作经验又没有社会关系的大学生，造成大学生离职现象严重。而频繁的跳槽，使得大学生无法得到个人素质的持续锻炼，从而也大大地压缩了发展空间。

【案例】

小田毕业后进入了一家从事灯具生产的公司。公司效益还不错，需要招一些市场拓展的人才，小田就这样开始了自己的第一份工作。

本来，大学生走进工作岗位，是一件值得高兴的事，但小田进来的这三个月过的并不怎么开心。他跟朋友抱怨最多的一句话就是"我不能一辈子就这样挨家挨户地去问别人需不需要电灯泡吧？"

原来小田进入这家公司之后才发现，这是一家家族经营的公司，因为家里亲朋好友不够用了才去社会上招聘的。而这里惯用的伎俩就是试用：试用期内，工资就每月 500 元，试用期合格就留用，试用期不合格就走人。但一般情况下，如果干得好，老板就会说，要延长试用期；如果干得一般，那么直接走人。老板之前跟小田说要签订劳务合同，但小田工作了一个星期之后也没有什么消息，他也就忍了。

但小田已经干三个月了，每个月发的 500 块钱连吃饭和交通费都不够。还要每个月向家里要"贴补"。即使在这家公司干得好，有那么多"皇亲国戚"在，怎么可能会有小田的提升机会呢？

一份工作，首先要稳定了，才能谈得上发展，不然不可能有可供发展的空间存在。在做职业定向时，一定要结合自身条件去选择一些有发展空间的职业或行业，这样才能保障大学生的职业生涯有长足的提升。与此同时，一定要注意，如果用人单位在签订劳务合同时，没有按照正常程序来走，那可能有问题，大家要善于保护自己。

（3）薪资酬劳。

大学生刚刚步入社会，最紧要的就是独立生活，满足自己生存下去的需要。因为薪资酬劳在很大程度上能体现出职业价值，所以收入的高低在很大程度上左右着大学生的职业定向。

大学生容易受到拜金和贪图享乐这样的不良思想影响，简单地把经济收入和个人价值直接挂钩，从而使大学生对未来发展的要求只以金钱为标准。这些都会对大学生长期的职业生涯发展造成危害。

【案例】

孙思勇是同校毕业生里面工资最高的一个，才不到半年，他的月收入就过万了。大家都很羡慕他，不过大家也很清楚，不是所有人都能像小孙一样顶得住那么大的压力，付出那么多的代价。

小孙来自一个经济状况很不好的家庭，家里还有两个妹妹和一个弟弟，并且小一点的妹妹和弟弟在读书，大妹妹高中还没毕业就不得不去找工作了。所以努力赚钱改变命运，就是小孙心头上一直悬着的一把刀，时时刻刻提醒着他。

小孙是做家纺类产品销售的，他跟了个好师傅，在刚进这行一个月内，小孙就接了一笔大单子，之后的业务就更顺了，全公司都对他刮目相看。但不是所有人都知道小孙背后付出的努力。他这几个月，睡眠基本上都很成问题，每天就是周边城市来回跑业务，一家挨一家地问，又是喝酒应酬，又是笑脸相迎，才半年，就已感到身体不适，医生劝他不能再喝酒，但为了多挣一些钱，他也没有办法。

作为接受过高等教育的大学生，不应一味追求高薪，只以金钱为重，的价值观和人生观。一个人不管多努力多能干，也不可能把世上的钱全部赚完，金钱固然很重要，但长远的发展更重要。

（4）行业竞争。

行业竞争也是职业定向的基本要素之一，它取决于从事行业者的人数质量，以及该行业的利益分配情况。一般情况下，行业收益越高，竞争风险越大，那么竞争也会相对越激烈。而大学生应该从多方面去评估自己，考虑自己是否适合这种竞争体系和竞争强度，从而更加准确和理性地定向职业。

如果一个行业或职业竞争条件非常苛刻，而收益和未来发展并不能与自己付出的努力成正比，并且也不符合自己的个性特征以及能力特长，就需要大学生转换一下思维，不要死钻

牛角尖，限制了自己个人价值发挥的最大化。

【案例】

蒋海学习的是英语专业。虽然很多公司都对英语水平做了硬性要求，但其实英语专业并不是非常好找工作。因为看到培训行业很发达，蒋海在毕业之后，选择了去英语培训机构工作。

但令蒋海没有意料到的是，培训机构原来竞争如此激烈。虽然大大小小的培训机构都在互相挖人，但其实挖的都是一些有名气有社会影响力的老师。姑且不论这些老师英语专业水平的高低，只要其活泼的教学风格很受学生们喜欢，就会受到各个机构的追捧。而有些老师没有什么名气，不会讲笑话逗学生，也没有什么实战经验可以分享，结果就是学生不爱听，培训机构也不重视。

现在，他不仅每天要备很多的课，还要准备很多的英美文化知识。但即便如此，他还要和很多优秀的老师竞争。在一些大型培训机构，虽然工资高，但没有名气的老师根本没有出头之日，而一些小培训机构则是拼命压榨年轻老师的血汗。蒋海做得很辛苦也很茫然，他害怕自己干完一年又一年还是没有什么希望。

行业和行业之间，还有行业内部，竞争是必然的，也是不可回避的。大学生不能理想化地认为机会、条件都是公平的，要客观认识到这一点，去观察，考量这种竞争体系和竞争压力是否是自己能够适应的，这样才能做出合理的职业定向。

（5）职业声望。

职业声望是指大学生对不同职业或行业的价值评估，它跟时代潮流有关，也跟大学生个人的价值取向等主观态度有关。

在一定的历史时期之中，职业的价值标准一般会随着社会发展而在社会中形成特殊的职业名次和职业声望尺度，体现了职业的等级层次。职业声望影响着大学生对于职业方向的选择，职业声望较好的职业一般能够使大学生感到个人价值的得意实现特殊获得心理满足，从而激发大学生的工作积极性和主动性。

但大学生也不能因为虚荣心和面子的关系，就过于收到职业声望的影响从而被其左右。

【案例】

温琴是一个自尊心很强的孩子。考大学时，成绩不是很好，不过在家人的努力下，温琴也进入了当地的一所工业型大学，学习地矿专业。

因为她非常好面子，所以每当别的朋友说到自己的专业时，温琴都会故意自嘲地说自己是挖地球的。其实，她很希望自己学习的是金融管理、国际贸易、电子商务这样的专业，名字说出来比较体面，而且将来的工作也是拿着公文包行走于高档写字楼之间，而不是像她一样，穿着工作服出没于野外。

毕业之后，她那些专业名称说起来很有面子的朋友的工作其实都不好找，而且就算找到了，穿的西装革履的，工资待遇也非常的低，压力也大，工作很不稳定，发展前景似乎也不是很明朗。而她则进了一家国内石油企业，虽然需要经常出差，进行野外操作，但工作节奏很舒心，同事之间的关系也相对比较单纯。在同学跟她倾诉自己工作上的种种不顺时，她心中暗暗地吃了一惊，还好自己当时没有去选择这些表面上很光鲜的职业。

考察一个行业或职业的声望，是很有必要的。拥有很好声望的工作，往往意味着有一个不错的前景，这是非常值得去在意的。但不要不经过考量就盲目地认定一些行业或职业非常好或非常差，一定要做充分研究之后再下结论。

（6）工作压力。

工作压力是大学生对于工作中所遇到的各种刺激做出生理反应和心理反应的综合模式。工作压力能够给大学生带来工作动力，但也会摧残大学生的信心。它跟压力源以及大学生对压力源的主观认知状态有关。

有些大学生抗压能力强，职业理想相对远大，能够很好地将压力转换为动力，他可以选择比较有挑战性的职业方向；而有些大学生抗压能力不够，个人也比较倾向于过平淡安稳的生活，他可以选择相对平稳一点的职业方向。

【案例】

王亚军和马伟同在一家公司的市场部门做销售工作。他们关系很要好，并且都是同一个名牌财经大学毕业的优秀毕业生，有着很强的个人能力和特长。他们在这家公司的市场部门做得非常好，在销售业绩上，他俩基本上每月都能进入前三名。

这段时间，公司闹裁员，气氛非常紧张。不过小王和小马却没有什么好在意的，他们业绩这么好，公司几乎一半的销售都是他们两个人做出来的。如果裁掉他们，会对公司造成非常大的影响，所以公司怎么都不可能先裁掉他们，他们也就没有把这件事放在心上。

但万万没有想到，就在两天之内，小王和小马还有他们的部门经理先后被老板要求辞职。这对他们来说，简直是晴天霹雳，无论怎么思考，他们都觉得这简直太不可能了。

小王受不了这个打击，于是去找老板理论，并且说了一些狠话，扭头就走了。而小马虽然非常震惊和难过，他却没有当即采取什么过激行为。他认为自己在公司这么努力，很多市场都是由他拓展出来的，现在就这样被人像旧抹布一样扔掉，虽然多少有点想不通，但日子总要继续，他从来不害怕重新来过。

于是小马找到老板，跟老板说，自己毕业的这一年跟公司建立了深厚的感情，自己也想继续在这一行拼搏努力，他希望老板能给他一个机会，在普通的岗位上也好，工资低一点也好，自己会用实力给老板一个好答案。

这时，没想到老板跟他说："这次裁员辞掉经理是真，但辞掉你和小王是假，我想选你们中抗压能力大、对行业更有热情的一个做市场经理，就想了这个办法。看来小王不适合当领导。"

从这个案例中，我们可以发现，有些行业确实对工作的抗压能力有特殊要求。而且越往上发展，对抗压能力的要求就越大。而有些学生，能力像小王和小马一样优秀，但却跟小王一样经不起打击和挫折，容易暴露性格弱点，这样在职场上往往不能够有较大发展。

5.2 职业定向的原则

1. 认知自我原则

大学生在进行职业定向时，首先要认知自我，比如自己为什么上大学，为什么选择现在的大学，为什么选择现在的专业，对大学的老师同学朋友的印象如何，在大学期间学到的知识以及所拥有的经验是什么，在大学期间认识了什么人、结交了哪些朋友，自己的职业兴趣是什么，自己具备的能力、特长是什么，自己的人生观、价值观是什么，周围人对自己的评价是什么。

许多时候，人们往往会忽略这个原则，而光想着眼前的职业怎样。其实，一个人的性格不同，拥有的人生观和价值观不同，他所选择的职业也不同。当你更深层地认知了自我，你的职业定向会更加清晰。这也就是所谓的"知己"。

【案例】

王小明大学毕业的时候并不急着找工作，因为家人已经为他找到一份不错的职业。他学的是汉语言文学，不想做教师，家里人给他张罗了一个事业单位的资料室工作。按说是不错的。王小明也没有想过自己需要一份什么样的职业。他总是觉得只要不从事教师工作，工作环境好一些，工作轻松一些，

工资待遇好一点，就很满意了。

当他去单位送自己的资料时，他见到了办公室另一位成员老李。老李得知他要来单位和自己一起共事时，乐呵呵地拍拍他的肩膀说："小伙子，这工作是不错，只是没前景，熬时间是个好去处。你就等着谈对象结婚养孩子吧。"

老李的话一下子触动了王小明的内心，他觉得自己太草率了，都没有想过自己需要一份什么样的工作，仅仅贪图工作的安逸就选择了这么一份几乎是养老混吃的工作。他开始冷静思考自己的职业兴趣，自己的特长，喜欢什么样的职业。回到家自己独自在房间里想了好久，他告诉父亲，要去当兵。如果能考上军校最好，如果考不上，服完兵役回来想做写作方面的工作。从军的经历会让他有更多的创作素材。父亲虽然刚开始并不同意他放弃这个工作，可是后来还是理解了他的选择，嘱咐他既然作出选择，就要努力做好。他给了父母一个男子汉的承诺。

一般来说，评价别人似乎是件很容易，可是看透自己却非常困难，往往事到临头才知道自己到底想要什么。择业前，先不要去想这个工作岗位好不好，轻闲不轻闲，一定先要问问自己的内心，这是不是你喜欢的工作。在如果不是，还有机会选择的情况下，重新选择吧，这比在自己没兴趣的工作上消磨时光最后追悔莫及。

2. 了解社会原则

人是社会性的，当你进行职业定向时，要知道你所选择的职业的岗位及其要求，社会各项相关政策，国家或地区社会经济发展的方针政策规定，国家整体的就业方针政策，以及毕业生所在省市的有关规定和用人单位吸引人才的各种规定，人事制度的政策及其变化等等。只有充分了解和职业相关的信息，你才能更好地为自己定位，这即是所谓的"知彼"。

【案例】

楚丰收是个贫困生，上大学的时候贷了助学款才算完成了学业。毕业后，当他得知国家关于应届大学毕业生当兵，不但国家代偿助学贷款，就业时还有许多优待的政策时，感到从军对于没有家庭背景的他来说再适合不过了。光是助学贷款，即便找到工作，最少也要攒一年才能还上。参军不仅可以还助学贷款，还退学费。他所在地区的当地政府还给予有大学生当兵的家庭一定的经济奖励。

毕业后他便报名参军，经过各项检验工作，他成了一名光荣的预备役军人。和他一起参军的还有两个同班同学，他们相信经过部队的锻炼，对以后的求职会有更大的帮助。

国家和政府每年对大学生就业都出台一些新的政策法规，为大学生就业提供帮助。大学生要及时关注这些信息，为自己的将来做好打算。参军，首先让楚丰收缓解了经济上的危机，而参军归来，这一经历也会令他多一些择业优势，他的选择无疑是正确的。

3. 人职匹配原则

待遇好的工作不一定是你想要的工作，你想要的工作不一定各方面都让你满意。最重要的是，这份工作适合你。并非只有进 500 强企业才能发挥出你的聪明才智，我们中许多人都是普通人，一生可能只会为一份职业而鞠躬尽瘁。努力把一份适合自己的工作做好，就是成功。

【案例】

马冬虽然在大学时各项学习成绩平平，但是，他的头脑却相当灵活。能不太费力地考上这所 211 大学，就说明他脑子其实足够聪明。马冬非常擅于交朋友，因其性格爽朗、大方，结交了不少朋友，可以说一呼百应。他也笑称自己大学四年，就交了一圈子朋友。

大学毕业了，许多同学都陆续走上了工作岗位，也有一些同学出国留学了，有几个关系不错的同学决心考研，马冬热心为他们找了相关的学校资料。可是，马冬对于自己未来从事什么工作，还没有太好的打算。

虽然是毕业于名校，但马冬的专业倒是一般。关键是马冬感觉自己并不喜欢这个的专业，只是硬着头皮念的。不想在本专业里找工作。马冬的小姨只比马冬大 5 岁，两人相处起来没有代沟。面临就业的困惑，马冬去找小姨谈心。

小姨在某国企做人力资源师，她帮马冬分析了个人的优势和不足。最后，为他的侄儿定向为：营销、公关。本来马冬虽觉得凭自己的专业好歹去国企也是个技术员，可以混个工程师，可是那确实不是自己想要的。而小姨给自己的定位似乎更适合他。于是，他给自己定了个三年的职业生涯规划，如果三年之内达不到预期目标，再从本专业开始发展。

很快，马冬在某人寿保险公司入了职。他头脑灵活，很快掌握了一些营销技巧，加上他的朋友多，很快为自己建立了第一批客户。他加强学习寿险知识，同时还精心收集了一些健康常识，自掏腰包印成了小册子，在拜访客户的时候送给对方。无论客户有没有和他做单，他都热情为他人帮忙。第二年的时候，他成了公司的销售精英。

有了这样的成绩，他没有满足。两年的不断学习，加上经常听一些讲师讲课，令他的营销经验大幅增加。一次客户答谢会上，公司请的讲师因为天气原因没能及时到场，而营销员请来的客户已经入座，马冬临时请缨上阵，客串了一次讲师。他的妙语连珠在客户答谢会上赢来了阵阵掌声，他对寿险的独特见解也令公司的领导眼前一亮。从此，他便开始做兼职讲师。最令他开心的是，随着他的名气增加，其他一些分公司也纷纷请他去讲课。他找到了最适合自己的工作岗位。

毕业于名牌大学的马冬，按惯性的就业思路肯定是去一个国企从技术员做起，一步步晋升，最后成为工程师、高级工程师，然后退休，颐养天年。可是，这样的轨迹。这样的职业并不适合马冬，他重新为自己选择了一份适合自己的工作，并且做得有声有色。

4. 扬长避短原则

知己知彼之后就要学会扬长避短。例如，擅长写不擅长说的人，就找个多动笔少动嘴的工作；擅长交际不喜欢老实坐班的人，就找个以沟通能力见长的工作。这样扬长避短，自己能轻松胜任工作，生活也会多几分轻松。

【案例】

陈枫学的是英语专业。她性格比较内向，喜欢看书，喜欢和孩子交流。大学期间的闲暇时光，她基本都用来做家教了。她觉得孩子比较单纯，只要沟通好了，教学就没太大问题。她为自己毕业时的职业定向为英语教师，但是，不是普通的英语教师。她觉得自己不是一个擅于竞争的人，也不喜欢单位复杂的人际关系。因此，她为自己确定了“英语培训机构的教师”这样一个职业方向。

陈枫的英语功底相当扎实，英语不仅考了专业 8 级，而且口语也相当好。她喜欢看外文原声电影，发声也很好听。凭着这些优势，她很快便在两家英语培训机构找到了工作。每周一个培训班 3 节课，可以给她带来 5000 多元的收入，她比较满足了。她的同学为她感到遗憾，因为她们认为以陈枫的英语水平，完全可以谋得一份收入更好的工作。可是只有陈枫明白，她在与人交往和处事方面相当欠缺，不喜欢和别人打交道。一份工作即使收入再好，如果自己不能胜任，也一定会做得很累。现在她选择的职业，闲暇时间多，可以多陪陪父母，还可以有时间看书，英语是她的特长，讲课经验也积累了，至于薪资，那不是她最需要的。

陈枫是聪明的，她明白自己的劣势在哪里，也明白自己的优势在哪里。扬长避短，做一份轻松胜任的工作，要比勉为其难地做一份收入虽高，但却令自己如坐针毡的工作要强太多。

5. 适时调整原则

人的每一个时期，想法都不同，当发现自己的职业方向错了或者不太切合实际时，一定要学会适时调整，不能一条道走到黑。要知道，方向错了，无论怎么去努力，都不会有预期的效果，只能是南辕北辙。可怕的不是发现方向错了，而是知道错了却不愿意去调整。

【案例】

李豪学的是会计电算化专业，原以为至少可以进某个会计师事务所做一名会计，谁知道应聘的时候，用人单位都要求有工作经验。他感到有些窝火，谁天生就有工作经验的，每个人的第一份工作是没有经验的。虽然在这点上他也理解用人单位，可是仍然觉得不公平。大大小小应聘了十多家单位，李豪发现自己的职业定向有点小问题。因为课本上和课堂上学习来的会计知识，和实际运用上有一些差别。在一些公司的笔试与面试中，一些实用会计的工作他也不会。

李豪想到了调整自己的职业方向。既然自己想做一名会计，那么肯定要从事与会计相关的工作。于是，他把原来收集的招聘信息再一次整理，留下了几条会计师事务所招收文员的信息。经过一番准备，再次去应聘。结果还不错，有两家用人单位愿意和他签订协议。经过权衡，他选了一家离住处较近的单位，开始了新的工作。尽管做的不是会计工作，但通过一段时间的工作他仍逐渐掌握了一些技巧。因为他本就是会计专业的，一些会计也会让他帮忙做一些活儿。一年下来，他顺理成章地竞聘上了该事务所的见习会计岗位，他相信，不久的将来，他一定会成为一名优秀的会计。

识时务者为俊杰。李豪初始的职业定向有些偏高，只想着自己的专业，却没有联系到自己的实际情况，因此，屡屡碰壁。好在他能及时掉转方向，“曲线救国”。虽然在刚开始的一年时间他并没有从事会计行业，但他最终朝着自己喜爱的职业方向前进了。

6. 服从社会需要原则

社会一直在前进，人生也在前进。专业的选择要秉持服从社会需要的原则。每个人最初的职业定向，往往是根据当时社会发展的需要。比如大学生现在在校期间都在努力考各种等级证书，这都是社会需要。20 世纪七八十年代时，国家负责分配工作。那时，即便大学毕业生再有能力，环境也限制了他们的发展。可是如今是一个开放的时代，竞争的年代，只有掌握更多方面的知识，才能在市场竞争中勇往直前。

【案例】

不少大学生最初可能都把自己的未来职业定位于公务员，王超也是。毕竟考上大学不容易，跳出农门，当上国家干部了，这是中国几十年的传统思想。但是，人才的流动应该服从社会需要的原则。如果精英、骨干都坐机关办公室了，谁去一线推动社会的发展？

大学毕业之前，王超的老师语重心长地告诉他，固然公务员的工作很诱人，但是，大学生要有自己的抱负和理想。学农业的就应该多与土地打交道，学医的就应该多在临床和病魔打交道。只有学以致用，人生才更有光彩，青春才无悔。

一席话令王超热血沸腾。以前以为虽然是学农的，但理想工作还是去农业局坐办公室。可是中国是粮食大国，他自己还是来自粮食大省河南，有什么理由不去和庄稼土地打交道？即使做不了袁隆平第二也可以做个唯一的王超。因此，他选择了去一家乡镇的农机站做农机员。这一点家里的人不是很理解，但他很快做通了他们的工作。

投入到工作岗位之后，他没有闲下来一会儿，有时间就往工作范围内的庄稼地跑。渐渐地乡亲们都认识了这个热情的年轻人。他检验土质，告诉老百姓哪块地应该如何调理，哪种土应该选什么品种。虽然刚开始大家都半信半疑，但看到粮食真的因为他的指导而增收时，就慢慢信服了他。现在，乡亲们提到他都交口称赞，而他却说肩上的担子重着呢。要改变农民种粮食望天收的思想还要一段时间，科技兴农不仅仅是句口号，还需要一段时间来改变现状。

物竞天择，适者生存。一个时代的社会需求，绝不会因一小群人的喜恶而发生转变。假如你的兴趣刚好与所处时代需求吻合，无疑你是很幸运的，不必走很多的弯路。可实际情况是很多人的兴趣与社会需求不符，这就需要调整自己去适应社会。

7. 符合客观现实原则

大学生在做职业定向时，不要过分在意企业的名气，薪资的高低。只要这家企业、这项专业岗位适合你，就应该去试一试。要确立从基层做起，逐步积累经验，谋求发展的指导思想。即使理想再丰满，也要要基于客观现实。不切实际的职业定向如同镜中花、水中月，只能存在于想象中，不能落实在现实里。

【案例】

李茂读书的时候品学兼优，还是学生干部。因此，他给自己的职业定向为非 500 强企业不进。但是，500 强企业并不一定就向他敞开大门。刚开始他和几家 500 强企业进行过接触，双方都因为各种原因未能达成意向。李茂因此也在网上大量收集资料。有一次，他在网上看到了 HP 中国区前总裁孙振耀先生的一篇文章《工作与人生》，令他重新审视自己的求职规划。外企白领为了表面的光鲜，却忽略了在他们为企业贡献了青春之后，又一批和他么当年一样年轻的大学生将取代已经没有青春的自己。念及此，他出了一身冷汗。

他想到：如何令自己不在失去青春之后再去寻找工作？在第一次找工作的时候，就不能随意找，一定要找一个可以工作一辈子的地方。当然，可以在有更好的选择时跳槽，但不能被企业所抛弃。于是，他开始重新制定自己的职业规划。这一次，他决定选择一家中型企业，民营的也可以，只要有发展潜力和发展空间就行。国企也可以考虑，他要机制灵活、理念先进的。通过重新调整职业定向，他很快与一家民营企业达成意向。

思想受社会风气左右的人，我们不能以“没思想、没主见”加以武断定论，只能说他们还未能有丰富的阅历。年轻人寻求体面的工作，这种心理需求无可厚非。只而有去亲身经历丰富的职场洗礼，才能将自己的心态摆得更平，考虑问题更务实，看待事物更客观，在未来少走弯路。

8. 比较和鉴别原则

当你进行职业定向时，一定要进行比较和鉴别。每个人都可能具备从事一些职业的条件，职业定向可能有好几个方向可以选择。但是，在你对自己的各项条件以及环境等因素进行比较和鉴别后，你会为自己量身定制一份适合自己的职业定向。

【案例】

吉玲珑学的是商务英语，在大学学习期间，她对自己严格要求，不仅专业过了 8 级，而且口语也相当流利。她自身条件也比较好，青春靓丽，是公认的英语系的系花。吉玲珑还有许多业余爱好，唱歌、跳舞都不错。只要系里面组织娱乐活动，她是当仁不让的女主持人。她还参加过全校的演讲比赛，拿过二等奖。总的来说，她是一个相当优秀的人。

临近毕业，大家都在为就业奔波，她也在为自己的就业做准备。刚进校园的时候，她以专业为定向，希望毕业后做一名优秀的外企白领。随着学习的深入，以及自己对社会的了解，她认识到外企白领是吃青春饭的工作，可是如何定向自己的职业，她还真有些发愁。征求父母的意见，父母还是比较民主，让她从事一份自己喜欢的职业。

吉玲珑根据自己的专业与特长，拟定了同声翻译、英语节目主持人和英语教师三个职业规划，然后进行比较，最终选择了英语节目主持人这个发展方向。虽然她学的不是播音表演专业，但她比播音表演专业的人英语基础要好。由于她的业余主持爱好，她也请教过一些老师练习过播音，普通话也相当标准，人也上镜，她性格也好动，喜欢临场发挥，这是她的优势她感觉。这比她做公司白领更适合，自己的心一直不安分，如果进入一个公司，周而复始地做同一份工作，她感觉自己不会安定下来。后来她在某市电视台做了一名教育频道的英语主持人，她相信自己经过锻炼一定可以去更高级别的电视台一展拳脚。

有的人确实擅长很多，也有的人因家庭原因，机遇比较多。不管怎样，对自己所要从事的职业进行比较、鉴别还是非常有必要的。选择一个最适合你的职业，你才会做得更好。

9. 有利于发挥个人才能、促进个人的全面发展原则

进行职业定向时，不要仅仅根据眼前利益来做决定。人生只有踏入社会之初是需要一份营生，而后都是在选择适合自己的工作，选择自己理想的工作。要有长远的目标。那些目前薪资还算得过去，而发展空间小、不利于个人全面发展的工作，都不能算是好工作。真正好的职业定向是让你三年有三年的发展，五年有五年的发展。即使你为之工作一辈子，也都有发展的空间。如果你不想在三到五年后又要重新进行职业定向，那么，请为自己选择一份有利于发挥个人才能、促进个人全面发展的职业吧。

【案例】

柴辉学的是临床医学，可是因为没有家庭背景，可能就业的医院比较小而且还是一级的。他理想中的医院是三级以上的医院。柴辉也犹豫过，因为有一些同学嫌所分医院较小，级别较低，就转行到医疗器械或者相关行业了。他不想放弃自己的专业，毕竟医学是他的爱好，做一个悬壶济世的名医是他的理想。他犹豫了好久。

柴辉的母亲曾是一名知青，有一定的文化修养。她看到柴辉的犹豫，问明原委后，告诉他："小医院没有什么不好啊。在妈妈年轻的时候，只有赤脚医生，他们背着个小医药箱就是一个流动的医院了。现在你们的条件要好太多了。再说了，越是小医院，临床医生能学习到的知识越多。老百姓们一般能扛住的病都不想去大医院就诊，在小医院，你能学到更多的知识。等过几年，有机会了，咱再往大医院去，不是更有资本？"

妈妈的一番话令柴辉打消了顾虑，现在的医院再小也比以前赤脚医生的条件要好太多了。他高兴地去了一家乡镇医院上班。刚去的时候，医院分配他跟着一名老内科医生学习。一年的时间，他拜了老医生为师，学习了许多在课堂上和书本上学不到的经验和知识。第二年，他独立坐诊，经手了不少病例，也增加了许多经验。五年后，他成了这家医院的业务院长。当初改行的同学虽然有的比他经济条件好，但脱离了本行，还是觉得有点不舍，都嘱咐他好好干，实现他们当时的理想。也有同学改行后发展不好，又从头开始，柴辉也鼓励他们为时未晚。

人不能只看眼前的利益，不要以暂时的物质条件来衡量职业的好坏。我们看到一些曾经非常令人瞩目的企业一夜间宣布破产，也见到一些企业，名不见经传，却经营十余年后越来越好。每个人给自己做职业定向时，一定要看这份职业是不是有利于自己全面发展，有利于发挥自己的才能。

案例点评

【案例】

林恩马上就大学毕业了，现在他要开始面临就业问题了。为了做好就业准备，他参加了很多就业指导讲座，也细心地听老师讲案例和总结。他觉得，目前为止，他最大的问题就是职业定向了。很多同学都认为，职业定向不就是找一个工作方向吗？大学都有各自学习的专业，跟着专业方向走，就没什么问题了吧。但林恩知道这里面有大学问。虽然连专业的方向可能都一样，但同学们最后从事的工作还是千差万别，而且成长历程各不相同。林恩有个邻居就是如此，学的专业很好，但最后却始终没混出名堂。这都是他当时职业定向没有做好，林恩可不想犯同样的错误。林恩首先分析了自己的个人因素。他学习的是市场营销，市场营销这个专业本身就很杂，对人的要求也比较高。想把这个领域做好，个人能力、交流沟通、重大问题处理以及人脉关系网，缺一样，都会导致事倍功半。不过好在

林恩这个人就是一个外向开朗的人，他也喜欢跟不同的人做朋友，而且他酷爱读书，可以说是上至天文下至地理，他都有一些涉猎。这样可以在各种场合，面对各种人都有所发挥。交谈时投其所好说一点别人感兴趣的，这对消除敌意有非常大的帮助。他做事又十分冷静，面对重大问题不慌乱是他非常重要的优点。这可能是受长期以来家庭环境的影响。他的父亲是一名军人，而母亲是一位医生。所以，他从小就知道，不管多么紧急，都不能乱了阵脚，一件一件把事做好。他现在想从事的这个市场营销就需要他具备这方面的能力。现在做市场营销的人很多，每个公司都会有，但做得好的并不多，大家没有什么创新性思维，都是采取保守的销售策略，而且喜欢模仿他人。而他要想学到更多东西，就应该去一些外资企业，无论是将来在这些单位干到老也好，或者跳槽到同类的民营企业也好，都是不错的选择。他现在的目标是某国际知名老牌化妆品企业。这家企业有一个很让他动心之处就是薪资待遇相当好。他有很好的能力，自然就需要有不一样的报酬才能满足。不过他也很清楚自己的弱点在哪里，就是他出色的能力可能会引起别人如同事和上司的反感。所以，他自己暗下决心，一定要避免这个问题。在跟别人沟通交流时，不要锋芒毕露，夹一点尾巴做人就很好。他也认真地考察过这家单位，以及它往年的招聘人数以及招聘岗位，确实有适合自己的。不过这个企业好在，岗位可以轮换，并不一定是固定的，可以随着自己的喜好或者能力做出个人选择。他做足了各种努力，然后开始撰写个人简历，也为近日该企业的校园宣讲会做好准备，他相信自己一定会成功。

【点评】

林恩既有能力又懂得准备，确实是难得的人才。认真分析自己的职业定向，是他将来成功就业的重要保障。他在职业定向中有以下值得借鉴之处。

① 首先，他对自己的个人条件分析得很到位。他性格外向，好交友，沟通能力好，并且他学习的专业也非常符合他的个人条件。这使得他在做职业定向时可以比较顺利和方便。

② 其次，他没有贸然行事。在做职业定向时，就进行了比较，分析了自己邻居存在的问题，并且极力避免这个问题发生在自己身上。

③ 再次，他对行业也有自己的认识。他喜欢市场营销，并且知道，国内的企业其实对商场营销的认识不深，很多策略有些落伍，是几十年的老办法，所以他希望自己能在视野相对开阔的外企学习这些东西。

④ 最后，他知道这一行竞争比较激烈。但他在衡量了诸多因素之后，还是选择了坚持自己的理想。这都是他认真做了职业定向分析之后的结果，而不是随便给自己一个虚无缥缈的目标去实现。

素质拓展

赵喜是个喜欢依赖别人的人，他从小依赖父母惯了，缺乏独立的思考，总是觉得万事都有父母。可毕业了之后，他遇到了问题，工作不好找，父母虽然在衣食住行上能帮助他，但没有什么关系网，也都是老实人，没有办法帮他，他只能靠自己努力。他学的是环境工程，在做职业定向时，他很困惑，不知道自己该往哪个方向走。他成绩不好，显然无法考研深造。而有些同学去了环评单位，考环评工程师，他觉得对于考证，他自己没有多大把握考下来。也有些同学是去了环保材料公司从事环保材料销售，可赵喜从来都是习惯买东西，让他卖东西，他还觉得有点磨不开面子。而国企事业单位的环境部门，他就更进不去了。想来想去，他觉得只好转行了。

请同学们结合本章所学内容分析以下两个问题。

① 赵喜的这种职业定向为什么不系统不科学？

② 他应该做怎样的一个职业定向才能让自己找到方向，从而找到适合他的工作？

第6章

职业素质培养

职业素质是指从业者在一定生理和心理条件基础上，通过教育培训、职业实践、自我修炼等途径形成和发展起来的，在职业活动中起决定性作用的、内在的、相对稳定的基本品质。

职业素质的培养，对于即将走上工作岗位的大学生来说非常重要。它既是劳动者发挥个人价值的重要保障，也是用人单位能够创造出价值的源泉。职业素质通常包括职业道德、职业兴趣和职业能力三方面。

6.1 职业兴趣

职业兴趣，简而言之，就是一个人对待工作的态度和适应能力。它是一个人在实践过程中逐渐发展起来的，和个性、见识、家庭环境、受教育程度以及社会因素有着密切的关系。职业兴趣同职业满意度关系相当密切，前者是大学生能够干好工作的重要前提之一。

职业兴趣主要分为6种类型：常规型职业兴趣、社会型职业兴趣、研究型职业兴趣、管理型职业兴趣、实践型职业兴趣以及艺术型职业兴趣。理解、遵从自己的职业兴趣，是大学生能够找到理想工作的重要保证。

1. 常规型职业兴趣

有着常规型职业兴趣的大学生，喜欢秩序和比较平稳的生活，这是由于他们对于权威和制度的尊重。通常情况下，他们会给自己设定计划，并且按计划行事。一旦有意外事件发生，或者有不循规蹈矩的人出现，他们便会浑身不自在。

【案例】

小刘是个循规蹈矩的人，从来也没有什么野心跟斗志。他就是喜欢平平常常的生活，最讨厌出乱子，要求任何事情都要有秩序。毕业之后，小刘来到一家事业单位，单位领导都非常喜欢他。因为他没有一些年轻人的刺头，小刘非常遵从单位的各项规章制度。

小刘很善于做计划，喜欢有条不紊。而领导也正是看中他这一点，所以特地把他调来做自己的秘书。而小刘也觉得这份工作干起来实在得心应手，自己是干得乐在其中，并且从来不觉得这是苦闷的事。在他看来，只要事情是按照计划发生，是按照规章制度发生，那么他做起来就会很舒心。而每天都要有不同的变化，而且变化始终不断，他倒有点难以接受，甚至会大发雷霆。别人都提到什么升职啊发财啊之类的，他却觉得这些都是身外物，生不带来，死不带走。不如索性干一些自己喜欢的，像他现在的生活，他就觉得很舒适。适当的时候娶妻生子，然后工作一辈子，最后退休回家享受天伦之乐。在一些人的眼里，小刘像是个世外高人似的。他笑笑，哪里是世外高人，这只是他的性格使然，也是受到了家庭环境影响。不过这样生活，他倒是自乐其中。

小刘便是有常规型职业兴趣的典型。以他的性格和兴趣来说，确实适合做这样比较安稳的工作，并且能够把这份工作做好。和小刘一样有常规型职业兴趣的大学生，一定要根据自己的兴趣找工作，顺从自己的心意来，不然只会适得其反。

2. 社会型职业兴趣

有社会型职业兴趣的大学生，天生乐于与人交往，乐于建立和维护人际关系。他们喜欢扮演近似于师长或者兄长的角色，喜欢传授经验或者倾听他人。他们重视社会礼仪和社会公德，有社会责任心，并且在与人交往的过程中很有感染力。

【案例】

小胖是个非常喜欢社交的人。他来到大学第一天，就给自己定下一个目标：每天认识一位新朋友。同学们都对他的这一想法瞠目结舌。不过他却乐此不疲。他从小就喜欢与人交流，很享受这种跟陌生人成为朋友的过程。他也认为，如果自己能够帮助到别人，也是一件非常开心的事。而他为了交朋友也确实花了很多功夫，读了很多书，增长见识，以期能多一些谈资和人格魅力。

小胖最后干的工作也很适合他。他在一家进出口贸易公司上班，做销售。每天他都精神饱满地上班工作，但他并不喜欢在办公桌前一直坐着，偶尔他也会偷偷地打打游戏聊聊天。如果让他这样在岗位上待两个小时，他就快疯了。他就是喜欢出去走动走动，结识新客户，然后交朋友，谈生意。虽然小胖刚来公司不久，但他的业务能力在新人中间是最好的，而且即便是和一些公司老手比，他的业绩也很抢眼。别人都疲于接听客户来电，他正好相反，而是主动跟客户们去聊家长里短。并且他讲话非常有层次、有条理、有针对性，他不会乱说话，非常能讨客户的欢心。这对工作的帮助就很大。而小胖才干了一年多，就成为了公司的销售主管。

即便做了公司领导，小胖还是经常外出和客户沟通。他已经习惯了这种工作方式。

小胖受他的职业兴趣影响非常大，而最重要的是他乐在其中。很多大学生在毕业走上工作岗位之后，对于接听客户电话，都很头疼。但小胖却能够享受这样的工作，这都是因为他的职业兴趣属于社会型职业兴趣。而拥有这类职业兴趣的大学生，也不适合从事坐班的工作。

3. 研究型职业兴趣

有研究型职业兴趣的大学生，醉心于理论研究。只要是自己感兴趣的专业领域，他们可以不疲不休地沉浸其中。他们对未知事物非常感兴趣，并且分析和解决问题的能力格外地强，这能够帮助他们在工作中有创造性地发挥个人价值。

【案例】

朱峰毕业后在一家互联网公司上班。他从小就喜欢电脑，对电脑充满了好奇。当别人在玩电脑游戏玩得不亦乐乎的时候，他却对电脑是怎么运行的，非常着迷。所以当初在家人的支持下，朱峰学习了很多关于程序设计的技能。自然报考大学时，他也理所当然地选择了程序编程这个专业。

当他毕业来到了工作岗位，他更是把自己这种特长这种兴趣发挥到了极致。在公司里，他是出了名的拼命三郎，每天第一个来上班，最后一个走，甚至经常在公司里整夜加班。有一次因为要调试程序，并且这套程序也赶得很急他竟然连续在公司待了一个星期。当别人问他："你这样有好处吗？公司加班费并不高。"他却不以为然，他说不是为了钱他非常爱好干这个，所以他能够把它干好，并且他希望自己能越做越好。他认为，这里面最大的乐趣就是自己碰到了当时无法解决的问题，想要探求个明白的想法会一直激励他绞尽脑汁将其完成，这种情况多得数不胜数，但每次他都顺利完成，并且一直乐在其中。他认为兴趣是上天给他的一份礼物，让他能够在做一些事情的时候，非常有动力和毅力。而自己现在所要做的就是把这种兴趣最大程度地发挥出来，趁年轻多做一点。

有研究型职业兴趣的大学生对事物充满好奇心，并且能够有效地利用这种好奇心，帮助

自己完成工作，而且完成水平非常高。拥有这类职业兴趣的大学生一定要懂得珍视，不要过分局限自己，要把这种特长和兴趣发挥出来。

4. 管理型职业兴趣

很多学生中间，都有孩子王。而这种孩子王，往往都具有管理型职业兴趣。有管理型职业兴趣的大学生非常有控制欲，敢于挑战，喜欢影响他人。并且他们都是沟通交流的好手，对于各种资源的支配和管理也有着极高的天赋。

【案例】

梁成从小就是个孩子王。别看他个头不高，人也不壮，但他非常善于管人。从小就能把周围的小孩儿唬得团团转。而且他从小就是班上的班干部，到了大学也是学生会主席。用他的话来说就是，他不习惯自己不做领导的生活，因为他会觉得自己非常没有安全感。但你千万别觉得梁成是个飞扬跋扈的人，他其实非常地勤奋和努力。他的领导地位都是通过自己的努力争取到的，他一点也不高高在上，反而和大家很亲近，也很懂得沟通和交流。

大学毕业后，他来到一家外企工作。虽然这里人才济济，但因为他表现出色，他迅速成为了一名主管。在他的管理下，他的部门很快就成为了全企业最高效的部门，而他也总是能够拼命拿到企业的各种大奖。当别人问他，这样是不是因为名利什么的，他说自己绝对不是一个利欲熏心的人，平时他拿到什么奖励，第一个想到的就是他的部门员工，他从来都是有好处最后一个拿，有难第一个挡。至于他为什么要这样，他说原因是他非常希望自己能在一个团队里，发挥和贡献出最大的价值，而这种价值通常都要通过走上一定的位置，走上一定的舞台才能实现。

梁成非常好地利用了他的职业兴趣，帮助自己成长为一名管理型人才。大学生如果致力于走上工作岗位后当一个领导，那么就要挖掘自己这方面的潜能，注意职业兴趣的培养。不要简单地以为，管理下属就是管管人、发发火就可以了，要积极向梁成学习。

5. 实践型职业兴趣

有实践型职业兴趣的大学生，喜欢并善于利用工具做一些动手性的工作。一般来说，他们的动手能力都非常强。他们能够亲自观察和体验一些事物的形成发展及功用。不过他们似乎不太喜欢社交活动，也没有什么出色的交际能力。

【案例】

林辉毕业后在一家电子产品企业工作。他的职业是硬件设计师，他负责对产品的外观及内部构造进行设计和改进，而这正是他的兴趣和长处所在。他从小就喜欢拆拆卸卸。只要家里有个电器，如果家里人没看牢，他就会把它拆掉，然后看看里面的结构，认识里面的零件，最后再把它们组装起来。当然这之中也有过失败。例如，他家里的第二台电视机，刚买回来没多久，他就趁爸妈不在家，把电视机给拆了，但因为静电问题，把电视机里的精密零件给破坏了。这让他挨了爸爸一顿好打。但他却没有因此改掉这个习惯。到了工作岗位中，这个“坏小子”却有着非常杰出的能力，他总能够非常巧妙地想到好的解决方案。在产品的制作流程上，他也能帮助企业设计优秀的流水线，让企业节省了非常多的成本。他的这一才华，受到了企业的关注，并且迅速被提拔为硬件主管。这下，他的兴趣和特长就得到了更好的发挥了。除了老总之外，现在没有人可以限制他的工作内容。他也总是能够设计出非常棒的产品，帮助企业进一步成长。他说，他的兴趣就是爱动手，因为这能够让他积极思考，这样才能过有意义的一生。

林辉之所以有这样的特长，与他长期以来的兴趣有非常大的关系。而当这种兴趣转化成职业动力时，无论对林辉的工作满意程度还是对他做事的效率和创造力，都有非常大的帮助。即将步入工作岗位的大学生也要学会利用和培养自己的这种职业兴趣。

6. 艺术型职业兴趣

艺术型职业兴趣，通常都是那些热爱艺术的人所具有的。他们想象力丰富，艺术创造力过人，渴望展现自己，发扬个性，积极致力于创造与众不同的成果。拥有和培养这类职业兴趣的人，能在创造力上有非常大的提升，并且有助于形成良好的情操。

【案例】

程慧是一家广告公司的设计总监，但她其实才刚毕业一年。她卓越的才华，富于想象的艺术创造力，使得她在行业中迅速走红。很多广告商都慕名前来，指定要求程慧操刀，但程慧定下的价格却不菲。即使如此，来预约的电话每天也是络绎不绝。没有人不佩服她的艺术能力，她总能把微不足道的小事通过广告加工展现给别人，并且引起别人的高度关注，她就是有这个本事。但这种本事不是天生的，而是源于她对艺术的热爱和由衷的兴趣。

她也曾碰过不少钉子。比如刚进这家公司时，其实公司对她没有多重视，她也比较固执，总是认为应该进行艺术创造，而不是一味地没有思考地模仿和抄袭他人的作品。不过她的这一想法没有得到公司其他人的认同，反而受到了嘲笑。一次偶然的机会，客户对广告设计非常不满意，并且一再要求修改，最后团队里除了她之外没有人愿意再干这个活儿了，但程慧却没有松懈下来。她认为这是个好契机，自己应该把自己的这份特长发挥出来，让客户满意，她才能脱颖而出，不然她可能一辈子干的事情都跟自己的兴趣和理想背道而驰。最后她一个人连续一个星期没有睡觉，把这个任务给完成了，而且提出了各种不同的解决方案，最后震动了对方的管理高层。这个广告一经推出，便在全国风靡，并且制造了相当不错的话题，给客户企业带来了非常高的效益。当别人觉得不可思议，问她怎么可能撑下来时，她说，就是因为喜欢这个，感兴趣。就好像那些不眠不休打游戏的人一样，就是因为着迷。

程慧能连续一个星期不眠不休创造业绩，这种毅力实在是令人叹为观止。这是强烈的艺术型职业兴趣所导致的结果。如果不是喜欢这个行业，她是不可能承受住这样的工作强度和完成工作任务的。

6.2 职业道德

职业道德，是指人们在职业生活中遵守的基本道德。它是职业品行、职业纪律、职业责任及专业能力等的总称。职业道德能够帮助大学生就业者调节与同事、客户的关系，有助于维护和提高大学生所从事行业的信誉，促进行业发展。

职业道德包括爱岗敬业、乐于奉献、追求卓越、诚实守信、公私分明、多干少说、谦虚学习、省时高效以及善于协作。

1. 爱岗敬业

对工作的热爱程度决定事业的高度。所有的用人单位都喜欢热爱自己工作的员工。做一份自己感兴趣，自己喜爱的工作，会让人由衷地感到愉悦。就如同呈现给大家一个标准的微笑与一份真诚的微笑，大家都会觉得后者更让人感到舒服。

爱岗敬业是大学生就业者应该遵从的第一条职业道德。如果一个员工能够像爱护家一样爱护自己的岗位，对待工作事务就像对待自己的家事一样上心，对待客户，就像对待自己的亲人一样，那么他就能形成高度的责任心和工作热情，从而把事业推向更高的境界。

【案例】

大学毕业的付梅被父亲的单位录用了。她学的是药剂专业，父亲是名老药库管理员。她之所以能被这家三级甲等医院录取，皆是因为她的父亲年年是单位的先进人物，大家相信“虎父无犬子”，就录

取了她。对于这一点，付梅很为自己的父亲感到骄傲。

工作的前一天，父亲先对她说了一些鼓励的话，最后，语重心长地叮嘱她一定要有“高度的责任心”，不要做一个只会发药的机器，要做一名优秀的药剂师。

单位把付梅安排到了西药房做了一名药剂员。副院长在带她去药房的路上，同样也叮嘱她好好干，先熟悉业务，以后接手她父亲的工作。付梅就这样开始了她的职场之路。她发现由于医院太大，药房里闲下来的时间不多，而且她也终于理解了为什么在银行里取钱顾客等得很焦躁柜台里的银行职员却依然有条不絮、丝毫不乱，并不是职员冷漠，而是对工作认真负责。

每次面对柜台外病人家属的催促，她都微笑着礼貌地告诉对方稍作等候，发药是很小心的事，一定要对照好，不能出一丁点的差错。有一次，一位医生不小心把一种药的剂量开得超过常用量了，她赶紧用内线联系了这位医生。一问才知道医生记错了包装了，这件事让付梅明白了父亲交待她的话的真正含义。自己的责任心会换来患者的平安与健康，肩上的担子重着呢。

付梅就是这样把事情一点一滴做好，认真负责，才不会辜负父亲、单位以及社会对自己的期望。具备这样的职业道德，那么无论处于什么岗位，大学生就业者都会受到大家的尊重，并且在职业生涯中越走越好。

【案例】

曹勋是新闻传播系的高材生。他自认为自己的专业知识学得比较好，工作肯定能做好。和曹勋搭班的摄影师老林是从部队转业回来的。曹勋发现每次老林剪辑完片子要比别的摄影师慢好久，他总觉得老林有些浪费自己的时间。好在老林剪辑的功夫相当不错，经他剪辑的片子很好加采访词。

有一天和老林一起外出做个新闻，他认为只需要十几分钟就可以做完的，谁知道老林拍了半个多小时。回单位去机房剪辑的时候，曹勋想着反正自己也有时间，就跟着老林去看看。这一看才发现老林的不同之处。老林竟然还拿个笔记本往上记着东西。等老林忙完，他向老林要那本笔记本看，老林有些腼腆地把笔记本递了过来。曹勋看着上面认认真真、工工整整地记录着每一个片子的时长、拍摄地点、拍摄缺点、如何避免或改正等。看封皮，这已经是老林的第十七本工作笔记了。曹勋看得有些脸红了，自己老是仗着科班出生，做事只图做完、做快，却没有太用心。

老林拿回笔记本装在包里，对曹勋说：“小曹啊，新闻记者都会做，摄影记者也不难做，但是，只有每天都琢磨，才能越做越好啊。我是转业军人，除了身体好，没有什么特长，一拿到摄像机，我就被它吸引了，我知道这辈子我都离不开它了。这十来年，我越做越觉得自己离不开这行，我觉得我可以把这份工作做好，做到老。”

老林的言行很令人感动，而这也是老林值得小曹和其他大学毕业生学习的地方。做一行，爱一行，做到老，爱到老。只有这样，才能迸发出十足的工作热情。只有这样，才会取得更大的进步和发展，让事业和人生更上一层楼。

2. 乐于奉献

乐于奉献这种职业道德，在社会中越来越少见，但它是一种非常重要的职业道德。而且已经得到了一些企业和个人的重视。在生活中，乐于奉献是一个人善良和同情心的表现。在工作中，也要理解单位的难处，无私地为单位做贡献，不要事事都问报酬，而忽视奉献的意义。

【案例】

小顾一直都是一个比较苦命的孩子。父亲因为癌症，在他小时候就早早地离开了他，而他的母亲也一直身体不好。他从小就要挑起家里的重担，虽然也很努力读书，但他成绩一直都很一般，而且复读了两年，才考上了大学。不过他的品德一直都非常受人称赞，无论是邻居、亲朋好友还是老师，都对他赞不绝口。他很乐于奉献自己，为别人做一些事。大学毕业后，他在一个建材公司上班，做的是

水暖安装。这个活很苦很累，不过他一直都乐在其中。只要是他做过安装的，他都会经常回去复查一下，而且留了电话，如果顾客家里只要出现什么问题，他都会免费进行维修。但他的一些同事可不是这样做的，他们见到有问题，甚至会躲，而且干什么都提收费的事，用收费的事压顾客。而虽然照理来说，没必要免费维修，收一些必要的维修费也是合理的，但他觉得，活儿是自己做的，自己应该负责。他乐于奉献的美德不止表现在这一点。如果顾客们遇到一些生活上的问题，也会经常给他打电话。一些老人在家行动不便，儿女又离家远，就给小顾打电话，让小顾过来帮把手，小顾都高兴地答应了，并且利用下班时间去帮助打理。别人觉得小顾特别傻，总为别人奉献，谁为自己奉献。小顾却说，他过的日子一直都很苦。曾经家里很困难，正是因为邻居们、亲朋好友们你一点我一点帮衬着，自己才能熬过来。现在自己做一些应该做的事，却要向别人伸手要钱，他觉得这不应该。

也许小顾做的事有点微不足道，可是他却收获了奉献的快乐。因为他能够体会别人的那种困苦，所以自己也行动了起来。如果每个人都奉献一点点，世间也将充满爱，而一个和谐的环境就是这样来的。

3. 追求卓越

不论身在何处，或者有什么样的地位，追求卓越都是一个职业人应该具备的职业道德。在大家努力向更高目标迈进的过程中，单位、行业和社会也会不断进步。只有在不断进步中才能够让职业人获得更好的成长，从而让职业生涯走向成功。

【案例】

陈明在一家国企工作，他主要是从事生产任务，常年以来一直待在一线。和别的同事不同，他一直都是一个追求卓越的人。再小的事也是如此，但他的同事们却不以为然。他的同事认为，干好干坏都一样，只要责任不是出在自己身上，把本职工作干好就行了，工资照拿，奖金照领，到了年限，一退休，这一辈子就齐活了。当陈明的同事这样“教育”他时，他只是笑笑。在陈明心里，他现在的舞台可能是这间车间，但不会永远是。他除了把工作上的问题搞好，还在不断地补一些英文知识，尝试着翻译一些国外机械类的书籍，并且对自己车间现在碰到的问题，都有一套自己的见解，并且多次向厂长和车间负责人建议优化生产流程的问题。有一次，当一家外企准备进入国内，和这家国企形成合作关系时，派了一批技术和管理人员在车间参观考察，然后发现了一些问题。这时候，一身油污的陈明竟然用流利的英文回答了技术和管理人员的问题，而且对整个行业都做了一些必要的分析。这让那些外国人很震惊，他们一点儿都不敢小看这家企业了，因为竟然连车间里都藏龙卧虎。不久之后，陈明就得到了晋升，并且负责工业流程设计，以及同外商的沟通。他的舞台现在确实不一样了。

像陈明这样追求卓越的大学毕业生一定会受到用人单位的青睐。不论他们的起点有多么低，都会一步一步接近自己的理想。陈明没有被自己的环境所限制，他所想的就是如何把工作干得更好，自然也就会获得领导的赏识，晋升也是必然的。

【案例】

小秋是某服饰公司的销售员，在第一线工作是很辛苦的，每天都微笑到嘴巴发酸甚至都有抽筋的感觉。但是，小秋坚信，做销售员也可以做出最好。她被安排在一家直营店工作，每天和七名同事搭班，她总是最爱管闲事的一名。所有新衣服上的线头、扣子她都给整理好，掉了的扣子缝上，多余的线头剪掉。对于这项工作，公司是没有要求的，在顾客买走这件衣服的时候，销售员负责打理这些事，并不需要提前做。小秋却闲了就做，时间久了大家也就习惯了由她做了。

小秋的工作是个讲究业绩的岗位，按每个月完成的任务定工资档次，任务外的活儿做得再多，也没有什么物质奖励。小秋知道自己做的这些杂事都不会给自己带来业绩的，但她仍然坚持。有一次，一个顾客大姐见她在缝扣子，便让她顺便把自己身上一件外套的扣子往外面挪点，她二话没说，就帮

大姐做了起来，也不管这件衣服压根就不是在她家店里买的。后来这位大姐每次买衣服都要找小秋，从此，她多了一个固定的客户。

还有一次，有一位大姐来店里试衣服，遗憾地和小秋说自己身上穿的打底衫自己可喜欢了，可惜上面缝的珍珠掉了几粒。小秋一看，和自己原来买过的一条珍珠项链的珠子是一样的。于是她回家找到那条项链，根据大姐会员卡留的电话找到大姐，把项链送给了她。大姐很感动，坚持要给钱，小秋拒绝了，说反正自己早就不戴了。不用说了，这位大姐也成了她的常客。

就这样日积月累，在这间服饰公司做了五六年的销售员，小秋不仅结婚买了房子，还买了一辆车。即使在淡季，她也不用担心没有业绩。那些曾得到她些许关心的客户一直不忘光临她所在的专卖店。看来，做什么事情都能做到极致，关键看你如何去做。

如果在工作时满足于“还行”、“还可以”、“马马虎虎”、“将就了”，这样的人永远不会达到事业的巅峰。只有像小秋这样敢于把事做到极致的人，才能品尝到成功的滋味。如果一个公司的每个员工都有小秋这样的工作态度，会令他的竞争对手无法招架，因为，他们已经比竞争对手好出了很多。这也是一种职业素质，要做就做得最好。

4. 诚实守信

诚实守信在职业道德中也非常重要，但却被越来越多的大学生就业者所忽视。一些大学毕业生甚至在个人简历中都要弄虚作假，就更别提在工作岗位中的品行了。越是难以做到的职业道德，其实就越是弥足可贵，就越值得大学生就业者去遵守。

【案例】

秦宇在某化工公司做采购，这是他毕业后的第一份工作，他很珍惜。在公司的 12 个采购员中，他是唯一的新人，并且是唯一一个大学生。当他进入公司后，他才发现原来公司里其他采购员都在拿着一些灰色收入。时间长了，那些采购员也怂恿他么去拿这些灰色收入，并告诉他怎么去跟销售谈条件，拉回扣，怎么写发票，对付公司里的审查。但秦宇没有这么做。他认为这违背了他诚实守信的原则，而他不希望自己就这样堕落了。既然公司把采购这么重要的工作交给他，就是希望他能够靠得住，能帮助公司买到既便宜又好的原料。而自己也承诺过，将为公司服务，为公司的利益着想。又怎么能和这个原则背道而驰？哪怕不做这一行了，也不能违背自己的承诺，不可让公司质疑他的职业道德。

最后，他正直的行为把公司里的其他采购员给惹恼了，处处为难他。因为他买到的原料，都非常便宜，并且质量很好。就在他做了一年，不得已准备辞职的时候，老板突然任命他为采购经理，并且让他管理那些采购员。老板跟他说，其实对他的表现老板一直都看在眼里，只是没说罢了。他这么讲诚信，守职业道德，不提拔他提拔谁！

作为老板，底下员工做了些什么，怎么可能没有丝毫的察觉。没有人不喜欢诚实守信的人，而正是因为很多人不愿意做到诚信，所以才会凸显出秦宇的个人素养，而老板也会对他有所倚重。

5. 公私分明

一个健康的企业是允许自己的员工百家争鸣的。在会议室里，大家关上门可以争得面红耳赤，但一旦领导作出了决定，大家就要团结一致，劲往一处使，共同完成这项任务。工作上的争论不能影响到个人感情，任何一个企业都不希望员工公私不分。明白这个道理，大家工作中就会少一些猜忌与不平衡，多一些合作与进取。

【案例】

陈芹毕业后，成为了一名光荣的护士，在当地一家的三甲医院里工作。虽然她工作一直都很努力很勤奋，也好学，但她一直认为护士长对她可能存在偏见。因为上一次的业务交流会上，陈芹主动提

出来病历的保存有问题，所以这次去乡下给村民体检，护士长故意把她安排到了最辛苦的血液科做护士。血液科的护士可不是好当的，她一个下午就抽了一千多个病人的血，累得眼睛看东西都有些模糊。而且由于天太热，体检的临时办公室条件非常不好，只有一个风扇，她的汗就顺着脖子直往下落。再加上农民卫生意识不强，她觉得这可真的是让她受了不少罪了。

但当陈芹回到医院，没有料到当月的护士之星就是她，护士长也在会上表扬了陈芹不怕苦不怕累的工作作风，并且说因为陈芹的静脉针是护士中最好的，所以，安排她去了血液科。陈芹当时感动得有些想哭，原来护士长有一颗公心，她的安排是对事不对人的。从那以后，她也觉得护士长似乎对她没有偏见，而且总是笑嘻嘻的，原来都是自己的多心在作祟。

护士长的公私分明让陈芹非常感动，而她也从这次经历中受益颇丰。不把私人恩怨带入工作，不在工作中讲私人关系，这也是大学毕业生在走上工作岗位后需要去遵守的职业道德。

6. 多干少说

企业是靠业绩说话的地方。领导最怕只知道拍胸脯做保证的员工。在没有做出成绩之前，再多的承诺都没有用。企业要的是效益，领导要的是结果。无论中间的过程再华丽，如果没有好的结果，依然会被企业淘汰。一个员工要想做成一番事业，首先要学会埋头做事，而不是靠嘴上吹牛或者溜须拍马。

【案例】

文清和赵明在同一家公司的人力资源部上班。文清不爱说话，每天就是看看有什么工作要做，然后认真去做。赵明却爱耍点小聪明，喜欢到处吹牛，然后拿着文清做出来的东西邀功。因为人力资源部是个集体，工作是谁做出来的并不重要，重要的是工作都做好。赵明自以为自己的小聪明耍得很好。虽然有人私下里和文清提及这些，但是文清最多一笑置之。她认为，领导之所以能做到领导的位置，是不会双眼如同鱼目，分不清事实的。

文清有的时候也规劝赵明几句，但赵明从来没有放在心上。他认为，自己不是不会做，只是因为有人做，所以自己不用做。直到有一次，经理分给他俩两件独立的工作，这让赵明有点无法适应，平时他都和文清搭班，最后都是他邀功，实际工作都是文清做的。这一次因为时间紧急，所以两个人分了两份工作，但赵明对自己的能力还是有信心的，一直和经理拍胸脯保证没问题。到交活心的时候，赵明也及时完成了工作，心里不免有些得意，到底自己是聪明人，干什么事情只要多少用点心就成。不像文清，天天趴在办公桌上加班，不是也和自己花了差不多时间完成吗？

实际结果却没能如赵明所料。因为赵明平时光动嘴不动手，因此在做事的时候有不少计算的错误，令经理大为光火，差一点炒了赵明的鱿鱼。这一次真的给了赵明当头一棒，以后他决心踏实干活。

多干少说，把工作做到实处，少吹牛，少耍小聪明，少许承诺，没有老板不喜欢这样的员工。而文清正是这样的一个员工。如果不是经理大为光火，估计赵明还在自鸣得意中。不过这也为他敲响了警钟。大学毕业生走上工作岗位一定要做像文清这样的员工，为企业踏实肯干、多做实事。时间长了，肯定会得到领导的赏识，同事的尊重的。

7. 谦虚学习

在信息爆炸的时代里，如果一个员工不能不断学习新的知识来充实自己，就有可能被市场所淘汰。因此，保持求知若渴的学习态度是必要的职业素质。一个优秀的员工不仅要学会向同事学习，还要学会向竞争对手学习。只有保持不断学习的心态，才会站在知识的肩膀上，成为巨人。

【案例】

宋琪没有想到自己最终会成为一名营销员，他的专业是企业管理，可是就业时没有适合的岗位。

因此，他只好委屈自己成了一名营销员。他一直想努力为自己赢得一份适合自己的工作岗位，可到最后，却只能为自己谋求到这样一份工作。

宋琪没有因为工作不理想而颓废，而是努力让自己成为一名优秀的营销员，他有时间就看以前一些营销员的成功案例，倒也没指望能够用上。结果有一次，真的让他用上了自己所学习的知识。虽然说成功不可复制，可是他也明白，成功有的时候是可以模仿的。

宋琪成为公司优秀的营销员是有原因的，他不仅善于学习，而且不断学习新的知识来充实自己，这使他免于被市场所淘汰。

一些大学毕业生口头上表示要谦虚学习，但却不能付诸于实践。不能像宋琪这样，真正踏实谦虚地学习前人和成功人士的经验。所以也就不可能像宋琪一样走向成功。既然迈入了工作岗位，就要像大学生刚进入大学一样，把姿态摆正，把该学的东西学到位，谦虚的学习，才能高效地消化和运用于实践。

8. 省时高效

现在，不少企业都在讲求执行力。优秀的企业之所以优秀，就是因为他们的执行力强。他们的员工具有高效率的执行力，能够又快又好地完成工作。一个员工，如果具有高效率的执行力，便是优秀的，便会较好地完成本职工作。凡事走在前头，才能抢占先机。

【案例】

广告策划部的小李总认为部门经理王明轩是个不折不扣的“工作狂”，每次都把工作时限给他们压到最短。有一次，一份策划明明有半个月的时间，可生生被他压成了一周，案子交上去后，公司表扬他们“花了一半的时间完成工作任务，是支高效率的团队”，差点没让小李他们吐血，这可是他们熬了几个通宵才完成的活儿，却是成了王经理邀功的手段。

在这样一个工作狂人的带领下，小李和同事都具有了高效率的执行力，工作越做越顺手。年终的时候，公司奖励他们部门一辆小车代步，而且每个员工还发了一个大大的红包。在庆功宴上，小李他们合伙把王经理给灌醉了。趁着酒劲，王经理说：“我也不想这样逼着你们干活儿，我也是个打工的啊。可是，如果我不这样逼着你们去高效率完成工作，遇到紧急任务的时候你们就会掉链子。”小李问他以前做员工的时候，是不是也经历过这样的领导。王经理点点头，他说：“那个人就是咱们总经理。知道我为什么习惯这样做了吧。咱们从当年一个设计小公司做到今天这样一个行业领军企业，都是被这样‘逼’出来的。最重要的一笔业务就是因为我们比另一大公司的广告预案整整早完成了三天，而且质量比他们的还要好，才做成的。”王经理醉眼朦胧地笑了。

能够做到省时高效，确实能对竞争对手造成很大威胁。单位和领导也相当喜欢具有这类职业精神的员工。而有一些大学毕业生，自我管理的能力较差，对效率的理解不深刻，进而在竞争实力上就低了一个档次，甚至失去竞争力。优秀的职业人，很重要的职业素质就是省时高效。

9. 善于协作

一个篱笆三个桩，一个好汉三个帮。一个优秀的团队，肯定是善于协作的团队。他们明确分工，分清事情的轻重缓急。单枪匹马只能逞匹夫之勇，而“三个臭皮匠，顶个诸葛亮”的古训，也在告诉我们团队的力量。善于协作是职业素质的重要内容，因为每个员工都是团队中的一员，就如同合唱队，不需要哪个声音特别突出，只需要大家善于协作，共同完成一首歌曲的演唱。

【案例】

公司搞业务竞争，把营销团队分成了龙、虎、牛三队。秘书小刘发现，公司里的三支营销团队里，

业绩最好的永远是牛队。要论实力，小刘认为龙队和虎队还略胜一筹。因为公司的营销精英里前几名都在龙队和虎队里。但是，在三个月的比赛中，每次整体业绩第一都是牛队。有一天，小刘给经理送资料，顺便提出了这个疑问。经理一愣，然后乐了，说："你听过一个和尚挑水吃，两个和尚抬水吃，三个和尚没水吃的故事吗？"小刘点点头。经理又说："龙队和虎队里精英多，其他成员都有一些依赖心理，认为即使自己业绩跟不上，有其他精英的业绩抗着呢。而精英呢，他们都是独立工作习惯了，乍一进入团队，还不善于与人协作。所以，看着这普通的牛队不起眼，但因为都担心业绩落后，所以大家全力以赴。如果谁遇到问题，大家一起帮着解决。这样，便没有问题了。"小刘问经理："那您知道已经为什么了，干嘛不想办法让龙队和虎队也团结合作起来？"经理说："你看吧，下一次就该有变化了。"

果然，第四个月的时候，龙队的业绩超过了牛队，占据了第一位。第五个月的时候虎队也拿了一次第一。经理对小刘说："看到没有，他们已经知道团队协作的重要性了。从下个月开始，把他们的队伍重新打乱，再分出一队来，精英要每个队都分得。"小刘点点头，开始安排分组名单，她知道她会从经理这里学到更多的知识。

懂得协作，善于协作，确实能给团队带来很多加分。善于协作是大学毕业生在走上工作岗位后比较缺乏的一种职业道德。一部分大学生只注重表现个人能力，从而让整个团队的实力大大下滑，这都是有损职业道德的表现。

6.3 职业能力

数年寒窗苦读的结果，是为了在职场上发挥自己的一技之长，成就自己的人生梦想。大学生从校园步入职场，由学习转变为工作，与以往的校园生活有很大的差异。那么，大学生都需要有什么样的职业能力呢？职业能力要求是什么，该如何去培养？下面将做深入分析。

1. 运用知识的能力

大学生在读书期间，不仅对专业课程进行学习，往往还选修了其他课程。21世纪是信息化社会，需要我们掌握的知识很多，而且知识的更新速度也比以前快。这就造成我们好不容易才学到、掌握的知识。等到大学毕业时，发现用处不大或者根本用不着。这就要求我们除了学习知识以外，更要掌握学习知识的方法，培养运用知识解决问题的能力；并且擅长用逆向思维去探索和解决问题，能够更快地处理工作中遇到的问题。那些死读书，读死书的学生，用人单位和管理者并不需要，他们需要的是能灵活运用所学知识的人。

【案例】

小丁和小杨是同年进入某企业的新员工，他们同在策划部门见习。两个人的档案上显示毕业成绩都比较优秀，公司对两个人也很看好。公司给他们同等待遇，共同培养。只是经过一段时间的工作，部门陈经理发现，虽然他俩在大学时表现都比较优秀，可是小丁似乎只是死读书，一些理论知识虽然很娴熟，但却缺乏灵活运用知识的能力。而小杨就不一样了，他不仅知识底蕴较为深厚，而且还能够活学活用，触类旁通，很有发展潜力。

一年见习期结束，小丁被调去做了文员，而小杨则继续留在了策划部，并且被逐渐委以重任。小杨并没有因此而感到骄傲自满，仍然不断加强自己对专业知识的学习，更新自己的知识结构，最终成为公司策划部的骨干人员。

职场工作是检验大学所学知识的场所。一个优秀的员工不仅要会学习知识，还要会灵活运用知识。这看似很简单，可实际上却不易。一个优秀的学生不一定能成为一名优秀的员工。

要成为一名优秀的员工，他们需要有多种职业能力，而灵活运用知识的能力就是其中一种。

2. 创新能力

勇于创新是一个企业持续发展、克敌制胜的原动力。没有一个聪明的领导喜欢只会听话的员工。要勇敢地表达自己的不同见解，在集体讨论的时候把自己的独特观点说出来，而不要只是揣在心理。每个企业都希望员工不断创新，这样企业才能成长，才能长远发展。

【案例】

某置业公司宣传部赵经理，将这次接触客户的计划细化后安排了下去。不一会儿，周宁找来了，她提出因为这批客户都是高端客户，平时外出估计是车载车送，如果让他们步行 200 米以上，怕他们会不耐烦，影响后面的计划。因此她建议是否可以租几个电瓶观光车来，解决这个问题。赵经理一拍脑门，庆幸周宁想到了自己差点忽略的这个细节，连声说好。于是，计划在这里做了一些改动。

果然，周宁的想法博得了一些客户的欢心，这次客户洽谈会居然比以往的签约意向都高。客户说公司在细节上这么周到，在房子上一定也是这样，当然值得依赖了。会后，赵经理为周宁向公司申请了嘉奖，并且鼓励员工向她学习。

创新能力也是大学毕业生和其他竞争者区别开来的一种重要能力。培养得好，则收益良多。就像周宁一样，能够在这种细节上做好创新，就能够博得客户的一份青睐，这都为日后的成功做了一定的铺垫。

3. 应变能力

职场中所遭遇的问题，不同于大学生在课堂上所做的习题，只有一个唯一的答案。职场中所遇到的问题，可能是以前发生过的，也可能是从未发生过的，可能是预料之中的，也可能是预料之外的。要应付这一切，需要大学生具有较好的应变能力。

企业是发展的，不是一成不变的。在企业发展的过程中，会遇到许多意料不到的新问题。这就需要从业者学会随机应变，为企业解决问题。在面试时，主考官会给出一个模拟场景，让应聘者做出一些判断和决策，以考查应聘者的灵活应变能力。这也是常见的应变能力的考查。通过这些考查，离成为用人单位的一员就又进了一步。

【案例】

牟红凭着英语八级的专业水平，毕业后进了一家外贸公司做外贸员。这是一家不算大的公司，许多的事情都需要老板亲自拍板。牟红也知道公司是小本经营，老板亲力亲为是担心她们在对外贸易中受骗。而一旦受骗，追回来货款的希望很渺茫。

凭着牟红的专业水平，她应该能找到一份比较稳定的工作。可是她从学姐口中得知，虽然外贸公司一般不太大，但外贸员的工资和提成还是比较可观的。她认识的一位学姐，仅做了一年多的外贸员就在市区商业街买了一间旺铺。而当牟红自己进入这一行后，也发现其中利润可观，而且工作时间还多。其他的工作都只能白天做，可是做外贸，白天可以做亚洲国家，晚上可以做地球背面的美洲国家，因为我们的夜晚相当于人家的白天。也就是说，只要你够努力，有精力，一天 24 小时，都会有机会同客户做生意。

不眠不休地工作当然不可能，但是晚上工作到 12 点还是可以的。有一次，她和一位美国商人洽谈了一笔设备出口的生意。因为对方要得比较急，她给老板打了几次电话，都提示已关机，她担心这笔生意因此而流失了。于是，她仔细核算了成本，并且在网上了解到山东某制造公司对该设备的网络报价之后，增强了信心。这台设备只需要一万多人民币的进价，却可以卖 8000 多美元，客人预先打 2000 元美金到账，即使对方毁约，自己也不会赔什么钱。于是，她果断拍板，和客户签订了合同。客户把 2000 美元打到了公司的账户上。

第二天一早，她给在外地出差的老板打电话汇报工作。老板告诉她可以做，她才呵呵一笑，说订金已经打到公司账号上了，就麻烦老板出货吧。然后她向老板承认了先斩后奏的错误，并且讲明自己核算过成本。老板并没有责罚她，反而夸奖她能变通。

这里的应变并非指盲目应变。大学毕业生在开始工作后，做某个决定时，一定要考虑使公司的利益最大化，一切应变、变通都要在不损害公司利益的前提下进行。牟红在做选择时，是经过了了解和计算，确定无论在哪种情况下，公司的利益都不会受损。因此，懂得变通的她得到了老板的赞许。

4. 沟通能力

步入职场，良好的沟通能力有助于使自己与同事、客户建立和谐关系，友好相处。一个企业能否成功，主要取决于全体成员能否做到通力协作。缺乏沟通能力，必将是个失败的职场人。沟通能力包括语言沟通能力和书面沟通能力。书面沟通有时也能起到想象不到的好效果。当工作中遇到无法解决的难题，并且你发现与领导或同事面对面的沟通效果不佳时，可以采用迂回的办法。如用电子邮件，或书面信函、报告的形式尝试沟通。书面沟通有时可以达到面对面的语言沟通所无法达到的效果。因为书面沟通可以较为全面地阐述想要表达的观点、建议和方法，也可以让沟通的对方全面、客观、冷静地了解你的沟通内容，从而达到更好的沟通效果。

【案例】

小米在公司里负责设计，她不擅言谈却有自己的风格与主见。当初公司也是看她的作品比较有灵性而选择的她。负责主管她这一块工作的经理叫张升，仅是个中专生，却因为从公司创立至今一直兢兢业业，深得公司上层的赏识。其实部门的员工都觉得张升学历较低，主要靠拍领导马屁才有了今天的地位，多少有些瞧不起他。小米其实并不了解张升，连所知道的这点信息也是从老员工那里得知的。小米不爱多说话，也不愿意掺和这些事，别人说什么她只是笑笑。

其实张升心里也是充满自卑的。虽然他混到了今天这个位置，可是真心服他的没有几个。要说自己没有真才实学，也真冤枉了他。他的本科文凭可是自考得来的。要知道，通过自考可不比全日制大学取得毕业证书容易啊。谁让自己当年家境贫穷呢，上中专可以缓解经济压力，让弟弟妹妹有读书的机会。可这些，张升没有和任何人说过。

有一次，他们设计部门接到一个项目。在他们制定了计划之后，交到经理张升那里，却被打回要求来重新制定。员工们都很生气，因为张升并没有说明哪里有问题，只是打回来让重做。他们觉得张升这是在利用职权报复大家。小米确实也没看出来哪里有问题，但她认为既然打回来肯定是有问题的，而且张升如果没有实际工作能力，公司也不会放心把最重要的设计部门交给他管。不过小米不擅长语言沟通，于是，她想到了书面沟通。她将自己的想法写成文字发到了张升的邮箱里。张升第一次和员工有了心理上近距离的沟通。张升向小米解释了计划被打回的原因，然后小米向自己的上司建议，希望上司和他们员工能有更多的交流。如果经理能把发现的问题直接告知大家，会省去大家的胡乱猜疑。经小米提醒，张升开了一次部门交流会，解开了大家的心结。后来，他还听从小米的建议，把每周五下午定为学习交流时间。当年，他们部门被评为优秀集体，张升带领大家去好好地放松了一下。

把想法说出来，看似很简单，但却很难做到。尤其是在敏感的职场里，很多人怕得罪领导、得罪同事，因此，他们宁愿把自己的想法烂在心里，或者在私底下乱议论。结果不仅没有益处，反而会令同事关系越来越紧张。最好的办法是把想法说出来。只要做到对事不对人，绝大多数人都是可以接受的。因此，良好的沟通能力在职场中是相当重要的。

5. 学习能力

虽然大学生都是寒窗苦读多年，但是并不是所有的人都能掌握学习能力的要领。学习能

力并不等同于毕业生在学校里所取得的专业成绩。在工作中，只有不断吸收新的知识、新的技能，才能成为有潜力可挖的员工。只有想学习、会学习的员工才能成为企业所需要的优秀员工。

【案例】

汤华是某建筑学院计算机系毕业的，她知道自己的专业找工作不占优势。因此，她平时多注意积累，在学好专业知识的同时，还取得了其他一些等级证书，为自己以后谋划工作做好准备。

她最终被一家保险分公司的培训部所接受，让她做实习组训。组训即组织发展管理和培训。组训在寿险营销部是一个十分重要的岗位，不仅负有第一线教育训练之重大责任，而且是经理的左右手。组训好比军队中的参谋、幕僚。当她认识到自己工作的重要性之后，便开始了新的学习之路。

和其他组训人员相比，她缺乏许多专业知识。于是好强的她首先把公司的寿险条例及寿险品种谙熟于心，并且学会了帮业务员搭配保单，分析客户。这时，她的计算机专业帮了她很大的忙，她帮业务员精心制作一些对照表，以及客户分类表，让他们在工作时更方便。很快，大家都喜欢上了这个刚来的小组训。

半年后，她通过考核成了一名组训员，公司还奖励了她一次外出培训的机会。她对工作更加充满信心，不放弃每次外出学习的机会，并且琢磨各个讲师的讲课特点，自己暗中练习，逐渐形成了自己的讲课风格。组训是需要给业务员进行培训讲课的，一次总公司的组训经理下来讲课，讲完让她们这些组训员复讲。汤华在原来的基础上，加上了自己的风格，一堂课居然赢来了数次掌声。组训经理回总公司时是带上汤华一起走的，他认为汤华经过打磨可以更加优秀，能够担当起重任。当务之急，是需要对她进行进一步的培训。汤华迎来了她职业生涯的一次新机遇。

汤华的专业虽然不占什么优势，但她却通过学习来补足自己的劣势，最终在职业生涯中得到了阶段性的成功。这种学习能力的培养是至关重要的。而大学毕业生也要培养自己这方面的能力。干到老，学到老；不仅要勤学，还要巧学。

6. 信息搜集能力

现代社会，瞬息万变，一个优秀的大学生要有良好的信息收集能力，包括收集各种政策、报告、计划、业务流程、管理制度和考核方法等。尤其要重视收集竞争对手的信息，做到知己知彼、百战不殆。

【案例】

罗晓光大学学的是营销专业，因为来自贫困地区，他大学时没少利用课余时间勤工俭学。在大学里，有同学戏称他为“犹太人”，就是因为他非常精明，善于收集信息。他卖过手套、电话卡、二手自行车，反正校园里的商机，他能发现的都利用上了，而且用自己赚的钱供两个弟弟上了高中。

因为有比较好的就业经验，而且面试时他对营销的看法令平安人寿负责面试的主考官非常满意，在面试意见上他是这样写的：“此人非常热爱营销，并且有自己独特的见解，对外界的信息非常敏锐，相信能做一名优秀的寿险营销员。”看着平安这样的大寿险公司对自己的评语，罗晓光也动了心，他加盟了平安保险公司。

刚开始的一年时间里，罗晓光的确做了许多张保单，不仅为公司带来了收益，也为他自己赚取了高额佣金。但是，一年之后，罗晓光感觉自己遭遇了寿险营销的瓶颈期，自己周围的客户源已经被开发完了，陌生拜访似乎不能给他带来太多的保单，这也是许多寿险营销员在一年后客户源用尽而离开工作岗位的原因。

罗晓光不打算放弃，他在想着接触更多客户的方法。他经常在网上收集各种信息，包括一些集会、公益慈善事业的活动。他收集这些资料后进行梳理，并且尽量挤出时间去参与这些活动。并且，他还利用互联网，加了不少QQ群，特别是一些同城QQ群、义工群。就这样，他很快认识了不少陌生人，并且积极参与群里的活动，每天还在每个群里发一个健康小常识。他的热情与健谈令他博得了大家的

信任，但他一直没有和大家提过他的职业。直到有一次他连续几天没有在几个QQ群里发言，他们都有些不习惯他不出现了。等他回来的时候，大家都热情地询问他干嘛去了。他说在忙一件理赔，并且给大家说了当时手上处理的案例。这样一来，大家都知道他是做保险的了，而且还挺负责的，也感觉到保险确实有好处。于是，陆续有一些网友在他那里购买了保险，他的陌生拜访终于打开了新的局面。

信息就是商机，却并不是每个人都能发现它的重要性。有的时候信息能帮助你走出困境，能帮助你寻来新的机遇。罗晓光一直以来都是个善于收集信息，并能利用信息创造财富的人。所以，他能在不断开拓进取中，打开新的局面，取得新的胜利。

7. 抗挫折能力

抗挫折能力差是这些年社会上对大学生成长较为关注的一个问题。一些大学生因为缺乏抗挫折能力，导致在步入职场之后，承受不了失败的打击，做出一些不理智的行为。因此，现在的用人单位更希望毕业生有抗挫折能力，在遇到失败、挫折和打击能自我安慰和解脱，迅速总结经验教训，而且坚信情况会发生变化，危机也是契机。这样的员工会令企业更好、更快的发展。要知道失败、挫折并不可怕，可怕的是遇到挫折、失败时丧失自信心或选择放弃。人生不会全是顺境，在遇到困难时，只要有勇气去克服困难，就已经拿到通往成功的钥匙。

【案例】

毛勇是被保送到某医科大学的。他是北京人，父母都是医生，高级知识分子。听毛勇的爷爷说，他的曾祖父还是满清的秀才呢。看来，毛勇的血管里就流淌着知识分子的血液。全家对毛勇的期望非常高，毛勇也认为自己可以继承父母的优点，做出一番事业来。

大学的学习中，有一点令毛勇有些沮丧，因为他发现尽管他比高中还要努力，他的学科成绩仍然不是班里最好的。不过每年也能拿到奖学金，家里人对他还是期望颇高的。老师评价他是个爱学习的好学生，只是与人交流得比较少，估计到单位就会好一点了。

毕业时，毛勇凭借父母的关系和自己的个人成绩，被北京一家区医院录用。他踌躇满志准备大展身手。可是，现实往往不同于理想，年轻的他坐在门诊办公室里，发现病人很少找他看病，偶尔有几个来看病的也是开个处方取个药，压根就不是找他看病的。而且有的病人一看是他，还说："我找某某医生看病的，他什么时候来上班？"和毛勇对班倒的是一位陈姓的中年医生，陈医生的门诊量几乎是他的数倍，这种现实令他备感煎熬。

一个月下来，他的门诊业务量屈指可数。一位认识他父亲的医生拍拍他的肩膀说："熬吧，小伙子。"别人的安慰在他眼里是莫大的讽刺，他似乎觉得别人都在嘲笑他这个名牌大学出来的医生，还不如那些杂牌大学出来的。

毛勇变得越来越沉默，每次看到病人回避他看病，心里就充满怨气。他没有积极地去帮助病人，也没有展现出他应有的才华，有的只是不满与郁闷。第二个月的时候，他的病人量仍然没有增长，他似乎有些绝望了。在他的网络日志上，他写着："也许我根本不应该去做一名医生，那些肤浅的病人只认年龄不认医术，难道要我等到30岁以后才开始执业吗？"他的不解没有人理解，第一季度发奖金的时候，他因为业务量没有达标而没领到奖金，而且医院奖励一批医生去外地旅游，他也不在其中。而和他同时参加工作的赵某，却榜上有名。他认为这是对他的一种污辱。在一个周日，他写下了一份遗书，并且选择在郊外一个无名的小山上自杀了。他的死令家里和医院都非常痛心，医院的领导感慨万分，说："刚毕业的医生坐三年冷板凳再正常不过了。这孩子自尊心太强，却又经不起挫折。走到今天，家庭和社会都有责任啊。"

现今，全社会都比较关注含着金钥匙出生的80后、90后们，他们没有经受过太多挫折与磨难，形成了只能成功不能失败的性格。其实，一个健全的人格要拥有勇于和困难作斗争的精神。只有这样，才能从失败的洗礼下走向成功。

案例点评

【案例】

张笑是一所名牌大学的毕业生，学习成绩也很好。她毕业后，在一家服装贸易公司工作。工作的这一年中，她确实学到不少东西，也体会到了职业素质培养的重要性。其实，刚进公司的时候，她并不能很快地就适应这种工作节奏。作为一个新人，加班多，工资低，没有娱乐活动，每天做在办公桌前。很快，她就开始厌倦自己所从事的这份职业了。

时间长了，她逐渐有了消极怠工的倾向。有一次，因为她的粗心大意及抗拒团队协作的行为，给公司带来了巨大的经济损失。公司的老总们，一个接一个劈头盖脸地过来训斥她。这次，她再也不想忍了，而是当着公司所有人的面，跟老总们吼叫。而且哭着说不想干了，要回家。后来，张笑的顶头上司出于保护自己部下的目的，力劝老总们给张笑一次机会，让她继续干下去。然后慢慢地跟张笑取得沟通。上司告诉她，不要意气用事，大家都各有各的难。如果不能尽快适应工作环境和职场氛围，那么走到哪里都是一样的，总不能一辈子待在家里面。张笑在平复了心情之后，慢慢也体会到了上司的用心，然后决定自己担负起为公司带来损失的罪过，主动接受公司减薪半年的惩罚。

在这半年当中，她更加难了。不仅要干得更多，而且工资更少。不过她已经把这些当作对自己的一种磨炼，当作是对自己职业素质的重要培养。她不仅要遵守必要的职业道德，也要慢慢地去发现这份工作之中的乐趣，还要通过学习提升自己的工作能力，这些都是职业素质培养的重要内容。有一次，公司里干保洁的林姐突然请病假，没能来工作，结果才一天时间，公司的地板就脏得简直不堪入目。她本以为一天不干活，不会对公司有什么影响。可见，她原来的想法是错误的。每个工作岗位都是重要的，这是一种职责。既然她接受了这份工作，那么，她就得具备相应的职业素质。至于职业兴趣，她需要慢慢来培养。她发现，当客户开始表扬她，让她有某种成就感的时候，她突然不是很讨厌这份工作了。她还发现跟客户交流也挺有趣的，而且在和有些客户谈完工作之余，出去会餐闲聊的时候，也发现他们还是挺有修养和生活情趣的。

她开始努力去学习，了解和研究自己不懂的和感到模棱两可的东西，然后积极思考怎么在工作中加入自己的创新。公司遇到困难时，她也用心在观察别的同事、有经验的领导是怎么处理这些问题的。虽然熬了一段苦日子，但最终她和自己的上司都升职了。她也从公司里业绩倒数几名变成名列前茅。

【点评】

张笑在刚工作时碰到了很多问题，甚至一时冲动朝老板大吼大叫。这都是因为她初涉职场，缺乏必要的职业素质所导致的。幸亏这时她的领导帮助了她，使她得以保住了这份工作，并且使她在之后的艰苦工作中学习到了不少。下面我们分析一下，张笑是如何培养职业素质以及各种职业素质的。

① 首先，张笑刚进职场，没有职业素质的概念，所以才会慢慢在工作中懈怠。在受到领导批评时，才会和领导大吼大叫。所以初入职场的她，首先要提高自己的职业素质。只有这样接下来的工作才能越干越好，使自己得到成长。

② 其次，张笑随后所取得的一些工作业绩，也使张笑不那么讨厌这份工作了。她渐渐地开始不再抵触工作和客户，而且发现其实客户身上也有很多闪光点。即便有矛盾有摩擦，这也都是工作所需。大家都是对事不对人，不必过于放在心上。就这样，她由衷地对工作产生了兴趣。这都是她日后能把工作做好的重要保证。

③ 最后，张笑后来发现，仅仅是有职业道德和职业兴趣还不够，还需要加强自己能力方面的培养，而这都是职业素质中的重要内容。她积极去学习，在工作中加入自己的创新，观察好的处理问题的方法，培养自己的应变能力。这些都是作为一个优秀的职业人所不能缺少的。

素质拓展

小唐成长在一个干部家庭里，从小他就受到家人的宠爱。他成绩也不错，后来考上了名牌大学。接着，他也找到了一份很满意的工作。不过，他走上工作岗位之后，提升就非常慢了。他发现自己很难适应职场生活，他既不喜欢团队合作，也害怕这种自己不是大家围绕的核心的感觉，开始变得碌碌无为。经过一年多的工作，他的同事们不是外调，就是升职，只有他原地不动，薪资待遇也没有什么大的变化。他不明白自己为什么突然就不优秀了。他也承认自己确实存在一定的问题，如工作没有兴趣，缺乏热情，做事自然效率就低。干活有的时候甚至是偷奸耍滑，趁着领导不注意，就去偷闲。领导对他的总结就是：孩子气，没长大，职业素质太差。而他自己其实也想尽快成长起来。

根据本章所学内容，请分析：

① 是什么导致了小唐最后变得不优秀？如果你是小唐的朋友或同事，你该如何帮助他培养职业素质？

② 如果你是小唐，你该如何让自己具备职业素质，从而成为一名优秀的职业人？

第二篇

就业指导篇

第 7 章

求职准备

大学生就业者如果在求职准备工作方面做得不够充分，极有可能将唾手可得的工作机会让与旁人。很多大学生刚毕业时，到处投简历，盲目求职，这就说明自己还没有充分做好求职准备，没有调整好自己的求职状态，害怕面对接下来的笔试面试。大学生就业者应该做好哪些求职准备，我们看下面的内容。

7.1 求职心理准备

不仅仅是求职，很多诸如考试、竞赛都需要做好心理准备。有的时候，条件相当，赢就赢在心理素质强上面。因此，大学生求职的心理准备工作是非常重要的。因为不少工作岗位只招男性，因此，女大学生就业的压力要大于男大学生，我们在此将分开讲述男女大学生的求职心理准备工作。

1. 男大学生的求职心理准备

（1）要充满必胜信心。

宝剑锋从磨砺出，梅花香自苦寒来。经过几年大学教育，大学生有理由相信自己是优秀的，缺乏的只是实践经验。如果平时做一些与专业相关的兼职，会更加有自信。只有相信自己的能力和水平，才会有信心做好未来的工作，做出一番事业来。在用人单位眼里，应聘者只有坚信自己有实力能胜任某项工作，才能表现出坚定的态度和从容不迫的风度，令用人单位相信你是最适合的。信心是自己给的，当你为自己的求职做好一切准备时，你的自信便直接体现出来了。自信不足的便是自卑了，有的大学生在应聘的时候手足无措，语无伦次，或者低头，目光闪烁，都是极度不自信的表现，这样的表现是不会赢得用人单位的信认和认可的。

【案例】

再也没有比那次面试更尴尬的事了，乔玉杭一直在回想那次应聘的场景。当时因为他太紧张，手一直攥得紧紧的，面色苍白，主考老师为了缓解他的紧张情绪，用诙谐的口气讲了一个笑话。谁知道他过于紧张，竟然说："好的，谢谢，我没有听笑话的习惯。"当时令主考老师极为尴尬，后面说的什么内容他都不记得了，最终以失败告终。因为缺乏自信心，他在整个应聘过程中，被动又紧张，唯一一次缓和气氛的机会他也没有抓住，他非常懊恼。

乔玉杭的失败在于太缺乏自信，没有面对挑战的勇气，一味惊慌失措，表现令人失望。他自己当然也不希望面试是这样的，可是自信心不是一朝一夕能养成的，而且，自信也不是万能的，不能减少困难的。可是，自信能帮我们压倒困难、藐视困难，给我们足够的勇气，

支撑我们最终找到机会，战胜困难。

（2）要具有竞争意识。

现代的学生，不少是在家长的精心呵护下成长的。平时依赖性较强，许多事情坐享其成，自己觉得竞争不竞争一个样，反正总会有自己的，久而久之，便失去了竞争意识，竞争能力也日渐退化。更有的受一些不良风气的影响，认为即使再努力也会被一些阴暗的潜规则所埋没，还不如听天由命，这样的思想都是不对的。只有努力去竞争，不畏风险与困难，坚定自己的信念与目标，并为之奋斗，才是完整的人生。

【案例】

胡赐和刘洋从小一起长大，高中的时候同一个班级，大学的时候同一个学校，就像亲兄弟一样。他们同样是独生子女，只是胡赐的父母是军人，他跟着姥姥和姥爷，刘洋的父母出国了，跟着爷爷奶奶。相似的命运让他们成为好友，却并没有给他们相似的性格。胡樱从小就独立，退伍军人的姥爷给他军事化管理，做什么事都干脆利落。刘洋却被爷爷奶奶宠得跟玩具娃娃一样，除了学习和玩，几乎什么都不会，从高中开始，胡赐就跟一个大哥哥一样跟着刘洋收拾东西，提醒他别丢三落四，刘洋却什么都是满不在乎，好在天资聪颖，成绩从来都比较优异。毕业招聘时，他俩同时应聘去一家广告工作，性格的差异开始显现。胡赐很快便能独立处理业务了，而刘洋因为没有竞争意识，而且还不擅长管理自己的资料，经常性的客户被公司其他人捷足先登，两个月的试用期很快过去了，刘洋居然只做了一单业务，就这还是胡赐忙不过来的时候分给他的。开会的时候，营销部老总说的一句话令刘洋非常难过："也不知道上大学的时候是怎么上的，还全优呢，整个一外强中干。"刘洋说什么也不愿意在这家单位做下去了，尽管胡樱说找总管延长刘洋的试用期。可是刘洋不愿意受这份窝囊气，跳槽到另一家公司，可是依旧是没过试用期便被辞退了。刘洋这下不干了，待在家里做起了"啃老族"，还说父母赚钱就是留给他花的，他赚不赚钱都行，这下让他的爷爷奶奶都傻眼了，他们心目中的好孩子，原来这么不中用。

竞争意识要从小培养，只有综合素质过硬的人，才能在市场竞争中优胜劣汰，生存下来。不要总是把自己放在温室里成长，要做凌空的雄鹰，不要做只会在鸡窝里扑腾的小鸡。

（3）要具有顽强意志。

我们可以看到，自古以来，成大事者必须有顽强的意志，程门立雪，卧薪尝胆，无不验证了这个道理。大学生在求职过程中，会经历各种各样的考验与失败，只有意志顽强的人才会披荆斩棘，所向披靡。毛泽东说过："不到长城非好汉。"光有目标不行，还要有不达目的誓不罢休的精神才能成功。

【案例】

宋国安的就业之路充满着传奇色彩。他所应聘的是一家电热材料有限公司营销员，因为他个子特别瘦小，面试的时候主考官没有通过。但是当他知道没有被选上是因为个子小时，他的不服输精神来了。首先是请主考官老师给他一个机会，他认为销售产品和个子无关。但主考官老师说电热元件高密度而且易碎，量少的时候经常都是业务员自己带着送货，就宋国安的个子，估计都拿不动一木箱的货。宋国安表示可以拿动。毕竟现在交通便利，而且交通辅助设施完善，真正需要自己搬运的地方不多，他完全可以搞定。主考官老师随口说："下午之前你把那车货搬到仓库放好就算通过。"主考官接着面试下一位应聘者了，而宋国安却和那车货物较上了劲。整整三个小时过去了，当主考官走出面试的办公室时，看到满脸黑灰的宋国安正站在门口，原来，宋国安真的一个人把货卸了搬进了仓库。主考官是公司的财务总监，他一下子被宋国安打动了，他相信这样一个意志顽强的人在攻克客户时也会一样的马到成功。

但凡成功的人都有着顽强的精神，从古至今，流传下来的英雄人物，无不拥有顽强的意

志和坚定的信念。愚公移山，志在不舍。滴水穿石，意在坚持。大学生在求职过程中，一定要具有顽强的意志，不屈不挠，为自己理想的岗位而努力。

（4）要正确面对挫折。

现代的大学生因为多数身处顺境，缺少挫折的磨炼，遇到事情时经常手足无措，或者逃避，消极对待；或者冲动为之，这都不是明智之举。要把挫折当成动力，当成锻炼，越挫越勇，经历过失败的人才能品尝到成功的喜悦。大学生在就业当中，屡屡碰壁实属平常。有的人太过自负，把挫折完全不放在眼里，结果因为轻敌而导致失败。还有一种人，把挫折当成猛兽，避之千里，不敢直面，结果是重复失败。人不要在同一个地方跌倒，也告诉我们，每一次受挫都会给我们教训，如果不会吸取经验，就无法取得成功。

【案例】

童爱山在获得某外资公司经理助理之前，已经有过三次面试的经历了。他知道自己学的文秘专业竞争力不强，好在自己还有英语六级，计算机二级等其他证书。他一直认为自己不算个将才，上学的时候他就一直不是班干部，但是自己心比较细，而且喜欢文字工作，又喜欢出差，文秘工作似乎再适合自己不过了。为此，他一直注意文秘岗位，每次面试失败他都会问主考官自己哪些方面不合格，一次次的改进，最终在第四次面试时顺利过关，获得了自己梦寐以求的工作岗位。

如果经历了一次或两次失败就放弃了自己的理想，那么，童爱山是不可能获得自己理想的工作岗位的，总结不足，直面挫折，在挫折中寻找经验，最终必将克服困难，迎来曙光。

2. 女大学生的求职心理准备

尽管我国法律提出“男女平等”，但实际上，在大学生就业方面，女性就业遭遇性别歧视是不争的事实。因此，女大学生在求职时要有乐观的精神，坦然面对性别差异，勇于面对现实，并且必要的时候学会使用法律武器，维护自己的切身利益。

（1）调整心态，正确认识性别差异。

我们不难看到一些岗位对性别有要求，明明男女都可以工作的岗位，偏偏要求男性，这是传统思想在作怪，许多人认为女性员工需要结婚、生子，耽误工作，而招男性员工则省却这样的麻烦，这是极不正确的思想。除非是一些特别的工种，需要男性来完成，许多岗位不应该有性别歧视。作为女大学生，要正确认识性别差异，用自己的实力与能力证明男性女性是一样的，有的时候，女性比男性要做得更好。

【案例】

某单位招收一名空调制冷及维修人员，但是在招聘现场，用人单位提出男性优先。李蕊递上自己的简历应聘，负责招聘的人说要是男的就好了。李蕊问为什么男性优先。对方说这是都知道的事。李蕊据理力争，拿出自己计算机、维修电工技师证书，高级维修电工等级证书，自己能取得这些证书，说明工作中一定不会落后于男性。招聘人员看了那些证书之后，有些心动，又问了一些专业方面的问题，并且给了她一台破旧的空调让她维修，结果她既快且准地完成了任务。这一切令招聘人员刮目相看，告诉她可以参加最后的面试。李蕊明白自己的优势，用实力证明自己和男性一样优秀，捍卫了自己权利。

据理力争，不亢不卑有的时候很难做到。作为女性求职者，调整好心态，知道扬长避短，如果是体力活，女性多数情况下都不如男性，但脑力劳动就不同了。李蕊相信自己是优秀的，同时，拿出实际证据来证明自己是优秀的，这样一来，她就多了几分胜算。

（2）冷静思考，正确评价自己。

女大学生要认清自己的实际能力，不要好高骛远也不必妄自菲薄，客观地评价自己，不致于盲目提高标准，选择合适的工作岗位，发挥自己的优势，成就自我。

【案例】

因为女大学生就业面比男大学生窄，于是张霞想尽办法展现自己，可是第一次面试时她打扮得比较男性化，结果主考官说她形象不好。第二次面试时她把自己打扮成淑女，谁知道面试的主考官说一看就太娇气。她都不知道该打扮成什么样子参加面试了。痛定思痛，她开始重新定位自己，自己是学自动化专业的，英语口语较弱，考研也没能考上，学习平平，不过自己开朗热情，善于沟通，花钱仔细有计划。根据自己的这些优点，她给自己定位了民营企业的公关、销售、行政，避免了和需要更强竞争力的国企岗位。经过了五次应聘之后，她终于找到理想的工作岗位。

一次失败不可怕，可怕的是不总结经验教训。张霞是个资质平平的女大学生，之前因为一味地想表现自己，反而弄巧成拙，不能得到认可与信任。后来她冷静思考，正确评价自己，重新定位，找准切入点，终于为自己赢得了合适的岗位。

（3）充分准备，提高竞争力。

这一点具有普遍性。女大学生因为性别原因更要做好准备，提高竞争意识和竞争力，在就业大军中从容应对，克服怯懦不安，自卑等不良情绪，平时要有意识地锻炼自己的口语表达、人际交往、应急分析、处理问题等多方面的能力，以扎实的专业知识和优秀的综合能力争取求职的成功。

【案例】

学习生物专业的徐红在网上投递了30多份简历，换来了3次面试机会。面对用人单位“男性优先”的心理，她知道自己要好好把握住面试机会。之前参加招聘会时，有两家单位一看是女生，连递过来的简历都不接，令徐红极其郁闷。苦读十几年，徐红没有比男生少用一点功，到头来求职时的冷遇怎能不难过。不过，徐红并没有因此而懊恼，反而更加激励起自己的斗志。她收集了相关用人单位的招聘信息后，根据自己语言表达能力好，与人沟通能力强的优势，模拟主考官的问话，然后模拟回答。结果竟然有两家单位都表示愿意和她签约，经过慎重考虑，她选择了一家离家更近的单位上班了。

女生比男生求职难虽然是现实，但是如果女大学生比男大学生优秀，竞争力更强，那么就有可能争得一席之地。

（4）增强自信，展现自我风采。

自信心是走向成功的助力器。一个没有自信的人，不会是一个成功的人。拥有自信的人，会因自信而散发出独特的魅力，受过教育的女大学生尤其应该充满自信。得体的衣着打扮，再加上精心制作的简历，恰当的言谈举止，会倍增你的自信，为你的求职取得意想不到的效果。

【案例】

有的女生被用人单位拒绝过几次，便开始胆怯，原本就不足的自信心越发底气不足了。明慧是一名学习化工设备与机械的女生，她的专业令她在就业时屡遭歧视，一般来说，工科专业男性更受用人单位欢迎，因为传统观念里认为，男性比女性在生理条件方面更占优势。明慧从刚开始寻求大公司的高分子材料职位，调整至中小企业质检人员，将自己职业女性的认真、细致显示出来，搏得了用人单位的认可。

摆正自己的位置，不自大也不过分谦虚，能够运用自己的长处，增加自己的自信，这是每一位面试者必须要学会的能力．这也是明慧成功录取的秘诀。

7.2 知识与技能的梳理与准备

知识是技能的基础，技能是知识的拓展。因此，知识与技能是辩证关系，相辅相成。只有专业知识扎实，专业技能才会更加突出。

1. 知识的梳理与准备

① 人文知识。这一方面的知识主要应用于一些文秘方面，或者文字工作方面的岗位。

② 法律知识。法律基础知识是所有大学生应该掌握的。法制社会，依法管理，新时代的建设者绝对不能是法盲。作为大学生，应该了解法律基础知识。

③ 社交与沟通知识。大学校园毕竟比较单纯，而走上社会却是多元化的。因此，一个成熟的大学生应该具有谦虚谨慎、善于聆听的社交沟通能力，并且掌握一定的公共场合公关礼仪，做到彬彬有礼。

④ 专业学术知识。应聘和专业相关的工作岗位，良好的专业学术的知识储备是必须的。只有在学生时代，才会有专心的学习环境和学习机会，大学生要心无旁骛地学习专业知识，加强专业知识的积累。

⑤ 企业运营、组织管理、营销宣传、企业文化建设等。大学生参加一些就培训课程和活动时，会发现这些理论已经渗透到日常工作中去。好的员工必定会融入企业文化当中去。

⑥ 网络知识、办公软件（Office、图像处理软件 Photoshop）、公文处理、礼仪常识等。互联网的发展令大学生不得不要求自己熟悉网络知识、办公软件的应用。一个不懂电脑的大学生，势必被时代所抛弃。

⑦ 与应聘企业相关的专业理论与技术知识（企业背景学习）。知己知彼，百战不殆。要了解应聘企业相关的专业理论和技术知识，让用人单位了解你的真诚，你的付出。

⑧ 英语等外语（四、六级，口语，小语种）。目前基本本科生都达到英语四级以上水平，越来越国际化的经济发展均势，令大学生必须掌握一门以上外语，并且能以流利的口语进行交流，将会对你的求职有莫大的帮助。

2. 技能的梳理与准备

① 适应社会能力：大学生刚从校园跨入社会，应该拥有一个正确的、良好的心态。不要畏惧，不要自卑。要适应社会的发展与变化，较快地融入社会这个大家庭中去。

② 人际交往能力：在社会中生存，需要具有一定的人际交往能力，而一些事情的促成，往往离不开良好的人际交往能力。

③ 开拓创新能力：具有较强的知识基础，而且敢闯敢干，具有开拓创新能力的新一代大学生将会是行业的佼佼者。

④ 应变能力：在个人遇到外界事物突然发生改变时，做出的应急反应，这是大学生适应社会生活的第一步。

⑤ 实践能力：纸上谈兵是刚毕业的大学生的大忌。不要夸大自己的实际动手能力。例如，明明只是会简单的使用办公软件，却吹嘘会编程，结果一实践就原形毕露。

⑥ 语言表达能力：这一点在面试时尤为重要。因此，大学生在平时就要多加锻炼，多与人沟通，多参加各种活动，语言表达能力便会得到提高。

⑦ 组织管理能力：在大学生活中，一些组织管理能力强的同学会成为学生会干部、班干部等。大学生要努力提高自己的组织管理能力，既能独立行事，又能管理团队，才是不可多得的人才。

⑧ 调查研究能力：大学生往科研方面发展，就要具有一定的调查研究能力。在大学假期的社会实践中，一定要下工夫，不要敷衍了事，多实践才是硬道理。

7.3 求职信息的收集与整理

1. 求职信息的主要内容

大学生在做求职准备时，一定不能忽略求职信息的收集与整理，俗话说，知己知彼，百战不殆。当你在应聘时，对用人单位的情况了如指掌，回答问题时势必胸有成竹，用人单位当然需要一个自信、勤奋的你了。求职信息主要包括下面五方面的内容：

① 近两年国家和各地方、各部门以及学校的就业政策、规定；
② 相关的行业信息；
③ 理想的企业信息；
④ 各类招聘信息；
⑤ 本校、本专业毕业生在社会上的需求状况及其受欢迎程度。

2. 求职信息的主要收集方法

（1）全方位收集法。

即只要是和大学生求职稍微相关的信息，都成为大家收集的对象。这种信息收集法有利有弊，利在于收集面广，不容易遗漏；弊端在于太耗费精力，也容易浪费时间。在时间充足的情况下选择全方位收集信息法还是可行的，特别是一些大众化专业，可选择行业较多，反之也就是岗位缺乏唯一性，因此造成求职困难，而利用这种方法收集信息，可以最大限度地避免遗漏，抓住机会。

【案例】

令维笑一直很苦恼的是她所学的专业是行政管理，当年考大学的时候，因为成绩不太理想，所以报考了一个三流学校的三流专业。三年学下来了，自己都感觉学到的东西大多太抽象，不具体。自己又没什么家庭背景，父母和亲戚都是普通老百姓，就业只能靠自己了。偏偏自己所学的专业不具有排他性，只能全面漫天撒网了，希望能有所收获。多数时候她所投递的求职信都石沉大海，不过她每天坚持做着同样的事：收集资料—筛选资料—投递简历—期盼回音。功夫不负苦心人，还真有两家单位让她去面试，最终和一家达成了协议。她在同学中算是比较早找到工作的，大家都有些诧异，毕竟维笑一直是个不算优秀且不受关注的女孩子。

勤能补拙一点不假。全方位信息收集法其实是非常考验人的一种信息收集法，收集来的信息有的可能完全没有用，看似比较浪费时间，但是，对于像维笑这样不占优势的学生来说，还是比较实用的，毕竟这样收集来的信息更全面。

（2）定向性收集法。

主要是大学生根据自己制定的职业方向，有的放矢地收集资料，信息收集不受地域环境的限制；有的专业专业性比较强，就业面比较狭窄但也专一。比如石油勘探这样的专业，学生只能在和此专业相关的用人单位中进行收集信息。

【案例】

陈宏是某矿业大学煤矿开采专业的毕业生，他所学的专业全国只有两个大学有，每年毕业生也不过 400 来人，因此，算是紧俏专业。陈宏倒不愁就业，关键是他仍然想选择自己中意的岗位，为此，

他专门收集煤矿开采行业的企业信息，特别是储煤大省的，他想找一家煤矿开采行业中的科技领军企业，不单单是国营大矿这么简单，他希望能用己之长，并且在今后能够搞一些科技科研，为中国煤矿事业贡献一份力量。先后他和三家大型煤矿、十几家中型煤矿进行了洽谈沟通，结果他选择了一家中型煤矿，他看中的是这家煤矿是能源环保型的企业，他相信这样的企业才是未来的领军企业。

俗话说：术业有专攻。有的行业属于地域性行业，并不是全国哪个城市或地区都能有的，就业的狭窄化也说明了专业的惟一化。收集自己专业相关的信息，明确自己的就业方向，这样才会最大化地利用信息资料。

（3）区域性收集法。

主要是指大学生收集信息时把注意力集中在所定区域的报刊杂志上，当然，其他方面的信息也可以利用，这和大学生就业目标有关，因家庭、恋爱或者其他一些原因，必须留在某地工作，因此，集中所定区域收集资料。

【案例】

李学民和任思思是大三的时候确定恋爱关系的，李学民是河北人，任思思是天津人。双方家长对两孩子恋爱倒没什么意见，就是对在哪工作犯了愁，现在都是独生子女，两家都希望孩子在自己所在城市里工作，最后统一意见，两孩子在北京工作，北京位于河北和天津中间，往哪边车程都差不多。因此，他俩为了避免浪费时间，非常适合使用区域性收集法来收集资料。

当你的就业目标和目的地明确时，可以使用区域性收集法，这样可以节约太多的时间用来进行其他准备。当然，如果在该既定区域里没有合适自己的职位，也不要一棵树上吊死，要知道条条大路通罗马。

3. 求职信息的主要收集途径

每个人收集求职信息的途径会有所不同，在此罗列出求职信息的主要收集途径，为大学生提供一些参考。

① 通过政府就业部门或其他国家机关获得信息。

② 通过学校的就业指导中心获得信息。

③ 通过学校、单位以及人才市场的招聘会及各种供需见面会获得信息。

④ 通过大众传媒与互联网获得信息。

⑤ 通过各类社会关系获得信息。

⑥ 通过社会实践或实习获得信息。

⑦ 通过信件或电话拜访获得信息。

4. 求职信息的筛选

大学生对于自己辛苦搜集到的需求信息，应结合自己的实际情况，进行筛选过滤，去芜存菁，有针对性地选用。只有这样才能使获得的信息具有准确性、全面性和有效性，更好地为自己的求职提供服务与帮助。

（1）掌握重点信息。

一般来说，学校发布的一些就业信息是相对来说比较有针对性的，也可以作为重点信息来分类保存。国家和政府对于本专业的毕业指导性意见及相当政策也是要重点收集的资料。首先尽量筛选和本专业有关的用人单位的信息，一般来说，你的专业就是你的优势。其实是个人特长相关的招聘信息，兴趣是一切成功的源头。特长源自于兴趣，因此，与自己特长有关的岗位也是你要重点留意的。

（2）善于对比同类信息。

天上不会掉馅饼。大学生就业者在看到一些招聘广告，对应聘者年龄、学历、工作经验

等各项条件都要求过低，但是工资薪金却比较高时；或者是一个小公司，却招聘工种、职位繁多的人员；再就是招聘内容过于简单，只留下电话要求应聘者直接去面试的，就要留意是不是广告陷阱。因此，一定要善于对比同类信息，学会换位思考，如果你是老板，你会招聘什么样的员工，发什么样的薪水，与实际差别太大的信息，很有可能是不实信息。

（3）虚心向他人询问了解。

大学生毕竟是刚走向社会，没有太多经验和阅历，招聘广告中有一些不实或夸大的地方，不容易分辨，只有向有经验的师长或朋友请教，才会多一些分辨是非的能力。有的招聘单位玩的是文字游戏，在一些达不到的条件上，用比较绕弯的文字，让你往好的方向误会，一旦签约，后悔莫及。俗话说“三个臭皮匠，顶个诸葛亮”，对有的信息拿不准真假时，多找几个人询问参详肯定有益无弊。

（4）避免盲目从众心理。

每个人的特长、专业有差别，即使同样专业，也因人而异。因此，在求职时，奉劝学生们千万不要有随大流的想法。寻找什么样的工作岗位一定要结合自己的特长和兴趣爱好，有兴趣去做一件事，你会成为大师；而凭技能去做事，永远是个匠才。就如同听说现在教师工资待遇提高了，很多大学生都放弃自己专业，也不管自己有没有教师资格证，普通话证等，一窝蜂地去应聘各学校。所以，求职时不要有盲目从众心理，如果只是听别人说这个岗位好，你就盲目签约，结果可能工作不久就想毁约，也可能在工作中无形的带来负面影响，从而使工作效率下降，严重的还会导致失业。

（5）留下适合自己的信息。

大学生用各种各样的收集方法，从各种各样的收集途径收集来的信息，当然不可能全部都留存，要经过筛选、比较，然后按照自己拟定的求职方向及计划，留下适合自己的信息。把这些信息分类整理，分门别类，理清应聘顺序和应聘重点，然后个个击破，相信会有一个理想的工作岗位在等待着你。

5. *求职信息的整理*

（1）建立求职者个人信息管理库（附样表）

姓名	文化程度	专业	个人获奖情况	所在地或网址	联系人	联系方式	备注

（2）建立用人单位信息管理库（附样表）

用人单位名称	所有制性质	所在地	经营状况	总体概括	经营范围	福利待遇	发展前景	招聘岗位	联系方式

（3）建立招聘会数据管理库（附样表）

举办时间	招聘会名称	主办单位	举办地点	联系人	联系方式	备注

7.4 求职材料的准备

求职材料，是指求职者为了获得所需职位或面试机会而制作的包括个人简历、自荐信（求职信）、成绩单、外语等级证书、技术等级证书和职业资格证书、各级荣誉证书在内的系列材料。一般求职材料包括：毕业生推荐表（学校准备）、学生学习成绩单（学校准备）、各种等级证书、获奖证书、参加社会实践或者实习的鉴定材料、发表的相关论文或有关的科研成果、自荐信及个人简历这几个方面。下面我们重点介绍个人简历和求职信的撰写方法。

1. 个人简历的撰写

（1）基本原则。

个人简历的撰写要遵循以下几个要点：个人简历的语言要做到精准到位，不冗长，不夸大其辞，最好使用第三人称，在字里行间透露出一份自信，让简历内容丰满些，切勿空洞。如果要想显示出自己的与众不同，最好列举一些事实来佐证自己的优势。好马配好鞍，简历内容的完美，也需要配上同等的道具：选择优质的白纸，字迹清晰的打印机，最好搭配粗体字，选择能吸眼球的文字版式，那这份个人简历就无敌的！

（2）写作格式。

有两种，一种是按时间顺序来写，列举自己学习、工作或者参加培训的经历。另一种是倒序法，把自己最近的工作经历写在最前面，让招聘方一目了然。这样的写作方法颇受人力资源管理者的青睐。

（3）写作技巧。

互联网日益发达的今天，招聘单位在接收投递简历的筛选过程中，通常会因为大量简历没法人工浏览，而选用一些技术性手段来进行筛选。而多数他们会将电脑搜索引擎以简历的第一页内容为基础，因此，大学生首先要把你的重要信息出现在简历的第一页。这样，其次把一些关键性的语句放在简历的顶部，基本以“技术方面能力——行为能力——相关个人能力”这样的顺序来排列比较合适。

当然，非常精确的工作经验描述也将得到招聘者的青睐。比如你从事的是秘书工作，你不要只是简单地说：“从事过秘书工作”这样过于简单含糊的表述。你应该表述为：“在某单位从事过秘书工作，熟练使用 Word、WPS 等办公软件，有一定的文字组织能力，主持过某某会议等”这样具体的表述更能让招聘者清晰地看到你的工作能力。

2. 自荐信的撰写

（1）基本原则。

自荐信在撰写时一般遵循五个原则，即雇主需要原则、目标需要原则、优点优势原则、职位挂钩原则、知己知彼原则。

（2）写作格式和方法。

① 标题。

标题是自荐信的眉目，居中写明“自荐信”。

② 称谓。

写给用人单位的人事部门或直接写给单位负责人，注意称谓要做到礼貌、得体。对用人单位明确的可直接写明单位名称，如“尊敬的××公司人事部”、“尊敬的××公司王经理”。在用人单位不确定的情况下，称谓可写“尊敬的公司人事部领导”、“尊敬的总经理先生”等。

③ 开头语。

先写问候语“您好”，表示礼貌、尊敬。然后用适当的话语介绍完消息来源，这样就能很

正常地过渡到后面的话题上来。如果没有介绍消息的来源，直接切入正题，会让招聘方感觉很突兀，不适应。

然后再写求职人的自我简介或用人信息的获得渠道。如“我叫×××，是××大学××系××专业的应届毕业生”。又如“近期从省人才市场获悉贵公司拟招聘××专业人才×名，这给我提供施展自己才华的机会”。开头语表述应简洁明确、干脆利落，不宜过多过长。

④ 正文。

这是自荐信的核心部分。

首先，求职自荐信是推销自己的，那么自己肯定要在自荐信中表明自己的求职意愿。

然后再详细介绍自己的专业优势，即学习的主要专业课程，参加的专业实践活动及在院各类专业竞赛中的获奖情况等，要充分展示自己在专业方面的突出成绩，使自己在众多应聘者中出类拔萃。

接着介绍自己的工作能力及爱好特长，包括自己在院期间担任学生会、班级的主要干部职务，在各类活动中的组织能力、人际交往能力、口才表达能力等。个人的兴趣、爱好及特长也是竞争的优势。

现在，都知道现在岗位竞争激烈，虽然某单位需要新人来补充他的用人不足。所以个人简历的介绍在这里也很重要，作为自己，你也需要这样的一项工作，但是，并不是这项工作就非你非属。因此，需要为用人单位介绍自己的简历，以期对方重视。

最后如果用人单位明确，可以谈谈对企业的认识、了解，表达迫切要求工作的愿望及录用后的打算。如“贵厂某行业内的领军企业，贵厂“用人以才，用人以专”的管理机制令我心动，希望我能成为这个优秀的团队里一分子，施展我的智慧与才华”。这部分撰写时，要力求简明，注意扬长避短，突出自己的优势与长处。

但再丰富的工作经验及成绩都代表过去，在新的单位，新的单位中有什么打算，躺在功劳部上的人注定没有更好的发展，更何况是刚进入社会的大学生。所以这里需要向用人单位表明心迹，在将来的岗位上，如何去努力，如何去取得成绩。这一定是招聘单位喜爱的内容。

⑤ 结尾。

无论是否能取得这个工作岗位，你向用人单位投递求职信的本身就是一种麻烦。为了显示出你的素质和能力，大学生应该向对方表明感谢。这时候，可以再次表达求职的愿望，希望获得机遇，起到吸引和打动对方的作用。如“希望给予面试的机会”、“热切地盼望着贵公司给予答复”等。也可写礼貌用语“此致”“敬礼”。

如果招聘方同意了你的求职要求，你必然要请对方和自己联系，以便自己及时做好准备，到用人单位应聘或报到。为准确起见，请求答复联系时你还应当提供你的通讯地址、邮政编码、电话号码、电子信箱等。

⑥ 署名、日期　署上求职者的姓名、日期。

自荐信是一种自我宣传的方式，是为了用人单位在简短的言语中了解全方面的自己，为了更好的与用人单位进行沟通，在自荐信务必要写清自己的名字、日期以及自己所求职的岗位，这样方便用人单位对信息进行筛选、归类，便捷地做出选择。

⑦ 附件。

这也是自荐信的重要组成部分，它是自荐信以外的其他材料。如学历证书、成绩单、获奖证书、技能证书、论文等复印件。如材料多，依次标上序号。这些材料是个人专业优势和能力特长的验证，对用人单位来说是反映个人才能、知识的重要证据。

（3）写作误区。

有不少一部分大学生因为担心自己给用人单位留下骄傲自满的不良印象，往往表现得过于谦虚，反而失去了自信。但也不要过于自信，在提到自己优点时应该有相应的事实支持。

其实，企业招聘时更看重员工的自信，因此，在求职信中最好不要涉及自己的弱点。

也有一部分大学生不了解工作经验是相对的，与求职岗位有关的工作经验才是用人单位所关心的。如果不管岗位是否合适，大学生只知道一味介绍工作经验，往往会适得其反。特别是那些曾频繁跳槽的求职者，工作经验介绍得越多，越容易给面试官留下不够踏实的坏印象。通常在介绍自己上一份工作时，最好在后面注上一个比较容易被人接受和理解的离职原因。

对于用人单位而言，比较反感大学生在自荐信中写一些比较主观的语言，诸如：“我认为”，“我感觉”，“我觉得”这样的语言是他们最不喜欢的，容易给他们留下自满或自负的印象。

当然恰当的用词是必须的。有一个学生在求职信中这样写道“相信我的到来一定会令贵公司蓬荜生辉，大喜过望。”这样过头的话肯定会引起用人单位的反感，令自己丧失先机。

汉语言文学系毕业的小张，在大学里担任文学社的副社长，曾在几家出版单位担任不同的职位，但现任工作压力比较大，所以他很想换一份工作。一次听同学说北京一家报社需要一名游记专栏的编辑，听着这话，小张赶紧写了一封自荐信，内容如下：

应聘　　自荐信

尊敬的先生/小姐：

您好！

今日阅读报纸，获悉贵公司征求游记编辑人员。我自信符合应聘要求，特拟此自荐信应聘游记编辑工作。

本人叫张小涛，今年25岁，我毕业于××大学汉语言文学系，具有编辑校对经验，并熟悉编辑流程。个人简历如下：

2010年7月～2010年12月，我在销售量达三万份的《C报》，主要工作：采访、撰写稿件。

2011年1月～2011年8月，在×××出版社担任编辑工作，主要工作：负责组稿、编辑等工作项目。

2011年8月至今，在《YY杂志》广告部担任区域经理，主要工作：负责西南区的广告业务。

因对目前的工作感觉业绩压力过大，而且需要经常出差，故希望谋求一份较稳定的工作。当然，过去的经验不能说明一切问题。但是我认为自己至少从未离开过本行业，这也算是我的一个优势。如果贵社能录用我，相信在贵社的平台下，我一定会让贵社再上一台阶。

敬请函告或电话约见，谨候回音。

此致，

敬礼！

应聘者：张小涛

2012.×.×

附：简历表1份

成绩单1份

联系地址：××路×号

电话：×××××××

以上求职信有多处瑕疵。

① 太过自信，用词欠妥。求职信开篇就谈自己有自信绝对胜任工作，虽然展示了自信，但没有什么事实依据，显得有点过。在文末，“相信在贵社的平台下，我一定会让贵社再上一台阶”，小张使用了很主观的词汇，表面上是自信的展现，事实上从他提供的工作经验来说，没有任何强有力的事实依据能说明他能够胜任这份工作。

② 暴露弱点。从以往工作经验来看，小张2年之内换了3个单位，跳槽过于频繁了，这就说明小张是一个很不稳定的员工。再者，他最后一份工作的离职原因是“对目前的工作感觉业绩压力过大，而且需要经常出差”，一来会让人感觉他是个不愿意挑战自我的人，二来报

社招聘的岗位是“游记专栏的编辑”，这个岗位也是需要经常出差的，显然这个岗位也对小张不合适吧。

3. 其他获奖证书的准备

这一方面的资料和复印件，大学生要理清顺序，按重要的、重点的标上序号，并且最好附有清单，这样可以让用人单位一目了然。

7.5 求职计划

对于很多毕业生而言，说是就业困难，不如说是就业迷茫，不知道自己到底应该从事什么样的工作。有的同学在刚上大学时，都抱着“大一大二先放松，大三大四再努力”的想法，殊不知，这种对自己未来缺乏科学规划的行为，在面对日后的就业压力时就会感到手足无措。

1. 正确进行自我职业规划

首先最主要的就是树立正确的职业理想，根据职业目标规划自己日后的学习和实践内容。其次，能客观地进行自我解剖和职业解剖，对自己的特长、性格、兴趣进行一个全方位的分析，正确认识自己有优势和劣势。再次，根据职业和社会发展的需要，正确构建合理的知识结构。最后，培养职业需要的实践技能，才能在未来的职业生涯中立于不败之地。

2. 培养适应社会的能力

优胜劣败，适者生存是大自然生存的法则。毕业生能积极主动的适应社会和环境，而不是消极等待和却步。在不影响专业知识学习的基础上，能大胆地走向社会，融入社会，才能在正式工作前缩短自己的适应期，在以后的职业生涯中以最短的时间进入角色。

3. 保持择业的正确心态

能够积极主动寻求就业，而不是被动等待。大学生需要破除传统的就业观念，实现就业多元化。例如，很多大学生将“铁饭碗”——公务员作为首要选择，也有很多大学生倾向世界500强企业的高薪待遇。能正确地认识自己，不盲目攀比，不好高骛远，认清自己所处的位置，树立“人职匹配”的大众化就业观，保持平常心，才可能实现阳光就业。

【例文】

求职计划书

一、目前的求职计划

1. 通过××网站先向××公司发布自己的简历及自荐信。

2. 注明自己是××专业，以及自己应聘岗位及薪资期望。

3. 通过该公司的联系电话了解该公司用人条件的具体情况，咨询是否有可能被录用。

4. 加强自己的语言沟通能力以及口语表达能力，锻炼自己的求职技巧，强化求职心理素质，相信自己定会取得成功。

二、近期的求职计划（1～2年）

1. 树立正确的就业观，先就业后择业，不好高骛远，脚踏实地。

2. 通过网络、媒体等各种信息传播途径收集就业信息，加大简历的投递量。

3. 通过学校的双选会，尽量寻找一份和本专业有关的工作，才能为自己的未来作长远打算。

三、长期的求职计划（3～5年）

1. 继续通过各种渠道寻找合适的工作，要注意锻炼身体和意志，经得起磨难。

2. 巩固专业知识，拓宽知识结构，让知识改变命运。并且多学习其他方面的知识，不在一棵树上吊死。

3. 扩大自己的人际交往，实际经验看来，人际交往宽的人机遇也多。

4. 树立长期目标，从实际出发，有志者事竟成。

【例文】

自荐信

尊敬的领导：

您好!

非常感谢您在百忙之中惠读我的自荐材料。

我的名字叫 YJW，来自河南开封。在大学三年里，我努力培养自己的兴趣爱好，从而使自己变得更加成熟。在学校期间，交了很多朋友，从交这些朋友中我懂得沟通与倾听的魅力，也让自己了解了很多以前不知道的东西，有时候难免会斗嘴生气，就像客户与销售人员，只有认真对待才能成为朋友，才能建立良好的关系。

在校期间我也经常阅读课外书物，以增长知识，还学到了很多做人的道理，只有诚实努力才能成功。也阅读了很多关于销售的书籍，积累了一些知识，只是还没有验证的机会，希望领导给我一个展示自己的舞台。

三载匆匆，现在的我深深懂得：昨天的成绩已成为历史，未来的辉煌要用今天脚踏实地、坚持不懈地努力去实现。在我离校的时候，我携带着学到的知识和年轻人满腔的热情与梦想，真诚而又衷心地向贵单位自荐。

尽管在众多的应聘者中，我不一定是最优秀的，但我仍很自信，我相信我有能力在贵院干得出色。给我一次机会，我会尽职尽责，让您满意。在此，我期待您的慧眼垂青，静候佳音。相信您的信任与我的实力将为我们带来共同得成功!

我非常喜欢汽车销售这个工作，我会用我全部的知识和热情来完成这个工作。

尊敬的领导，希望您能给我一个机会来像您展示我的能力。在此衷心的希望贵公司业绩不断创新高。在一次感谢领导抽时间阅读我的自荐材料。

此致

敬礼!

自荐人：YJW

一封完整的自荐信，不但要有称谓，最后落款时，也要注明时间，姓名。用人单位很有可能因为一个小的细节，决定你工作的去留。自荐信中务必要写清自己所在院校，给用人单位一个大概的认识。

案例点评

大学生求职计划书　范文一

【姓名】张华

【大学及主修专业】东北某职业技术学院市场营销专业

【求职目标用人单位】华北某汾酒有限责任公司

【求职目标岗位】促销策划

【对目标单位的了解情况】　华北某村汾酒集团有限责任公司为国有独资公司，以生产经营 中国

名酒——汾酒、竹叶青酒为主营业务，年产名优白酒5万吨，是全国最大的名优白酒生产基地之一。

2011年年末资产总额66.44亿元. 集团公司下设22个子、分公司，员工8000人，占地面积230万平方米，建筑面积76万平方米。核心企业汾酒厂股份有限公司为公司最大子公司，1993年在上海证券交易所挂牌上市，为中国白酒第一股，山西第一股。公司拥有"杏花村"、"竹叶青"两个中国驰名商标，据2006年《中国500最具价值品牌排行榜》公布，"杏花村"品牌价值已达47.76亿元。公司主导产品有汾酒、竹叶青酒、玫瑰汾酒、白玉汾酒、葡萄酒、啤酒六大系列。汾酒是我国清香型白酒的典型代表，素以入口绵、落口甜、饮后余香、回味悠长而著称，在国内外享有较高的知名度、美誉度和忠诚度。主要品种有国藏汾酒、青花瓷汾酒、老白汾酒等。竹叶青酒是国家卫生部认定的唯一中国保健名酒。汾酒文化源远流长，是晋商文化的重要一支，与黄河文化一脉相承。汾酒历史上有过四次成名。早在1500年前的南北朝时期，汾酒就作为宫廷御酒受到北齐武成帝的推崇而一举成名，并被载入廿四史；晚唐大诗人杜牧的千古绝唱"借问酒家何处有？牧童遥指杏花村"使汾酒再度成名；1915年，汾酒在巴拿马万国博览会上一举荣获甲等金质大奖章，成为酒品至尊；2007年，汾酒继续蝉联国家名酒荣誉。

【求职岗位描述】根据公司的业务战略制定具体的战略实施计划、业务推广计划，具体内容包括指导和监督市场调研和评论，创建相应的销售工具，促进业务收入的增长，以及与相关社会公共部门建立联系，寻求可能的商业发展。

【自我分析】

（一）优势分析

①乐于收集大量资讯，善于分门别类管理，以得到符合逻辑的结论；②学习能力强，特别对于深奥的观念和学问，有融会贯通的能力；③善于学习理解；④可以独立处理很多问题，做事井井有条，表达能力强，在自己的专业内，乐于提供咨询，答疑解惑；⑤有创造力，能提出独到而有价值的新观念；⑥有比较广的人脉，英语成绩较优异，能用流利的英语交流。

（二）劣势分析

不是很擅长与下属沟通，没有较高的管理能力。

（三）改进方法

有时间会主动参加相关的培训，学习相关书籍，提高自己的管理能力及沟通能力。

【求职策略】

（一）所需准备的材料列表

①《大学毕业证书》

②《大学英语A级等级证书》《大学英语四级等级证书》《大学英语六级等级证书》

③《高级营销师证书》

④个人简历

⑤求职申请书

（二）预见性问题：分析和解决方案

① 问题：大学专科学历可能会成为求职的瓶颈。

解决方案：学历只是敲门砖，不能说明一切。销售行业更看重的应该是各方面的能力，比如交际能力、应变能力，我想这些能力不是只有高学历人材才具备的；相反，有许多干得非常出色的人，很可能没有学历，但同样可以干的很好，同样可以担任公司经理，一点也不逊色于高学历者的。再有，正因为自己专科学历，所以自己在大学期间更注重自己的这些能力，希望能在其他方面突出。例如，在假期打工期间，自己寻找有关销售的工作，而且注重学习这方面的经验，重在提高自己的交际能力和应变能力。所以，我想学历不应该是求职的障碍。

② 问题：对公司产品不是很了解，面试官可能以此为难。

解决方案：自己毕竟大学主修的不是酒饮料，所以对酒不熟也是情理之中的事。但既然选择了贵

公司，自己会在以后的工作生活当中注意学习公司的相关知识，也会向公司其他人请教。相信很快会对公司产品熟悉不少。所以，这个可以放心，同样其他的事，如果工作需要，自己会很乐意学习的。

【点评】

（1）主次不清，思想不明。

一份上乘的求职计划书，定是突出思路，目标明确。它能为求职者指明求职思路的照明灯。再看上面这份计划书，内容错综复杂，恨不得将自己所知道的一次性全倒出来，像这种“倾诉式”的计划书只能将求职者引向求职的误区。

（2）自我认识过于乐观。

求职计划书里的自我优势与劣势分析中，求职者列举了大量的自己的优点，而缺点几乎是一笔带过，不够全面，计划书过于高估自己，容易让求职者在未来求职过程中出糗。

（3）对自我要求过低。

计划书最好提到了“对公司产品知之不多，希望通过工作的学习来提高”，很显然是一种惰性思维。若是对产品了解不够，可以通过查找资料来丰富自己的知识，并不是一味的等着将来上岗才开始学习。假如在这种思想支配下去求职，如何突出你的学习和提高能力。

大学生求职计划书　范文二

光阴似箭，转眼间大学生活即将结束了，由于国内的就业趋势比较严峻，职业重要，选择固然也很重要，所以选择职业对于即将毕业的学生来讲具有举足轻重的影响。因此要依据自的性格，选择适合自己的职业，去锻炼自己，发展自己。

一、自我评价

性格：比较内向，执着，谨慎

兴趣：听音乐，看书，逛街

技能：取得计算机一级证书，会计从业资格证书

学历目标：取得中级会计师，注册会计师资格

二、会计专业就业方向及形式分析

在我国现阶段，全国数百所高校中几乎每个学校都设有财经专业，尤其是会计专业。每年都有成千上万的会计专业的应届毕业生涌上人才市场，虽说会计师热门职业，在这种现状下普通和初级财务人员明显供过于求，但高端财务人才却千金难觅。作为专业技术性很强和个人素质要求相对较高，且是企事业单位最重要经济信息系统和控制系统的财务会计工作，越来越多的企业开始对其从业人员有了新的期望和要求。目前，具有几年会计工作实践经验，并且取得会计职称如注册会计师、ACCA、AIA等的中高级会计人才才是市场上的抢手货。那么，预测和现实为什么会有如此大的反差？

首先不少企业不愿意接收应届毕业生，这一点在财会类专业的招聘中更为明显，很多单位的招聘底线都是初级会计师，就算用人单位用了你，也需要进一步学习，接受企业观察，并不能一开始就成为一名会计师，很多人都是从最初的出纳做起，起点低，工资也很低。其次，就业难是大学扩招的必然的结果，据有关调查显示，像计算机、文秘、财会类等专业都是供需两旺专业，即便如此，在人才市场依然是供过于求，所以，除个别专业外，就业难现在是绝大多数毕业生的共同问题，而并非是某个专业独有。最后，中国的财务部门在企业中的地位并不是很高，除了一些大型企业有完备的财务机构以外，一些小规模企业的财务部门只需一两个出纳、会计，甚至一些小公司没有专职的财会人员，出现一种行政人员兼财会人员的现象。这主要是因为很多企业并没有意识到财会部门在公司运作方面的重要性，认为财务人员只是收钱，管钱而已。观念落后也给财务毕业生的就业带来一定的影响。

在这样环境中如何让自己脱颖而出？

现在很多大学生待在家里，不是找不到工作，而是找不到自己认为合适的工作。像很多财会专业大学生都想毕业后在高薪领域内从事财务工作，让他们去做一个小小的出纳，他们会觉得有点屈才，

而且薪水太低等。我们要根据自身的情况，把握时机，适当地变换自己的工作环境，找到一份适合自己的工作，与此同时，在变动后要尽快适应工作。在接触更多的环境时不断的提高自己的神会实践能力，真正地做到学以致用。

另外，我们还要严格要求自己。①要想在职场上获得好的前程，考取各种财会资格证书是十分必要的。对于在校大学生，根据自己实际情况和职业目标，考取各种财会资格证书无疑在就业中会增加一些成功的筹码，比如初级会计师资格证和注册为会计师资格证。当然并不是有了这些证书就高枕无忧了，如果你的工作能力无法达到要求，还是一样会被辞退。②拓展自己的专业视野，在精通本专业的同时，多涉猎一些和财会工作有关的知识，不仅能让你在以后的工作中如鱼得水，更能在应聘时让招聘单位对你刮目相看。③学习能力和适应能力：财会专业是一门实践很强的专业，对财务人员的实际操作能力要求很严格，而在学校学得大多是理论知识，所以要把所学的知识和实践相结合，让所学的知识真正发挥用处。

三、求职计划

未来我们的工作就是跟数字、钱打交道，工作环境当然不是最好的，但我很喜欢这个专业，在工作中充分发挥自己的优势和才能，定期参加技能培训，避免知识的老化和落后。

大学毕业生职业生涯规划的侧重点在职业准备、职业选择、职业适应三个阶段。大学生应该对职业进行物质、心理、知识、技能等各方面充分的准备。对即将踏入的职业活动要有一定的合理的心理预期，尽快适应工作方式、时间、同事以及上下级关系，迅速成为一个成功的职业者。

四、结语

我是一名即将出去实习的会计与审计专业的学生，在大学生活结束之前，我制定了职业计划，可以说是经过深思熟虑所作出的选择。成功的路并不平坦，我只有勇敢的向前走，我相信在经历了挫折、失败、困难之后，未来终究会掌握在我的手中，我要在自己的生活中谱写一曲激昂澎湃、振奋人心的歌曲，去迎接属于我未来。

【点评】

（1）华而不实。

整个求职书看上去没什么大问题，但是总体看下来，给人一种华而不实的感觉。这是写求职书的大忌。空话，套话一大堆，根本没明确自己的求职目标，求职计划书不是演讲稿。

（2）忽略细节。

计划书看似全面，百密一疏是忽略了细节问题。你的理想工资是多少？工资问题最好提前考虑，更不可持有“工资多少都行”的想法。理想工资也是招聘单位对应聘者能力的一种判断依据。假如应聘者不考虑工资问题，很容易遭致招聘单位对应聘者工作能力得怀疑。

素质拓展

求职模拟训练：

步骤一：班级学生分组，以4~6人为一小组。

步骤二：小组成员分为3种角色，2人做面试官，一人充当面试者，剩下小组成员作为评委。

步骤三：2名面试官可根据具体情况，向面试者提问各种求职相关问题。而求职者需快速自然应答面试官的提问，小组成员对于面试者的每一个回答进行打分。

步骤四：按照以上方法，小组成员之间可轮流调换自己的角色。

步骤五：最后组长将每名小组成员的得分情况进行统计。评比出小组中最出色的求职者。

训练目的：锻炼学生的临场发挥能力，对求职艺术加深各自的印象。

第8章

应聘实务

大学毕业生应该如何选择就业岗位？怎么样和招聘方进行就业洽谈？以及在招聘中有什么样的技巧？应聘时应该掌握哪些求职礼仪？这些都是大学毕业生需要注意并加强的地方。下面就应聘时，需要注意的一些问题做一番介绍。

8.1 就业洽谈及注意事项

1. 在就业洽谈前要准备好自荐材料

大学生就业压力大，就业竞争日趋严重是个不争的事实。因此在就业洽谈时，首先要准备好自己的个人资料，因为在和单位进行招聘洽谈前，用人单位首先要看一下应聘者的自荐材料，然后进行筛选。因此，大学生在准备材料时，一定要多准备几份，以便给多个招聘单位，进行多向选择。而大学生在准备自荐材料时，一定既要简明扼要，重点突出。同时又要在内容上扬长避短，能令招聘者耳目一新，达到事半功倍的效果。

【案例】

华玲玲在某学院主修的英语，选修法语，精致的东方面孔，加上一口流利的法语，令不少中外才俊所动颜。但是，华玲玲是个有思想的女孩子，她希望通过自己的努力为自己创造美好生活，因此，她放弃了一些推荐机会，自己参加洽谈会自主择业。她看上了一家外商（法）独资企业，该企业在全球150多个国家有连锁店。她在网上向该企业的网上招聘投递过简历，收到通知后前去面试。

谁知面试那天，人山人海，华玲玲没想到这家公司把网上招聘与现实招聘的放在同一天面试，导致她提前精心设计的一些小细节也不能发挥。同时，因为以为自己已经投递过简历，今天的面试她并没有再准备一份简历和自荐书。当主考官问及她的简历时，她只得尴尬的说在网上投过简历。主考官眼里闪过一丝不悦，试想这样一个全球知名企业，应聘的人员不在少数，如果在邮件堆里找到她的简历，犹如大海捞针。结果不难猜测，华玲玲没有进入试用的环境，说白了，主考官根本没有再给她机会。

华玲玲条件这么好，最后却没有得到主考官的青睐，这是非常可惜的。如果她准备了简历和自荐材料，那么最后的结果或许完全不同。在此要提醒广大毕业生，即使做过网上申请，在就业洽谈前，也一定要准备好这些材料，以备不时之需。

2. 在就业洽谈前要了解有关信息

大学生在进行就业洽谈前首先要了解国家和学院有关毕业生就业的政策和规定。国家有关大学生就业政策有着指导性的意义，对不同类型的学院及专业的毕业生，就业范围是不相同的，因此，大学生要了解当前相关国家政策及规定，充分利用好国家和地方的有利政策。

其次是要了解现今就业市场的供需形势，尤其要了解自己所学专业的就业形势，以及用人单位对本专业毕业生的基本要求。

具体在应聘的过程中，大学生要了解参加洽谈会单位的情况，做到知己知彼，为自己争取主动。了解内容主要包括：①自己所学专业有哪些单位需要？有哪些具体要求？②用人单位的经济效益、工资待遇、员工福利以及招聘岗位有哪些？③用人单位在洽谈会上的摊位位置及招聘人的情况。

【案例】

张婷是机械专业的毕业生，外形条件非常好，同时也多才多艺。别人都跟她讲，不去当模特，不去当明星，真是可惜了。于是她自己也对此呜呜得意。毕业后，她到处在找工作，虽然也有不少单位表示可以录用她，可她对待遇都不是很满意。大学时，她就做过兼职淘宝模特，收入还不错，而且工作无非就是拍拍照，也很轻松。仔细考虑了一下，她决定向这一行发展，目标是最后能进军娱乐圈。于是就在网上给一些广告模特经纪公司投递简历。因为她拍的一些艺术照很靓丽，很快就有很多广告模特经纪公司给她发来面试邀请。她很激动，就仔细装扮了一下，带着资料去了。但到了面试时，她才发现完全不是自己所想的那么一回事，当模特是需要模特卡的，这是做这一行的通行证，当对方向她要模特卡时，她只能说没有这个。而对方这时候就很好奇，难道她不知道这行需要这些东西吗？此外，做这个不是谁都可以，样貌好、身材好的非常多，做这行还很辛苦。虽然可以接到酬劳不错的单子，但不是每个月都一定能够接到单子的。这一行不仅是吃青春饭，还需要有人提携才行。张婷在经过多次碰壁之后，无奈只好放弃了。而与此同时，她的一位当时跟她一起做淘宝模特的朋友，走了另一条发展道路，选择继续做淘宝模特，后来还开了家淘宝模特经纪公司，随着近年来淘宝电子商务的红火，生意越做越大。

张婷想当然地以为自己样貌好身材好就一定会成为一名出色的模特并顺利进入娱乐圈，把目标定得过高，可是并没有去充分地了解足够多的行业信息而作出了错误的定位。而她那位朋友，由于把目标定位在自己熟悉的淘宝模特上发展，从而取得了巨大的成功。

3. 在就业洽谈时要积极主动的推销自己

（1）要积极主动。

大学生在就业洽谈时，一定要有自信，主动争取表现自我的机会。不要被动地等待招聘方的问询，要主动介绍自己，同时询问对方一些情况，这样会给招聘方一种胸有成竹，求职心诚的感觉。

【案例】

李彬是某学院行政管理专业的学生，该专业在近年来在就业上比较不顺利。因为有许多其他专业的毕业生与他们竞争同样的岗位，且因为其他专业的学生如果特别优秀，就会比他们还多了一个其他专业的优势，如英语等。李彬在参加洽谈会前为自己做了充分的准备。他首先了解到深圳某一大型合资企业将在此次洽谈会上招聘5名行政管理人员。他是一名本科生，和他竞争这个岗位的不乏研究生，甚至博士生，学历上他不占优势。他在招聘会刚一开始便来到该单位的招聘摊位前，发现该公司仅有两名工作人员，而准备报名的同学却非常多，一会儿就把这个摊位围起来了，这两名工作人员显得有点忙不过来。于是，李彬挤过去帮助他们维持秩序，同时询问他们应该让同学们填什么表格，交什么材料。于是，李彬很快成了该单位负责招聘的工作人员的下手，一直帮忙到下午三点多，摊位前的应聘者才逐渐散去，此时，那两名工作人员和李彬打招呼，感谢他的热心帮忙，李彬趁机表达自己也想应聘该公司的职位，同时递上自己的自荐材料。可想而知最终的结果是李彬顺利地成为这两名工作人员的同事。

李彬虽然有投机的成分，但他超强的观察力以及成熟的处世能力，充分说明他将会是一名合适的管理者。既然机会对每一名应聘者来说都一样的，为什么不优先把机会给更有把握的人呢？李彬正是因为积极主动地把握住了这次机会，才最后得到了这份工作。

（2）要实事求是。

大学生在向招聘方自荐时，一定要实事求是，不要夸大其辞，或者随便吹嘘自己的工作经历。但也不要谦虚过度，反而埋没了自己，如果你自己都说自己不行，那么怎么让别人相信你能胜任工作呢？实际上，在就业洽谈时，实事求是地讲述自己的优点和特长，并且拿出相关的证书来证明自己，会给自己的应聘加分。

【案例】

李明伟来到大学之后就松懈了，天天忙着社交和网络游戏，成绩几乎垫底。不过他一点都没有在意。但毕业之后开始找工作，他不得不紧张起来了。可是他的成绩差，而且自己连英语四级也没有过，要找到一份好工作，是非常困难的。不过他这时候却动起了鬼点子，他先是在自己的简历上大吹特吹，说自己成绩优秀，并且担任校学生会主席，能力过硬。然后又伪造了成绩单，还有英语六级证书。他在网上投简历后，顺利地接到了面试通知。为此他自信满满的，觉得自己随便蒙几下就能够过关。而事实上完全没有这么简单，面试官见到他之后，甚至都没有用中文，直接跟他用英文交流，这下他才慌了，虽然能简单地听懂几个单词，但对方说的是什么意思，他完全不理解。他不停地请求对方重复，然后道歉，后来面试官发觉了这个问题，拿着他的简历跟他说：“你成绩非常好，英语也过6级了，为什么你好像听不懂我说的东西，你的这些信息都是真实的吗？李明伟这时支支吾吾，答不上来了。然后面试官没有拆穿他，只是委婉地告诉他，非常感谢他能前来面试，如果公司有意向将会给他发邮件通知他，如果没有意向，也不会单独告知。自然，李明伟是不可能接到任何回复的。

用人单位其实最反感的就是大学生弄虚作假，即便能力有限，成绩不突出，也没有光彩照人的奖项。但能只要是个实事求是的应聘者，只要经过专业培训，都是可造之材。这还没有进公司，就欺上瞒下，耍鬼心眼，这样怎么可能给用人单位留下好印象。

（3）要谈吐得体。

在就业洽谈时，掌握好说话语速、轻重，会给对方留下比较好的印象。而且，有的同学初次参加洽谈会，因为紧张会语速过快，或者不知道自己要说什么，尽管之前准备了不少，但到现场却脑子里一片空白，该回避的说得太多，该详说的又一带而过，造成用人单位的误解，甚至可能会错失良机。在就业洽谈会上，所说的话要准确、正确表达自己的思想，会给人成熟、稳重、大方、值得依赖的印象。

【案例】

蒋芳是英语专业的毕业生，因为期待一份稳定的工作和一份长假期，她选择了一家初级中学的英语教师岗位。教师证她在毕业前已经拿到手。在应聘时，当用人单位问及她理想中的岗位是什么，她原本想表达她虽然羡慕同声翻译的潇洒自如，但更喜欢做教师传道授业的幸福。可是因为一时的紧张，却表达成羡慕并期待成为同声翻译，让用人单位误以为她会不安于岗，只是寻求一个暂时的就业岗位，不是自己学校想要培养的长期人才。因此，她落选了。

因为目前大学生就业形势日趋严峻，而一部分大学生偏离专业而勉强就业的事情时有发生，他们往往只是为了找到一个工作而仓促就业，这样既会造成高层次人才的浪费，也会造成用人单位人员流动性大的缺点，不利于用人单位的长期发展。因此，用人单位大多不愿招聘勉强工作的毕业生。这样看来，蒋芳的落选实属再正常不过的事了。

（4）要分清主次。

参加一次洽谈会，可能会发现同时有几个自己中意的单位，因此，大学生可以根据其工

资待遇、员工福利、工作环境等分主次，选择自己最感兴趣的单位开始洽谈，在时间允许的情况下，再和其他单位洽谈，避免因小失大。

【案例】

张岭和寝室的其余 5 个人第二天就要参加就业洽谈会了，寝室长姚谦建议大家不要采取广撒网策略，要观察用人单位薪资待遇、工作环境和岗位要求，分清楚主次，再去投递简历。但张岭却不以为然，他认为，能抢到手才是最重要的，如果慢慢选，不果断下手，那么好职位就都被人抢跑了，自己根本没有机会。而第二天他果然不分主次地采取了广撒网的策略，一家挨一家的去面试，只要大体情况符合，他就坐下来跟别人谈。其中有一个用人单位，工作岗位和待遇都不怎么样，怎么也招不到人，而且张岭坐下来跟他们聊了很久，他们以为张岭对他们的职位非常感兴趣，后来一报岗位要求和待遇，张岭就很犹豫了，但这已经花掉他大半天的面试时间。在这个过程中，宿舍兄弟给他打电话他也不理也不接。结果最后他刚看到一个非常满意的单位时，人家已经招满人了，而且其中有两个职位正是被同寝室的兄弟拿到的。兄弟们跟他说，本来职位还没有招满，但给你打电话，你也始终不接。张岭这才后悔莫及。

张岭不分主次，最后错失了绝佳的面试机会，这是非常可惜的。广撒网的策略本身没有什么问题，但对象不一样，策略也要有所改变，乱使用广撒网策略是不合适的。像张岭这样，没有把对方情况搞清楚，就跟对方大谈特谈，而在了解清楚具体情况之后才开始犹豫，这就浪费了不少时间。所以大学生在参加就业洽谈会时，一定要分清主次，看准适合自己的单位之后才能果断下手。

4. 要慎重及时地签约

在就业洽谈会上，由于时间紧迫，再加上人数众多，有的同学们如果准备不充分，再加上缺乏了解、主观臆断，会造成匆忙签约，签完约后发现不如意很快又反悔的现象。所以，奉劝大学生要慎重对待签约，不要慌张，以免追悔莫及。

当然，大学生就业的期望值不要过高，要切合实际，选择自己适合的工作。一旦有机会，要紧紧抓住，不要东挑西捡，错失良机。遇到自己满意的工作岗位，更要抓住机会，及时签约。

一旦签约之后，就应停止与其他单位的洽谈，不要这山望着那山高，鱼与熊掌不可兼得，要学会放弃。

【案例】

卢延西主修日语，选修了英语和俄语。这三种语言，他都拿到相应的考级证书。毋庸置疑，像他这样的毕业生算是较为优秀的。可是在就业洽谈会上，令卢延西举棋不定的有两个单位，一个是某生物工程公司需要一名精通多国语言的翻译，另一个是某石油公司驻海外办事处需要一名工作人员。前者在国内，只是待遇没有后者好。后者需要长年驻海外，虽然薪金待遇不低。当两家同时愿意接受他时，他陷入了两难之中，不知道做何选择。他询问了父母和老师，还有要好的同学，意见分成两派，支持两家的都有。他自己失去了主张，最后为了避免自己后悔当初的决定，他同时放弃了两家实力雄厚的公司，决定多做了解。而在后来没多久的一次就业洽谈会上，一家语言培训机构对卢延西各方面的能力和素养表现出极大的关注，并通过优厚的薪酬以及待遇希望能够挽留他。这一次卢延西在慎重地了解了对方的状况后，再也没有迟疑，果断下手同用人单位签了合约。就这样，他得到了一个比之前更好的职位，而全家人都为他感到高兴。

从结果来看，卢延西在无法权衡利弊的情况下，放弃了最初那两家用人单位，这在很多人看来是错过了很好的机会，很可惜。但是在卢延西看来，与其将来自己后悔毁约，还不如慎重考虑，机会还会再有。在接下来的一次机会中，卢延西对应聘的公司进行了充分的了解，

并结合自身情况后果断地作出了选择，这次他是真的没有错过。

5. 投简历时需要“广种薄收”

这里的“广种薄收”意思就是广泛地撒简历，但这只限于必要的时候。比如自己的条件在竞争者之中并不是非常的抢眼，能力也并不是非常突出，这就需要广泛地去投简历，增加面试机会和就业机会。

【案例】

钱慧不是什么名牌大学的毕业生，而且她成绩也很一般，不过她没有给自己定很高的要求，他也没要求自己的第一份工作就进入什么名企。再说，就业形势也不是很乐观，她觉得自己只要能得到一个机会就好，在平凡的岗位上锻炼一下也不错。所以，她认真地制作了一份简历，也做好了比较充分的准备，之后就在招聘网站上，把简历大范围地撒出去，只要职位和薪酬差不多，就在她的投递范围之内。每天她都坚持投递十几个，常常要投二三十份才会有一次面试机会，虽然面试的结果大多不如人意，但是比起同班同学，她已经有不少面试的机会了，面试次数多了，应聘经验也越来越丰富。大概过了两个月左右，她终于找到了一家比较满意的单位，并且顺利通过面试，签订了劳动协议。这时候，她的很多同学还没有找到合适的工作，所以她觉得她采取的策略还是很有效的。

钱慧虽然没有什么专长，但是她在投简历上所采取“广种薄收”策略是正确的，最终帮助她找到了一份满意工作，相信如果她不是采取这种策略，恐怕也会跟这个机会失之交臂。但这种策略并不是适合所有人，并且在采取这种策略时，也要对面试单位进行充分了解，这样才会收到事半功倍。

8.2 笔试与应对技巧

1. 笔试的种类

笔试是目前用人单位的常用考核办法，目的在于考核应聘者的专业知识水平、文字组织能力以及综合思考能力。常用于一些对专业技术要求较强或者知识面很广的部门或岗位的人员考核。笔试又分专业考试、心理测试、技能测验、命题作文、综合能力测试及国家公务员考试六个类型。

2. 笔试前的准备工作

在笔试前，大学生要针对考试类型做一定的复习，同时要放松心态，正确面对。既不要像如临大敌一样的紧张，也不可全无所谓不作准备，这两种心态都容易导致试时发挥失常。当然，笔试主要需要平时认真学习，扩大知识面，才不会临时抱佛脚。

【案例】

某化妆品公司招聘营销策划人员，广告策划专业毕业的小陈志在必得，专业对口，而且有一定的大公司实习经验，并且在实习时成功推出过某款睫毛膏的广告。深信，只要进入面试环节，他的思路一定能得到该公司的认可。但是，该公司的招聘要经过三关，其中笔试必不可少。要想进入面试，笔试必须取得好成绩。为此，他研究了该公司的相关产品，了解哪些产品占据市场优势，哪些产品需要加强广告效果。并且在临睡前，他躺在床上听了一些著名营销案例。第二天早晨他参加笔试时，胸有成竹，当看到命题写作是一项如何策划该公司一新款面霜的作文时，心里长舒了一口气，刚好头天晚上他听的有个案例可以借鉴使用。他这一仗打得相当出色，一气呵成，取得了笔试第一名，接下来就不用说了。

不打无准备之仗这不仅是说行军，做其他事也可借鉴。一些大学生总认为笔试是检验专业知识的，事到临头，再补是没什么用的，还不如听知任之。其实，人的记忆是有时间性的，虽然有的知识强记只能记很短的时间，过后如不加强记忆便会忘却。但是，临时的强记在短暂的一两天内，会特别深刻。因此，在考试前进行适当的复习和强记，会有锦上添花的功效。

3. 笔试的应对技巧

（1）考前准备。

笔试题目的类型，一般分为技术类笔试和非技术类笔试。技术类笔试，一般是考察专业知识的考题。而非技术类笔试，主要是考察大学生的逻辑分析能力，语言能力。

在面对技术类笔试，复习专业知识时，也不必采取地毯式的复习策略。笔试一般都有大体考试范围。因此，大学生只需要围绕考试范围翻阅一些图书资料，并且巩固所学过的课程内容温故知新，做到心中有数即可。而非技术类笔试，则需要大学生注意平时生活的积累，历史人文知识以及一些时政新闻，大学生还要去相关网站，搜集此类问题，做一些相关方面的汇总，这样都能提升成绩。

一些应聘企业的笔试，题目往往在一定程度上会和往年有一些联系或类似，这就需要大学生主动去收集应聘企业往年笔试题目，而网络信息搜索，师兄师姐的成功经验，亲朋好友的渠道都是大学生非常好的选择。这虽说有投机取巧之嫌，但从另一个方面考虑，它也能从一定程度上体现你对目标企业是否感兴趣，有多大的兴趣。而用人单位也希望你能够了解它，重视它，这都是互相的。

丰富的知识还要灵活运用。站在对方的角度去思考，一直是成功的不二法宝。有的学校一直重视培养学生的主人翁意识，比如开展一些“今天我是老师”、“今天我是主审官”、“如果我是病人”这样的活动，进行换位思考，大大增强学生的实践能力。大学生在参加笔试时，不妨试试自己给自己出题，或许你也会押中命题。

还有一点，就是大学生应该做好应试的基本准备工作，如学习用具、必备证件等。这些都是细枝末节但又非常重要的。

（2）增强信心。

笔试怯场大多缘于缺乏自信心。大学生初入社会，对职位的渴求心理，都容易导致笔试失常。因此，在考前要克服自己的自卑和怯懦心理，把笔试当成一次平常的小测验，在考前要有充足的睡眠，适当听一些歌曲或者进行少量体育锻炼，保持清醒的头脑，使自己发挥出应有的水平。

【案例】

2012 年高考的时候，某省的作文题为《忧与爱》，引发了一段笑话，说某粗心的学生把作文题目错看成了《性与爱》，结果被这大胆的题目所雷住，不知道从何下手。结果考完和同学一交流，原来题目是《忧与爱》，欲哭无泪。

某医学院临床医学系的张某，在笔试时也犯过这样的错误。因为太过紧张，在笔试时误把输尿管看成输精管，结果题目答非所问，还被传成笑话，差点影响了自己就业。

虽然用人单位的笔试对于大学生来说相当重要，紧张也在所难免，我们在笔试前，不妨将其看成一个小测试，取得好成绩了，说明之前准备得很充分，如果考砸了，权当是场体验，下次吸取教训就可以了。

8.3 面试与应对技巧

1. 面试的种类

面试是用人单位最重要的考核办法之一。用人单位通过面试与求职者沟通信息，经过精心设计的对话与细节，观察其个人素质和职业素养的高低。由于面试比较直观，可以令用人单位面对面的了解求职者的业务水平、口才能力及应变能力，更加全面地了解求职者，所以，用人单位往往对这种考核办法更感兴趣。

面试又分为模式化面试、情景试面试、群体试面试、交谈试面试、压力试面试和综合试面试 6 种类型。

2. 面试前的准备工作

（1）深入了解用人单位的信息。

知己知彼，百战不殆。大学生可以通过用人单位的内部资料、公司网站及其他相关宣传载体的了解，掌握用人单位的性质、规模、运作方式、主打产品、组织结构、财务状况以及发展前景等方面。

【案例】

叶枫在参加洽谈会时发现了一家民营企业，做的生物科技，虽然目前规模不大，但他预感到前景不错，如果入职他可以做本专业方面的研究工作。叶枫明白像他这样的本科生如果进入大公司就职，专家无数，他可能在数年之内都只是一个收集材料的下手，自己能动手做项目的可能性微乎其微。而在这种中小型公司里，锻炼机会多，很多项目都可以自己动手去做，对于他这样的科研型专业是非常有益的。为此，他在收到笔试通知后，大量浏览了该公司的资料，掌握其研究方向与领域，在面试的时候，他有点有据的论述为他赢得面试主考官的青睐，为他以后进入公司奠定了基础。

了解自己的需求，朝着既定的目标努力，这是每一个应聘者需要思考并努力去做的事情。只要多方面着手收集资料。分析形势，有的放矢，一定会取得想要的结果。而且，大学生的得失心不必太重，把每一次经历当成过程，在过程中成长，迎接成功。

（2）充分准备相关资料。

参加面试要带好个人简历、自荐信、成绩单以及相关奖励证书，如果是去外资公司应聘，还应该准备上中英文对照格式的资料，一些日韩公司如果能准备相应的语种格式的资料，会给用人单位良好的印象。当然，这些资料得是自己熟悉的语种和内容，以免因不熟练而闹出笑话。即使提前在网上已经投递过个人简历和求职信，在面试时也应该再准备一份带上备用。

【案例】

刚过完春节，市里就召开了大学生招聘会，杨雯到夏天就该毕业了，她也为自己的就业焦急。这场招聘会听说有不少南方的企业来招聘，为此，杨雯和同学们都想着把握住这次机会，希望自己能去经济发达的南方发展。参加招聘会，准备自荐材料是必不可少的工作。杨雯和同班的郑燕都看中南方一家信托公司的助理位置，她们是好友又是竞争对象，相互鼓励无论谁能进这家公司都值得庆祝。可惜杨雯没能取得后面的面试机会，后来最终获得这个职业的郑燕跟招聘部门的人打听了之后才知道，杨雯虽然在自荐材料中填写有获得某作文竞赛的二等奖，以及其他所获奖项，但因为她粗心地没有把奖状的复印件附上，因此，直接被该企业负责招聘的领导筛选掉了。杨雯这才想起来，她真是后悔莫急。

很可惜，就是没有把奖状的复印件附上，最后杨雯失去了一个非常好的工作机会。如果不是郑燕告诉杨雯，恐怕杨雯还不知道自己到底是哪里出现了问题。大学毕业生在应聘时也一定要注意此类问题，一定要准备好相关资料。

（3）面试技巧的训练。

这一项准备工作大学生可以通过平时的就业指导课、学习讲座的学习，一些就业指导书籍的阅读，和同学之间进行模拟面试的训练来提高自己的面试反应力、听力、条理性、举止、礼仪等。

为了获得理想的工作，大学生应该充分做好求职面试的准备，做到有备而去。在求职面试中适度地表现自己，要善于展示自己的专业知识的掌握情况、能力高低、性格如何等情况，给招聘者留下满意的印象。

【案例】

冯娟娟平时在班级中，就是炙手可热的“校宝”级人物，有着宽广的知识面，幽默的谈吐，健康向上的心态。她在讲述她的应聘面试的故事时，笑着说当时把严肃的主考官老师逗乐了，所以面试也就OK了。她应聘的是某台的综艺节目主持人，凭着机智与才气，幽默与大气，令主考官笑逐颜开，一路绿灯，很快便加盟该节目组，成为小有名气的美女主持人。

风光的背后是辛勤的努力和付出。冯娟娟的室友知道她有多下工夫，为了学好表演，她每天对着镜子练表情，每天要求自己记住一则小笑话，每天给宿舍的室友讲一个故事，要求要不笑得花枝乱颤要不就感动得落泪。室友们就在她的冰火两重天里进入梦乡。毕业时，室友云云抱着娟娟痛哭流泪，说以后没有娟娟的故事，晚上睡觉都是个事了。这个说法虽然夸张，但可见娟娟长期的坚持与不懈的努力，才是取得优秀成绩的最好解释。

为了面试，做好充分准备，训练自己的面试技巧，是娟娟最后获得梦想工作的关键所在。可能说什么并不重要，重要的是要怎么去说，怎么去打动面试官，给面试官留下好印象。而大学毕业生在面试时，不注意技巧，千篇一律的运用一样的说辞，这样也无法在众多竞争者中脱颖而出。

（4）面试心态的调整。

保持正常的心态对面试者来说尤其重要。紧张的心态是面试大忌，会影响思维能力，原本熟悉的话题可能都回答不上来或者回答不全面。

如果有一个放松的心情去面试答题，就会稳定思絮和语言表达能力，可以完整、准确地回答主考官提出的问题，甚至可以创造性地发挥出超常水平。因此，在面试前要正确对自己进行评估，知道自己的优缺点，保持正常的择业心态，勇敢地去尝试，为自己创造机会。

当然，放松的意思也不是散漫，甚至傲慢。认为自己的学历很好，学校很牛，成绩很棒，就摆出一副很懂或者很自以为是的样子。这两种态度都是不可取的。充分地做好准备，谦虚谨慎地对待，往往才可能会有好结果。

【案例】

于涛就读的学校是所重点大学，所学的专业也是比较热门的通信工程专业。他自信满满地参加就业洽谈会，可是结果却令他有点失望。他看中的两家大公司并没有对他伸出橄榄枝，后来他非常诚恳地询问招聘方工作人员为什么没有选择自己，结果竟然惊人相似。因为于涛太过平静的表情，以及过于冷静和无所谓的求职态度，令面试者认为于涛的求职诚意不足，仗着专业吃香，学校牛，选择余地大，所以态度很不积极。于涛真的感觉很冤，他没想到自己的表现会给对方这样的误解，他很想再进行一番解释，但可惜木以成舟，他自己总结了经验教训，决心在下一次就业洽谈会上一定不能再表现出如此消极的求职态度了。他一定要积极主动的面对，努力推销自己，表现出自己对用人单位非常感兴趣的态度。不至于再一次使得对方认为自己好像在耍大牌。

面试时间通常来说，也比较仓促，面试官获取面试者信息的渠道也非常有限，如果面试者像于涛一样，没有调整好心态，让自己变得积极起来，那么很有可能表现出于涛的这种“耍大牌”的感觉，这都会给面试官带来不好的印象。

（5）对可能谈到的问题的准备。

面试中，一般主考官以应聘者的简历为话题展开问答，这个问题看似简单，但实际上却并不是所有面试者都能应付自如的。因此，面试前要准备和自己本身内容相关的问题的回答，一定要熟练，并用回答流利，否则，主考官会认为你的简历有造假的嫌疑。而且最好是提前打好腹稿，浓缩简历中的精华和特色部分，以便在最短时间内完整并流利地向主考官介绍好自己。

【案例】

现在从事文秘工作的应界毕业生刘喆深有体会，当初要不是面试时，主考官老师问及他的一个获奖证书是哪一年获得的，他记错了时间，和简历上的有出入。那么，他今天一定是在某大公司的培训部门工作了。因为忽略了这个细节，让主考官误以为他的证书可能不真实，因此将他筛选掉，原本他是颇有希望获得这份工作的。世上没有后悔药卖，没能进入那家公司，刘喆选择了一家中小型企业做了文秘工作，在经过上次的教训之后，他重视细节，努力让工作中不留瑕疵，得到公司的一致认可。

简历要认真做，而且也要对其中的内容了如指掌。吞吞吐吐、支支吾吾可能是因为个人紧张，但很多面试官可能会误解其中的内容有造假成分，就像刘喆前一次面试一样。但刘喆马上就改正了自己问题，最后获得了一份文秘工作。所以大学生在面试前也应该做好类似的准备，尤其是自己觉得自信的问题，一定要肯定地回答对方。

8.4 求职礼仪

现在招聘工作中，招聘者是否给主考官留下良好的印象非常重要，不仅仅局限于相貌和身材，穿衣打扮和行为举止尤为重要，都能显示出一个人是否拥有良好的修养。在面试中，恰到好处的表情与举止，会给主考官留下较好的印象，更有助于应聘者过关斩将。

1. 面试仪表

（1）服装服饰。

面试是个正式的场合，一般来说，面试者的服装服饰应该会给主考官留下第一印象。总的来说，参加面试所着装应该和职业相符合，不要显得突兀，服饰要得体，仪表需整洁，搭配要协调，穿一身黑西装搭配一双白休闲鞋，肯定会感觉到头重脚轻还不搭配。尽管没有成文的规定在面试时什么行业应该着什么样的服装，但人们的心理上是有一些模式化思维的，过于舞台化的礼服或者非常休闲的服饰都不适合面试时穿。

【案例】

刘嘉因为做兼职外出宣传接到某文化公司的面试通知比较晚，时间仓促，原本外出穿的西装需要清洗，只好拿出箱子里的一套西装来穿，但因为压在箱底有些褶皱。鞋子只是简单的擦去了上面的灰尘，连澡也没来得及洗。可以想象这次面试很糟糕，主考官老师认为刘嘉对此次面试并不重视，联想到他也不太在意这份工作岗位，再加上不够整洁和不修边幅，印象分几乎为零。虽然他的谈吐为他加了点分，但是最终还是给予了不合格的评定。

刘嘉在服装服饰上的粗心大意最后导致了面试官给予不合格的评定，这是非常令人感到

惋惜的，尤其是现在工作机会少，竞争激烈的情况下。这些都是小细节，注重这些问题，可能并不能带来多少加分，但是不注意，却会大大的减分。

（2）化妆与发型。

大学生在面试前首先要整理发型，将头发清洗干净，梳理整齐，男生不要留长发（特殊工作艺术类除外），胡子要刮干净，不要喷太重的香水。女生不要浓妆艳抹，头发不要染鲜艳的颜色，妆容以清新自然为主，容易博得主考官的好感。

有些大学生在学校崇尚行为艺术，发型、妆容特立独行、标新立异，与社会大众有些格格不入。在进行面试的时候，一定要放下这种外表上的个性与特立独行，不然很容易给主考官留下不踏实、不能胜任工作岗位的印象。

【案例】

李薇在应聘某公司资料员时，因穿的小上衣未遮盖住她腰部的刺青，再加上头发上挑染了五种颜色，虽然她的专业与简历显示她可以胜任这份工作，但最终主考官选择了一位能力不如她，但妆容得体的同学。因为她过于时尚的发型令主考官担心她不能静下心来工作，太过追求工作以外的东西，浮躁。

可能李薇并不是一个浮躁的人，但却因为化妆和发型给面试官留下这样的印象。所以广大的大学生毕业者在面试前也要给自己打好预防针，也请其他同学来对自己的装扮发表评论，这样才能更客观一点，才能避免出现李薇一样的问题。

2. 行为举止

面试时进门要敲门，得到答复或允许后方可推开门。进门后应先打招呼，向在坐的面试考试问好。认真聆听主考官老实提出的问题，注意力要集中，在回答问题时要按步就班，力求留下诚恳、认真、稳重的印象。要以微笑示人，适当做记录，即使感觉到前面回答的问题不太好，可能被 PASS 掉，也不要显示出不耐烦，频频看时间。要知道，不到最后谁也不知道谁会被录用。如果你提前放弃了，只能是自己给别人让出了机会。面试结束后要将自已坐的椅子放回原处，道谢后再离开。特别提醒，大家听说过招聘单位在应聘场所放一把倒着的扫帚，来考验应聘者的素质的故事吧，不要让自己输在一些细节行为上。

【案例】

袁莉莉同学参加一家幼教中心的面试同样充满戏剧性。面试 9 点开始，她提前半小时到达了面试地点，刚找个地方坐下来等待，就听到一个小孩子的哭声。她循着哭声望去，一个脸上哭花了的孩子在找妈妈。她看了四周，似乎没有看到年龄可以做孩子妈妈的人，当时已经来了十几位面试者，和她一样打扮得干净得体。孩子继续哭着，她没法漠然地坐着。于是她背起包，走到孩子身边，询问孩子怎么跟妈妈走丢的，可是孩子太小说不清楚，而且伸出一双小黑手要她抱。她从包里拿出来面巾纸，给孩子擦干净脸和手，拍拍孩子身上的灰，抱了起来，带着她在附近找妈妈。时间一点一滴接近 9 点，看着大家都排好队准备参加面试，袁莉莉也有些心急，可是这么小的孩子如果放在一边走丢了，孩子妈妈该多着急啊。她只能抱着孩子四处打探，可惜没有人知道孩子的妈妈在哪里。

9 点 3 分，从面试场所旁边的一栋楼里走出来一群人，当他们走到袁莉身边的时候，一起响起了掌声。她怀里的孩子挣脱她下了地，跑进去抱着人群中一位气质美女的腿，大叫“妈妈，妈妈，彤彤表现得好吧。”原来，哭泣的彤彤就是这次面试的考题。幼教工作是一项爱心工作，袁莉莉的所作所为充分说明她是一个充满爱心的人，用人单位的面试队伍都认可了她，于是，这唯一的名额非她莫属。

这样戏剧性的面试经历，可能并不是很多大学生都能碰到。但袁莉莉的行为举止也从一定程度反映出她具有怎么样的品德，是一个什么样的人。都说字如其人，其实行为也正是一个人的内心写照。注意自己的行为举止，确实也能够像袁莉莉一样，获得大家的一致认可。

3. 交流与沟通

在面试时一定要讲普通话，避免因方言造成听力上的误会，或者主考官老师听不明白你的回答。语速要适度，不要过快。回答问题时不要有太多手势和口头禅，容易引起对方的反感。如果是外资单位，要做好用英语或其他外语回答问题的准备。这些都是交流与沟通的重要基础。

面试时如果讲错了话无关大局，就可以忽略，不必耿耿于怀，影响下一个问题的回答。但如果说错的话比较重要，不妨及时致歉显示诚意，并表达出你心中要讲的实际意义。这样因为自己的坦诚和知错就改，或者能为自己在主考官心中博得意外的好感。在遇到听不懂的问题或者自己确实不会回答的问题，不要不懂装懂，信口开河，而要实事求是的告诉主考官，这方面的知识你没有接触过，今后将加强这方面的学习。相信更多的主考官喜欢真诚、实在，善于交流和沟通的应聘者。

【案例】

柳萌在一外资公司面试时，因为紧张，没有听清究竟是 Australia（澳大利亚）还是 Austria（奥地利），让她回答首都的风情文化，澳大利亚的首都是堪培拉，而奥地利的是维也纳。她没有听清问题，又不好意思再问，在那里支支吾吾地把时间都浪费了。自己还急得满脸通红，而主考官老师以为她不会回答，因此，这一题没能得分，影响了她的面试成绩。其实如果她坦诚地告知主考官老师没有听清题目，请他再说一遍，相信主考官老师并不会拒绝她的要求。

柳萌在这种时候应该积极一点，直截了当地去问面试官，请求面试官重复一遍，这样也就不会造成面试官对她的误解了。

面试其实最主要考察的其实就是一个人的交流沟通能力，面试官也许已经在简历上知道你的年龄如何，你在哪里长大，有过什么经历，但依然要问你一些类似问题，答案并不重要，重要的是你是怎么把这些讯息传递给面试官的，你的思维能力和应变能力如何。

案例点评

面试是一门学问，里面有着很多的沟通交流技巧。假如一个不懂得技巧的面试者，很有可能句句都说不到点子上，下面这位叫萧雪晴的大学生面试者，在与面试官沟通的过程中，几乎每句回答都让面试官很不舒服。

主考官："萧雪晴，你的名字很好听呀！"

李思羽："是嘛！谢谢！这个名字天生就符合我的性格。雪是温柔的，晴又是炙热奔放的。我从一出生就注定是一个双重性格的人。"

【点评】

回答的前半段还好，后半段很容易让主考官浑身起鸡皮疙瘩。主考官称赞名字，一是出自内心真诚的赞美，二是为了为接下来的交谈培养一个良好的气氛。而萧雪晴的回答，很容易让主考官主观意识上，认为她是一个爱说空话的人。试问，谁一出生就能看出是什么性格。回答不够真诚。

一脸尴尬的主考官赶紧转移话题问道："请问你来自哪里？"

萧雪晴："我来自唐山，唐山你去过吗？"

不凑巧，在做的面试组谁都没去过唐山。现场气氛那叫一个尴尬。

点评：面试者最忌讳的就是反问面试官。尤其是关于一些私人或是商业秘密的，更不是

你应该打听的问题。

主考官："你的简历我刚又大致翻了一遍，发现了几个错字，甚至连我们的公司名都少写了一个字。你能解释一下吗？

、萧雪晴："哦，是吗？不好意思，由于当初通知面试时比较匆忙，时间有限，可能写的匆忙了一些。"

【点评】

粗心大意的简历，说明面试者并没有认真对待这次面试的机会。这是一种很不礼貌的行为。公司名字都写错，进一步说明面试者在此之前并没有对该公司做过深入的了解。

主考官："简历上写你以前做过很多兼职。请问兼职中你学会了什么？"

萧雪晴："我学会了与人沟通，具有团队精神，以及一些组织和领导能力。"

【点评】

看似很规整的回答，却犯了两个严重的错误。

① 回答中没有重点。要知道面试组有可能每天都要面试很多的应聘者。对于像萧雪晴的回答，他们可能会感叹道："这又来了一个有团队精神的领导。"

② 一句话带出自己的四个优点。既没有数据的支撑，又没有实际例子具体说明，很难让人信服，容易让人产生面试者很自满的错觉。

主考官："好了，你的大致情况我们都了解了，你回去等通知吧，录取的话我们会通知你"。

萧雪晴："要是不录取就不通知了是吗？"

【点评】

这样的问题缺乏必要的礼貌，更会破坏面试组对面试者的好印象。

素质拓展

【案例1】

23岁的王磊毕业之后，一直忙着找工作的事。一个月下来，大大小小的面试，王磊参加了有十多场。这天，王磊在广州一家公司的面试上表现非常出色，主考官对王磊也是非常的满意。眼看其他问题都基本谈妥之后，主考官问王磊想要的工资待遇是多少。王磊心想："今年竞争如此激烈的大环境下，能找个对口的工作已经很不容易了。哪还敢要求什么工资啊。"于是王磊回答说："工资无所谓，都可以的。"王磊想着自己的回答一定会让主考官高兴。谁知主考官听了王磊的回答，面色一沉。最后给王磊的答复是让他回去等候通知。结果可想而知，这家公司再也没有联系过王磊。王磊始终想不明白，自己究竟错在了哪？

① 案例1里的王磊错在哪里？那位主靠官不悦的原因主要是什么？

② 假如你是一名公司老板，面对无工资要求的员工时，你会作何感想？

【案例2】

三天前，王燕接到了一家知名公司的通知，让她三天后可以过去面试。王燕那是既兴奋又紧张。兴奋的是这家公司的名头她是早有耳闻，无论是薪资待遇，还是其他各方面的条件都是相当优厚的。于是王燕赶紧和自己的父母商量，面试的时候该怎么才能获得该公司的青睐。而王燕的父母也是给她出了不少的主意。

面试这天，王燕精心地打扮了一番，来到了面试现场。面试是在一间不大的办公室里进行。而且此次面试，除了王燕，还有几个男生参加。面试的前半部分非常顺利，因为王燕事先有所准备，所以对于主考官的各种问题都能应对自如。最后主考官对王燕说：根据你的性格特点，我们准备将你安排在外事部门。不过你的户口问题我们可能没有办法解决。"王燕这时候却突然来了一句："可是我听说

你们公司都能解决户口问题啊。"她自己也在说完这句话之后有点后悔了，不过她有点过于紧张了，又不知道该怎么解释了。而面试官也被她所说的话给噎住了。场面顿时很尴尬，之后面试官看了看王燕，跟她说："非常抱歉，户口问题可能无法解决，我们会再考虑一下你的情况，有消息会通知你，非常感谢。"但大家心里都清楚，王燕已经没有机会了。

请你结合本章所学到的内容，分别对这两个案例做出分析解答。

① 案例 2 里，王燕最大的问题是什么？

② 假如你是那个面试官，在听到王燕这样的回复之后，你还会录用她吗？

第9章

求职心理调适

从2003年中国普通高校毕业生212万人，到2012年的680万人，中国大学生就业压力骤然增加了许多。每一位毕业生都想找一份薪资好、工作环境比较舒适的好工作。但是，因为毕业院校及专业的差别，一些所谓的“好工作”刚开始招聘就被“哄抢而光”。因此，一些大学生在求职过程中出现焦虑、自卑等心理问题在所难免。如何正确面对求职中心理问题以及如何调适，我们将在下面的内容中进行讨论。

9.1 求职过程中常见的心理问题

人的心理需要一种微妙的平衡，太过自卑或自信，太过急躁或优柔寡断都是不好的心态。大学生在求职过程中，因为压力过大或期望值过高，常见的心理问题有：焦虑、自卑、怯懦、抑郁、逃避、偏激、自负、嫉妒、依赖、攀比、盲从等。

1. 焦虑

求职过程中，焦虑心理是非常普遍的。从投递简历到笔试、面试，这一项项等待的过程，让求职者很容易产生焦虑的心理。他们担心是否会得到这份工作，笔试中是否出现失误，面试时出现的细节是否被主考官所否定，诸如此类。有的同学甚至焦虑得夜不能寐，引发职前焦虑症。

【案例】

从临近毕业的半年起，尹晓亮就重复着“参加招聘会—投递简历—笔试—面试”的过程，在一次次的拒绝中，日趋沉重的焦虑替代了他原本神采飞扬的自信，也影响着他择业思路。他虽然不停的修正自己的择业目标，任然发现离目标越来越远。他开始心悸，有时候还失眠。为此，他开始抽烟、喝酒，需要借助酒精来缓解自己的焦虑，但是无济于事，他的脾气变得暴躁，还常常健忘，经常自己做事做到一半就发呆，还常常跟身边的人吵架，甚至一度产生厌世情绪，甚至想到过自杀。好在后来得到好友的劝说又加上一份工作的到来，令他逐渐恢复了原来的活泼自信。他回忆起那段日子，这样说：“基本每天就在焦虑与烦躁中度过，每一分每一秒都是煎熬。”

导致焦虑的根本原因是心理脆弱，一旦被用人单位拒绝过，就会对自已的能力产生怀疑，变得非常焦虑。因此，大学生应该及早对自己职业生涯进行规划，针对自已不足之处进行学习和弥补，以最充实的备战状态来面对求职这场硬仗。另外，要树立正确的就业观，先就业后择业。刚毕业的大学生就业时通常不太可能一步就达到理想状态，所以大学生要接受现实，认清自我，避免陷入焦虑的情绪中去。

2. 自卑

职场竞争越来越激烈，一些用人单位对学历要求越来越严苛，明明高职高专毕业生就能胜任的工作非得要求本科学历，本科生就能做得来的事非得要求研究生。面对这些情况，有些求职者觉得自己毕业院校、专业知识、综合素质等各方面都不如人，再加上求职过程中屡战屡败的惨痛经历，因而产生严重的自卑感。以致对于自己明明能胜任的工作，也不敢大声说“我能行”。

【案例】

原辉已经在准备第五次面试了，可是一进到面试现场，他就感觉全身冰凉，手脚都不知道往哪放，眼睛更不知道往哪瞅，他不敢正视面试老师的眼睛，每次都低着头。回答问题时，声音小不说了，还经常会卡壳，平时非常熟悉的问题也回答得结结巴巴，甚至还出现过答非所问的现象。这样的状态肯定很难过关，虽然这已经是第五家单位的面试了，可是每次他都失败在面试上，自然就形成恶性循环。为此，他非常地懊恼，但是自己又没有好的办法克服，只好求助于心理咨询师，希望通过心理干预来改变这种自卑心态。心理老师给他提出了强化场景训练的疗法，让他把自己的优点、特长用纸写下来，增强自己的自信心，力求产生自傲与自负甚至自大的心理，然后在面试中折中回来，就能恰到好处地去除自卑心态。经过一段时间的训练，原辉对自己第五次面试有了充足的信心。

自卑产生的原因很多，例如有个人原因、家庭原因、社会原因等，但主要还是个人心理因素居多。有的大学生原本在求职上具有一定的实力和优势，但因为自己所选的岗位竞争比较激烈或者用人单位招聘名额所限，导致一次次求职失败，令其失去了信心，觉得自己不行，不如别人优秀。找到自卑的源头，就会有效遏制自卑感的加重，重新为自己找回信心，发现优点，努力为下一次求职冲刺。

3. 怯懦

大学生在求学期间，毕竟以理论学习为主，没有太多的时间实践技能，因为缺乏实际工作经验，往往在求职时，担心说错话给用人单位留下不良印象，从而小声说话或者不敢说话。

【案例】

虽然都想给用人单位留下好印象，可是往往求职时，克服不了心理上的怯懦，丑媳妇不敢见公婆，打好的腹稿说得语无伦次或者根本就没敢表达出来，小张就是这样的一种状态。小张生长在农村，父母都是老实巴交的农民，没见过什么世面，他和姐姐上学的学费还是好心人给捐助的。因为家境贫寒，大学三年小张勤俭节约，几乎没添置过什么衣服。看着周围家境优越的同学今天一个 iPhone 明天换个 iPad，好多新奇的东西他都不敢去触动，生怕坏了赔不起，久而久之就形成了怯懦的性格。人没钱就没底气，说话似乎也不硬气，一次次的忍让形成他今天的性格，基本成了个隐形人，怕被人所重视。应聘是一个人的事，生性怯懦的他面临巨大的挑战，尽管他努力改变自己，但收效甚微，在求职的路上他不知道还要走多久。

谨小慎微几乎是像小张这样的学生的通病，生怕自己的一点点出格影响了他人，或不被认可。把自己缩在自己编织的壳里，努力成为隐形人，这种状态最多能存在于校园当中。人是社会的人，一旦大学生毕业迈进社会，就一定会面临竞争，太过怯懦的性格必将导致竞争的失败，正确认识自己的不足之处，发现自己的优势，扬长避短，要想努力争取未来的一席之地，就需要勇气来战胜怯懦。

4. 抑郁

有的大学生因为在求职中屡屡受挫，认为即使自己再怎么努力也不会被用人单位认可，既然一切都无济于事，索性不再有动力，陷入抑郁中去。

【案例】

调查显示，巨大的就业压力对大学生生理、心理以及行为能力都产生明显的负面影响。正处于求职现状的刘皓最近感觉食欲不振、精神萎靡、失眠，每天都处在担心和郁闷中，做事效率低，什么都不想干，明明必须为面试做一些资料收集，可一打开电脑，他就发呆，吃饭也没胃口，经常一天一顿饭都觉得吃饱了，生活规律紊乱。他的叔叔是名心理咨询师，告诉他这样的状态是典型的“就业抑郁症”，需要进行心理抚慰。叔叔与刘皓深入沟通后才知道，最主要的原因是因为有一次在招聘会现场，好不容易挤到展台前，将简历递给工作人员，谁知道工作人员不仅爱理不理，还当着他的面将看完的简历直接扔进了字纸篓里。这样的行为深深刺伤了刘皓，每每想到这件事，他便感觉到悲哀，觉得活着没意思，加重了抑郁程度。

金融危机的余温导致就业机会的紧张，再加上每年递增的毕业生人数，令众多大学毕业生感觉到“僧多粥少”的压力，大学生未经世事的脆弱心理经不起忽视与冷漠，就业的不确定性以及对未来的未知与惶恐，都会增加“就业抑郁症”的产生。大学生只有增加信心，舒缓压力，增强承受力，才会勇敢面对就业的种种不确定性，远离抑郁。

5. 逃避

逃避实际上就是一种抵触心理，大学生在相对比较纯净的校园中走到社会中来，会发现社会竟然是如此错综复杂，特别是看到一些社会的阴暗面，自己不想面对，只想回归到校园的纯粹中去，产生一种逃避心理。

【案例】

临近毕业之际，同学们都纷纷开始找工作了，但林星却一直在宿舍里看看韩剧和美剧，或者睡睡觉，别的同学还以为她已经找到工作，现在可以高枕无忧了呢。但后来隔壁的黄玲找到她，才知道，原来她连一份像样的简历都没有制作完成过，更别说去参加校园招聘会和企业的职业宣讲会了。她害怕找不到一份好工作，她讨厌自己去投简历或者面试遭到别人拒绝的感觉，她更担心自己找到了工作却不喜欢，而就这样过一辈子。所以，对于未来，林星现在是一片迷茫。其实，她也非常羡慕一些同学能够勇敢的去尝试，成为“面霸”也在所不惜，但她不敢。她自己也不知道自己在做什么，好像这样拖下去就会有结果一样。她觉得自己现在就是在逃避，但她又没有别的办法可以令自己解脱。听了她的话，黄玲非常的担心，其实黄玲也还没有找到工作，而且黄玲各方面的条件还不及林星。于是黄玲对林星说，这世界上哪可能有那么多高人呢，其实都是普通人，在工作中慢慢锻炼出来的，就现在而言，谁也不比谁强太多，所以大家应该去竞争一下，看到机会也不抓住，怎么可能有好结果呢。林星现在的当务之急就是赶紧制作好简历，然后跟她一起积极去找工作。林星这才心里好过一点了。

对于大学生，在就业时，要树立正确的就业观念，不要给自己定过高的门槛，也不要盲目从众，随大流，自己没有主见，面临选择的时候，要学会自己分析问题，严谨认真地对待就业中的选择性问题，这样才不至于错失良机或者匆匆签约，以后后悔。

6. 偏激

大学生在求职过程中，偏激心理很严重：非常容易固执地认定某种职业一定很好，或者某种方向一定能走向成功的未来，而自己也要正要克服重重困难赢得胜利，但最后多半都是大失所望。其实这都是大学生没有认真去审视自己和审视未来的结果，被一些道听途说或者固有观念所影响。

【案例】

小韩一直都非常钦佩隔壁家的小张哥哥，大学毕业以后只工作了两年就买了房，买了车。一次他

向小张哥哥请教如何能快速成功，小张哥哥说，去卖保险，准能发大财。一心想证明自己实力的小韩，听后热血沸腾。他暗暗在心中下了决心：一定也要像小张哥哥那样，要让看不起自己的人都开开眼！

但小韩从小就比较内向，在公共场合不擅表达自己。一次开班会老师点名让他发表自己的看法。他一紧张居然第一次口吃起来，在这之后，只要遇到紧张的局面，小韩就条件反射的犯口吃。

保险销售其实是一种最血拼的销售，没有业绩就拿不到工资，这样的工作不是每个人都能干得来的。但是小韩他只一心想要成为一名出色的保险业务员，他认为靠自己的努力，一定会成功的。

于是小韩还未毕业就去保险公司应聘了，当然，他也顺利成为一名保险业务员。但接下来的日子却是很难过：由于家在异地，本城并没有什么人脉，卖保险很是吃力，做了很多陌生拜访，但是都连连受挫。连续三个月，业绩都是挂零。看他实在不容易，他家亲戚于是给他“赞助”了一单。之后的几个月又没有业绩了，小韩终于熬不住了，不到半年便黯然退出了这个曾让他热血沸腾的行业。

有很多大学生都和小韩一样，会存在某种偏激的思想，认为某种出路一定很好，或者某种出路一定不好。但是往往会忽视自身的缺点，只看见前人的成功，不懂成功背后的辛酸，以为靠一腔热血，就会成功，这种偏激的想法，终会碰壁。要懂得克服自身的缺点，汲取成功的经验，走属于自己的人生路。

7. 自负

有的大学生在学校是校干部、风云人物，再加上自己所学专业比较紧俏，自身条件好有不少单位有意签约，因此容易自信过头，产生骄傲心理。结果在求职的路上如同猴子掰玉米，总希望挑到更大的，结果错失良机，让别人捷足先登了。

【案例】

邱朗就读的专业市场需求旺盛，自身个人条件好，在就业中占据一定的优势。这一切，养成了他颇为自负的心理。但是，现在中国的高等教育中专业很少具有唯一性，不是非我莫属，因此，如果自身不积极主动，机遇就会拱手让人。邱朗在求职时不仅盲目自信而且过分挑剔，对岗位的期望值相当高，要求不仅收入丰富，社会地位要好，工作还要轻松等。似乎每一个适合他的岗位都有些许不足，工作环境好的了不是一线城市，收入丰富的工作强度又高，他左右为难，迟迟没有签约，等他回头来想着屈就时，却发现那个岗位早已经被其他同学收入囊中。

自信是优点，过于自信就是自负了。某名牌大学硕士研究生张某在参加某地方电视台《非你莫属》职场栏目时，因表现得过于高傲，遭遇到众多企业老板的围攻。可见，自负在就业中不可取。自负只会令自己眼高于顶、目空一切，从而失去眼前的机会。

8. 嫉妒

有人的地方就有斗争。幼儿园小朋友之间会因为嫉妒老师发给别的小朋友一朵小红花，而嫉妒得弄脏对方的衣服，更别说成人了。在求职过程中，同班的同学在自己之前找到理想的工作，就会产生一种羡慕心理，转而联系自己，有不甘，甚至怨天尤人，有的还在背后拆台做手脚，或者诋毁求职成功的同学，这都是嫉妒心理的表现。

【案例】

某地方电视台需要招收两名有表演经验的学生做新闻类节目主持人，得知这一消息，某校表演系的毕业生都跃跃欲试。众多精英参与竞争的机会就是能者上，平时成绩中等，但应变能力强，普通话较好的娜娜取得了这个机会。

娜娜的同学有的羡慕，有的嫉妒，真心祝福的也有。其中一名叫婷婷的女生，因妒生恨，居然失去理智，认为娜娜在这次应聘中有黑幕，在同学中传播娜娜和主考官有潜规则一说。因为影响面较大，导致娜娜一度起了轻生的念头。后来娜娜的妈妈报警，查到源头，居然是表面和娜娜关系比较好的婷

婷，据婷婷讲述，是因为她认为自己各方面条件都比娜娜好，凭什么娜娜能录取，自己却不能。

鉴于婷婷散布谣言，对娜娜造成了一定的精神伤害，幸而没有严重后果。派出所人员对婷婷进行了批评与教育，再加上婷婷认罪态度诚恳，主动为娜娜辟谣，并且赔偿了娜娜一定的精神损失费，娜娜也原谅了她。

嫉妒处理得不好就会伤人伤己，处理得好就会化为成功的动力。化嫉妒为动力才是明智之举，大学生在遇到自己不能理解或者认为不公平的事情时，先不要问“凭什么”，首先要问自己“为什么”，然后想想“怎么办”，才不会意气用事，惹出祸端。

9. 依赖

依赖这种心态往往产生于独立性较差的大学生身上。因为从小学到大学，父母包办了许多事，自己习惯在温室里生活，不愿意去面对社会竞争，更依赖于父母、亲戚营造出来的保护伞下生活，希望通过他们给自己找到一份稳定的工作，这也是一种不健康的心态。

【案例】

杨成龙当看这名字可以想象父母及家人的期许。十几年来，他几乎过着衣来伸手、饭来张口的生活，父母对他惟一的要求便是好好读书，其他的“杂事”不用他劳心。大一的时候，一到周末，他父母就来到学校，帮他进行大扫除，连带得整个宿舍都干净整洁了许多。每次父母都能从他床上搜到不少臭袜子。这样的生活令他非常有依赖感，同学们都觉得他不成熟，偏幼稚，是传说中的“高分低能儿”。可是他和父母均未意识到这样后果的严重性。临近毕业，他参加过两次招聘会，皆因不知如何决定，告诉主考官“我回去跟我爸商量一下”而被淘汰，主考官都表示，难道该学生要把爸爸带在身边一辈子？

经历过两次失败的应聘，杨成龙不再把自己置身于求职的风口浪尖，他每天在宿舍里玩着最喜欢的游戏《穿越火线》，等待着父母为他找路子觅求一份稳定的工作。

都说大学是先成人再成才，像杨成龙这样的孩子在目前我国独生子女家庭中不为少见。就如主考官所言，父母以及任何人都不可能跟着自己一辈子。人的一生，有一半以上时间，是需要自己单独度过的。一个没有主见的人，是不会有幸福的人生的，因为，他的人生永远在别人的规划中，自己只是在实现别人的理想。

10. 攀比

攀比心态似乎在国人中颇为大众化，今天你买个 50 平方米的一房，我得买个 80 平方米的两房，他得换个 130 平方米的三房，不管需要，只管面子。大学生中不少也存在这样的心态，在求职中，同学或好友的工作比自己好了，为了面子，不管自己的实际能力，一定要比对方好，因此，会为此重新设计自己的求职目标，得陇望蜀，最后反而错失了理想工作。

【案例】

谢兰应该是就业大军中的幸运儿，她是学机算机专业的，但是因为互联网的普及，她的专业不占一点优势。幸好她和同学们一起为了就业，考了一些其他证书，选修了行政管理专业。她与另一所大学的张鸣共同竞争一家企业的行政管理岗位。说实话，不少用人单位在招人时有一定的性别选择，多数认为招女学生就要面临结婚生子等问题，会影响工作。而男生却没有这些麻烦，因此，谢兰尽管比张鸣综合条件略好一点，但用人单位更倾向于张鸣。

再说这张鸣，个性比较要强，上学的时候就什么也不甘落后，宁愿两个月啃方便面，硬是省钱买了个 iPhone 4，这样的意志，不是每个人都有的。这一次应聘，原本张鸣对这个工作岗位志在必得，应该说是没有谢兰的机会的。可是，就在前两天和同学小聚时，张鸣发现同宿舍有两个同学找的单位都比较好，他的攀比心理又开始作祟。左思右想，不能在同学中失去面子，这家企业虽然待遇还不错，

可在同学们中间比起来不够体面，为此，张鸣还是决定放弃这个即将到手的工作岗位。而谢兰就这样“捡到”了这份工作。

得失仅在一念之间，谁又能知道张鸣的下一份工作一定会是体面风光的呢？人们常说劳动最光荣，其实做什么样的工作仅仅是个分工的差别，劳动没有高低贵贱之分。取得一份工作不容易，仅仅为虚荣的面子问题，为了在攀比中取得优越感，而放弃原本自己努力想要获得的一分工作，似乎太得不偿失了。

11. 盲从

大街上经常看到不知道为什么人家在排队，自己也边排队边问别人干什么，这就是盲从现象。有的大学生具有较强的依赖性，独立自主性较差，在就业找工作时，不考虑自己的兴趣爱好，一味从众，什么工作热门去做什么，根本不去思考自己能否胜任，是否有发展空间，仓促签约，最后发现不适合的时候就毁约或者离职。

【案例】

北京某财经学院的女研究生，为了找工作而特意到美容院选择了“挖耳垫鼻”。随后这位女研究生在接受记者采访，女研究生介绍说：“自己是一名在读研三的学生。虽然学习成绩优秀，但是在求职过程中却屡屡受挫。后来自己在总结失败教训时发现，或许是自己相貌平平的外表，没能给面试单位留下深刻的第一印象。因此她才过来整容。为求职而整容，这是现在大学生求职的流行趋势。对此专家建议不应盲从，用人单位首先是要考察应聘者的工作和实际能力，并非看重外表。如此盲从的整容，等于是在一条错误的求职道路上前行。

9.2 心理调适的常用方法

现如今的大学生求职不仅仅拼的是专业知识水平和专业技术技能，还要拼个人的综合素质，尤其是心理素质。同一个岗位两名专业水平相差无几的应聘者，胜出的往往是心理素质好的人。因此，大学生在掌握求职技巧的同时，不要忽视心理问题，面对就业双向选择的时期，学会进行心理调适，让自己始终处于一个良好、积极的心态，对于自己的就业将会有莫大的帮助，同时也有利于自身的健康。心理调适的办法有许多种，下面给大家介绍一些常用的方法。

1. 适度宣泄

对于舒缓压力，有一种极为简单的办法，就是跑到一个空旷的地方，对着远方大声喊“啊——啊——啊”，既简单又有效。当然了，最好的办法还是倾诉。大学生当发现自己因为求职显得焦虑不安、烦躁易怒时，就应该找父母或者朋友倾诉自己的感觉，这也是舒缓压力的另一种较好的手段。不要小看这些微小的心理问题，积少成多，一旦爆发，后果可能不堪设想，严重的还会导致精神崩溃。很多乐观开朗看着没有压力的朋友，他们往往都会及时找好友倾诉帮助，不把问题积压在心底，积成后患。其实大家都知道，如果把心里的烦心事和朋友或者家人诉说出来，不管能否解决眼前的问题，至少心情会好许多。朋友是用来分享的，不一定非得是快乐的事，烦恼也可以分享。

【案例】

近年来就业压力的只增不减，令许多高等院校也开始重视减压。为此，2012 年年初，某高校就举行了一场以“宣泄情绪、缓解压力、共建和谐校园”为主题的大学生拓展训练活动。报名参加这次活

动的大学生非常多，刘杰就是其中一名。他说此次拓展包括“直呼其名”、“信任背摔”、“心电感应”、“争金夺银”等训练项目。令他记忆尤深的是信任背摔，这项活动早已广为人知，基本上拓展训练上都有这样一个项目，受训者从1.6米高的高台上，笔直的背朝下倒下，其他队友用双手一起接住他。这个游戏能增强队友之间的信任感及团队精神。学校通过组织这样的活动，让同学们宣泄情绪，缓解了压力，刘杰说他永远会记得毕业前的这场拓展训练的，他相信他可以坦然面对就业的压力。

无论是运动缓解压力，还是找朋友倾诉，都是适度的宣泄，这样的宣泄避免了不当情绪在内心的积压，合理调整心态，迎接下一轮挑战时将信心倍增。大学生在遭遇求职压力时，不妨适当外出，参加团体活动，将压力宣泄出去，让自己始终处在一个良好的状态中。

2. 自我反省

每个人面对生活压力、就业压力、情感压力时，所表达的方法不一样，想法也不太一样。就如同有的大学生面对就业压力时，一味地埋怨社会给大学生的压力过重，不去思考为什么自己会有如此之大的压力，为什么有的人却没有什么压力。因此，遇到困难时，首先要冷静思考，重新为自己定位、规划未来。去思考自己就业失败的原因，正确面对自己的优势与劣势。不要怨天尤人，埋怨自己父母没本事，自己没背景，专业没前途等。三百六十行，行行出状元，这是大家都明白的道理。

【案例】

2012年1月的某一天，小萱收到了广西某学院的应聘通知，去该学院应聘一个教师岗位，学院要求的是动漫设计与制作专业的教师。虽然小萱之前投的简历是写明了我的专业是教育技术学本科专业，可幸运的是他还是收到了该学院的面试通知。

1月10日，小萱从安徽亳州坐火车去广西的那家学院准备面试，可以说是横跨了大半个中国，全长两千六百多公里，这趟火车一座就是二十多个小时。到了广西下火车，她还要再坐一个半小时的汽车就到那家学院所在地。到了那里，是一位姓王的老师接待的她，王老师对小萱还不错，还请他到老师的家里吃饭。吃过饭之后我就去了学院安排的招待所休息，准备第二天的面试。

第二天，小萱准时来到面试地点。应聘程序很简单，是机试加试讲，机试也很简单，是处理一幅图片和做Flash动画的制作，小萱两三分钟搞定。随后在接下来的试讲中，小萱从Photoshop的基础说起，可是当讲课讲到十分钟时，一位面试老师突出打断她问了小萱好几个问题。小萱自认为回答得头头是道，应对如流。

应聘结束后，院长通知他一个星期后等人事处通知面试结果。可这一等就是一个月，小萱急的跟什么似的。好不容易等来了结果，学院的答复是面试没通过。小萱问为什么，答复的女老师说那是考查组的事情，她也不太清楚。我又打电话问接待他的那位王老师，不知道是小萱的耳朵不灵，还是那位王老师的声音确实太小，小萱大概就只听到一个原因：专业不对口。

专业不对口？听到这个借口，小萱当时就抱怨起来了。专业不对口你们让我去面试？我简历上写的什么专业你们没看见吗！花费一大把的车费不算，还耽误了多少宝贵的时间，简直就是精神上极大的折磨！

王老师没过多的说什么。冷静下来的小萱也开始反思自己：“其实也没那么多好抱怨的，因为当时天气特别冷，我穿着羽绒服过去的，可能是显得不太正式吧。也或许是有户口限制吧，或者是所读学校有什么限制。最有可能的是学院认为我能力不够。不过最后这一点小萱倒不太认同。现在的单位大多应聘一看学历，二看简历，三看专业，四看户口，五看所读学校，六还要看人际关系呢。真正只看能力不看其他的单位实在是奇缺啊，俗话说“世有伯乐，而后有千里马。”如今伯乐少了，千里马自然就少了。

可是再一反思，伯乐虽然少了，但伯乐总归是有的啊。所以说首先自己得先是一匹千里马，这样才有可能被伯乐发现。那些“此处不留爷，自有留爷处。”的话，其实都只是对失败者的心理安慰，下次要再应聘，就一定要抱着“此处一定要留爷”的决心应对。

人人总会有各种挫折和失败的经历，但不可因为一两次的挫折就从此一蹶不振。反思挫折，纠正错误，这也是一个学习的过程。只有认真反思才能获取自信，而自信和奋斗才能成就未来。

3. 培养自信

在就业过程中屡遭失败，这是大学生自信心减弱、自卑感增强的主要原因之一，因此而产生怯懦、逃避、冷漠的消极想法也不在少数。自信心是前进的动力，是成功的保障。因此，我们在做心理调适时，培养自己的自信心是极其重要的方面。

【案例】

从前有两个人，他们在沙漠里迷路了。这两个人，其中一个已经结了婚，并且有子女，他觉得，自己不能放弃，不能死在这里，不然妻子和孩子都失去了依靠，他坚信，自己一定能够顺利走出这片沙漠，与自己的家人团聚。于是他一路上都做好了计划，节约饮水，并且想出各种各样的方法辨明方向，最后尽然真的靠自己的努力走出了沙漠，投入家人的怀抱。另一个人，是个刚步入社会的年轻人，从小就受到父母的疼爱，没有吃过什么苦，受过什么累。他很难过，没有了父母做依靠，自己怎么才能走出这片沙漠。他一边彷徨一边往前走，但没有走多久，他就失去了全部的信心，他觉得，父母不可能来救他了，而他肯定会干死在沙漠里，于是他喝完水后就坐在那里不动了。后来，当他的父母和营救人员找到他时，发现他离沙漠边缘其实只有3000米不到，因为他自己放弃了寻找出路，所以注定他失去活下去的机会。

大学生就业时，就好像沙漠中的这两个人。有些人因为知道自己身上有责任，所以即使条件恶劣，他们也选择坚持下来，他们也自信未来一定会有出头之日，而不畏惧现在的困难和心理问题。而有些人从来只知道依靠别人，等到自己遇到困难的时候，所想的就是等待别人的帮助，而不是自己给自己打气，给自己信心，让自己坚持下来。希望大家都能够选择前者，多用身上肩负的责任来鞭策自己，多给自己一点信心，相信自己一定可以。

4. 正视挫折

对于乐观的人来说，挫折也是生命的礼物，是激起斗志的基石，是鞭策前进的动力。所有成功的人士，无不是一路伴随着挫折走来。

大学生在求职期也会遭遇各种各样的挫折，但这仅仅是人生的一个小小打击，后面的路还长着呢。如果眼前这点小挫折都解决不了，以后怎么面对今后人生的大风大浪？在面对挫折惊慌失措、怯懦抑郁时，就要想办法去调整心态。要把挫折视为正常现象，以积极进取心态认真总结，不断继续努力、反复尝试，最终实现职业生涯目标。

【案例】

梦佳站在七楼的楼顶，手里摸着兜里那半瓶安眠药，正在生与死的念头间徘徊。这时，电话响了，是小时候的玩伴，长大时的挚交王豪打来的。梦佳接通电话，是小王问她面试的结果怎么样。梦佳一听，眼泪忍不住就掉了下来，王豪在那边慢慢劝导，轻轻安慰，告诉她："真的找不到工作，咱俩就像小时候说的，开个超市，自己可以随便吃店里的零食。"一番话让求职屡次碰壁的梦佳心里豁然开朗。是啊，小的时候，梦佳和王豪经常在一起玩，总是羡慕地看着路边小店或者超市里的零食，梦想开个店可以自己随便吃。现在竟然被眼前的挫折所难倒，小时候的梦想还没有实现呢，实在不行，真开个小店又怎么样，说不定也会越做越大呢。当梦佳告诉王豪自己差点想不开时，王豪在电话里告诉她："知道为什么我一直喜欢和你玩吗？小时候有一次我们玩游戏，爬那个院墙头进去摘枣，是你鼓励我一定能爬过去，我永远记得你在阳光下鼓励我的样子。所以，梦佳一定是个能坚持走向成功的女孩！"梦佳再一次落泪，不过这一次是感动得落泪，她告诉王豪，她一定会克服困难，寻找到合适的工作岗位的，自己永远是那个充满信心，不畏挫折的梦佳。

现代独生子女从小到大，家里几乎有求必应。平时又不承受生活的压力，可以说是在温室里长大的。当他们就业受挫时，很容易丧失对生活的信心，悲观失望，逃避社会，选择轻生这条路。历年来，几乎每年都有因就业受挫而轻生的报道，无疑我们的心中应该敲响这个警钟，珍爱生命，永不言弃。

5. 保持乐观

爱因斯坦说过“真正的快乐是对生活的乐观，对工作的愉快，对事业的兴奋。”不管是为人处事，还是工作学习，都需要有一个乐观的心态，相信事情一定是往好的方面发展的，多参加一些娱乐活动，比如桥牌、沙龙、联谊会等，通过参加这些活动，可以交朋识友，陶冶情操，还可以将就业压力转移，一举多得。同时要积极参加公益活动，努力帮助他人，别人得到你的帮助会表示感激与信任，而自己将会在帮助他人中得到认可与快乐。大学生还年轻，生活才刚刚起步，拥有乐观的心态，在困难来临之际，不退缩不彷徨，坚强面对，笑对人生。

【案例】

冯书承来到某电子公司仅仅一个月，就博得全公司上上下下的好感。要问他有什么秘诀，他说就是乐观。乐观的人总是持积极的态度去做事。无论在什么情况下，他都把自己视为公司的一员，不把自己置身事外。在工作中积极主动，有思想，善于与同事合作，虚心请教，耐心钻研，热心助人，诚心工作。这样的人，老板和员工有几个不喜欢的？冯书承所在的电子公司是个小公司，但是小有小的好处，仅仅一个月时间，冯书承便有幸熟悉了公司所有流程，并且接到一个独立开发的CASE，这对于刚进入行业的他来说，无疑是非常开心的事。相比他的同学，虽然进入大公司却与各项设计无缘，只能为公司的老手打下手，真的是幸运太多了。冯书承很庆幸自己当时没有一味地朝钱看，非要求大公司高待遇不可。他相信，只要在现在的公司做上五年，他就可以自主创业，实现自己的人生梦想。

都说心有多大，舞台就有多大。冯书承是个乐观的人，他相信有梦想就能实现。而且人最快乐的是创造财富的过程，而不是创造财富的多少。与其他有的大学生勉强进入小公司之后，不是怨天尤人，就是每天无所事事，当别的同学积累经验准备创业之时，他才发现，自己把大好的时光和机会都白白浪费掉了。

6. 其他方法

现代人生存压力大，尤其是刚毕业的大学生，因为年轻没有经验，感觉到求职压力大时，往往会胡思乱想，严重的甚至心悸、失眠，对事情总往悲观的方面去想。这时候，还有一些辅助措施能够帮助在求职过程中遇到心理问题的大学生。这些方法包括，深呼吸，户外运动，合理安排膳食等，它们缓解心理问题非常有效果的方法。

【案例】

肖倩因为回到故乡，没有找到合适的工作，心里很是烦闷。还好县里正在招聘大学生村官，经过努力她真的成为一名成员。可是大学生村官也不是光嘴上的活，没有在农村里和农民打过交道肖倩，确实费了不少力气。光为了普法宣传，她便累得嗓子哑，很多村民不配合，把发的普法书扔厕所里当手纸。后来的选举也是大费周折，差点没把肖倩给整疯了。每当此时，她就想起做深呼吸，并且到家乡小时候经常嬉戏的地方做一点简单的运动，看看远处的山和水，想象自己是天上的鸟儿或者是水里的鱼儿。她不再像之前一样，早上吃顿饭，然后不知疲倦的劳累一天，一到饭点，她就和同事或者乡民们好好吃一顿，吃饭时间也是很好的交流时间。而当她在傍晚把所有的事情都做完后，站立，放松，深吸一口气，再呼出来，一下子人就会轻松许多。而晚上，任务再多，活儿再重，她也喝杯牛奶好好休息。白天把工作安排好了，晚上自己睡的好。吃好睡好运动好，身体健康，精神自然好，工作起来效率也高。就这样，在当大学生村官的一年时间里，肖倩一直没和村民们发生过矛盾，赢得了村民们的信任。而她更爱这些村民们，立志要扎根农村，为他们服务终身。

缓解压力的办法其实很多样也很简单，有的时候，一个简单的动作或者一个小小的举动，都能令自己压力减半。与此同时，保持良好的心态是非常重要的。无论做什么工作，首先要沉下，把自己融入工作中去，才能取得好的效果。

案例点评

【案例 1】

萧萧出生在一个殷实的家庭，父母都是公务员，而且萧萧又是他们的独生女。所以从小到大，萧萧的父母对她是百般溺爱，疼爱有加。可以说，萧萧从小就过惯丰衣足食的生活，因此谁要是让她吃一点苦，那就等于是犯了天大的错误。

转眼，大学毕业的萧萧面临着就业问题。找工作前，萧萧就为自己定下了“四不去”找工作原则。不去偏远地区工作；不去条件艰苦的地方工作；非一线城市不去；非省会城市不去；按照她的要求，萧萧的父母托关系为萧萧联系了一家不错的单位，这家单位工作不累，待遇也很优厚，几乎所有条件都符合萧萧的要求。

但是萧萧才上了半个月的班，该公司经理就将萧萧辞退了。不为别的，这半个月来经理发现萧萧在单位里，工作懒散，积极性不高，对领导安排的工作总是挑三拣四的。最让人受不了的就是萧萧怕吃苦，稍微累点的活她总是找各种理由推脱。没办法，公司招的是工作的员工，不是微服私访的公主。

【点评】

有人说 90 后是扶不起的一代人，这种说法也是有一定的根据的。如今很多学生都是从独生子女家庭出来的，从小是在家里几代长辈的关怀下长起来的。相比于经历过各种时代变迁的老一辈来说，90 后确实没有经历过什么大的挫折。导致很多 90 后再面对挫折时显得过于脆弱。如同案例里的萧萧。她的那所谓的“四不去”如果坚持下去，最后的结局只能将自断绝路。试问，不吃苦的人，又怎如何体会甜之滋味？

【案例 2】

朱静看上去是个坚强勇敢的孩子，不过实际上她并不是大家所想象的这样。高考时，她就出现过严重的心理问题，导致她的腰部一直处于抽筋状态，而且夜里根本睡不好。家里只好找专门的按摩师来帮她治疗，还做了针灸，情况才好一点，虽然她也考上了大学，但不是很理想。她以为可能一辈子只会经历一次这样的情况，但谁知道，她现在面临就业，老情况又犯了。她的压力突然就大得有点让她承受不来，腰部又开始抽筋，并且伴随着失眠还有盗汗。家里人都紧张坏了，她本人也非常痛苦。后来她一边去做专业的按摩，一边去心理咨询机构找解决方案。在陈老师了解情况后，先是给朱静了一些鼓励，然后告诉她，人生当中，是会遇到一些困难，这些困难表面上看，它是阻挡你的障碍，但其实是你自己的心里出现了障碍。这些障碍很大一部分原因是因为你背负了责任，背负了父母和亲朋好友的重望，你不愿意辜负他们，但你又缺少自信和一些能力，是这些问题造成了你现在的压力。你所遇到的情况，很多人都会遇到，你应该放松下来，保持乐观，人生还很长，工作早晚都会有，你要令自己变强，而不是令自己在别人心目中的期望变高。等到物理治疗有一定成效的时候，就要适当地锻炼身体，把现在的问题暂时抛开，把目标碎片化，一次只走一小步，那么未来就能走出一大步。听了陈老师的话，朱静现在感觉好多了，她决心也要按照陈老师所说的去做，放开压力，让自己喘口气，然后继续上路。

【点评】

在求职的很多时候，大学生身上背负着很重的压力，这些压力来自父母的期望，来自自己对于理

想的追求，还有可能是自己自视过高。这时候需要去释放一下，而不是令自己更加沉重。多跟专业人士，长辈去聊聊天，放轻松一点，这样能起到非常好缓解压力的作用。要积极地做好心理调适，一旦发现自己有不正常的心理问题，都要及时地进行疏导。这些都是能帮助大学生顺利找到工作的重要环节。

【案例 3】

从前有两兄弟，他们的年纪很小，只有四五岁。因为他们卧室的窗户整天都密闭着，所以他们觉得屋内实在有点太阴暗了。当他们看见外面灿烂的阳光把世界照得亮堂堂的时候，十分羡慕。于是两个兄弟就商量一起把外面的阳光扫进来一点。于是，他们就拿着扫帚和畚箕到阳台上去扫阳光。但等到他们把畚箕里的阳光搬到房间里时，他们发现里面的阳光忽然就没了。兄弟俩这样来来回回扫了七八次，卧室里面还是没有一丁点阳光。这时候他们的举动被妈妈看见了。妈妈好奇地问他们，这是在做什么呢？他们回答说，卧室太暗，他们想扫一点阳光进来，可是怎么扫，阳光好像都不希望到卧室一样，卧室现在还是黑洞洞的。妈妈笑着对这两个傻孩子说，你们只需要把窗户打开，阳光就自然会进来，何必去扫呢？

【点评】

这个故事也许很荒唐，但大学生在求职过程中，处理自己所遇到的心理问题时的做法，就正如同这两个兄弟一样。如果大学生不能把封闭的心门敞开，外面即使有再多阳光，它们也无法驱走心中的阴暗。也许大学生不能改变用人单位的看法，也没有办法马上就获得高薪水和高职位，这让我们沮丧、难过，甚至失去信心。但我们可以改变自己，我们可以选择打开窗户，让阳光照进来，然后再慢慢从黑暗的卧室走出去，走向阳光，走向未来。

素质拓展

【拓展 1】

波尔是一个漂亮小伙，长得一表人才不说，学习成绩及综合素质都不错，在大学里，那是许多女生倾慕的对象。但是毕业时，波尔这届毕业生赶巧碰上了经济危机。就业压力那是陡增。不过像波尔这种优秀人才按说找份好工作还是不难的。

可天不遂愿，他去了很多家公司面试，最后都被人家一一拒绝，时间一长，波尔未免就开始心情沮丧。他开始埋怨是老天对他不公平。他埋怨自己是怀才不遇。为此波尔开始意识消沉。

有一天，波尔在城外的小河边碰见了一位牧师，波尔将自己的痛苦向牧师诉说，以求牧师能为他打开心结。这位牧师什么也没说，弯腰捡起了一块石子扔进了河里，然后问波尔："你能把我扔进河里的石子找出来吗？

波尔："不能"

牧师又将自己手上戴的金戒指扔到石子堆里，他又问波尔：

"你能把我扔出去的戒指找出来吗？"

波尔斩钉截铁的说："我能。"

波尔找出牧师扔掉的戒指，他将戒指交给牧师的那一刻，突然波尔明白了一切！

这是一则题目叫《如何看待怀才不遇》的故事，而像波尔这种自认为"怀才不遇"的大学生数不胜数。请结合本章内容，回答以下问题。

① 这则故事向大家传递了什么道理？

② 假如你也是一个自认为"怀才不遇"的人，这则故事又带给你了什么启迪？

③ 假如将来你在就业时，遇到和波尔相同的问题，你该如何调节你的心理？

【拓展2】

你是否也在求职过程中遇到了一些心理问题？如何化解？请同学们互相讨论，各自还有哪些能调适心理的窍门？

第10章 职场情商的培养

情商主要是指人在情绪、情感、意志、耐受挫折等方面的品质。职场情商，简而言之是在职场中处理好职场人际关系的能力。我们常说“七分做人三分做事”，做事的三分靠的是智商，而做人的七分就要看情商了。大部分职场新人都希望自己在职场上能赢得成功，能够成为成功人士，可是他们的身上大多会阻碍其成为成功人士的诸多硬伤，比如人们大多比较有个性，比较自我，喜欢以自我为中心，他们可能很自负，也可能很自卑，有的人甚至是自负和自卑的结合体。只有发自内心愿意接受来自于外界对自身的教育和影响，才能在短时间内完善和突破自己。

10.1 职场情商的内涵和重要性

1. 职场情商的内涵

职场情商是个全新的概念，是职场中，人的信心、恒心、毅力、责任感、合作精神等一系列与人素质有关的反映程度，是职场成功的一切必需的、适当的非智力因素，包括协同力、沟通力、抗挫力、应变力、自我管理力、持久力等一系列职场提升力。正所谓“智商决定录用，情商决定晋升”，职场情商是一个职业人士不可或缺的素质，是我们在职场获得成功的关键。成功与否，智商多高不是重点，重点在于你有多高的职场情商。因此，打造职场情商是人们在新世纪不可或缺的必修课。

【案例】

别看罗凡现在混得有房有车有模有样的——一家颇具规模的公司最年轻的副总，可是就一年半前，他还为找一份普通的工作而苦苦寻觅。

罗凡本科毕业于一所普通的大学，学的专业是工商管理。大学期间可以说什么都学了，可又什么也没学，一句话：样样通，样样松。加上他还是个没什么职场经验的大学毕业生，所以找起工作来也是颇费了一番周折。

后来，他在一次大型招聘会上看到一家商业房地产在招经理助理，岗位听起来不错，可是提供的待遇非常之低，近乎白用人，唯一让他驻足的是这家公司不挑人，只要应聘就可以马上录用。罗凡本来不想将就那么低的条件，可是他已经找了将近半年的工作，别家一听说他没有工作经验往往连问都不再问就直接把他 PASS 掉了。就这样，他进了这家公司，可是进入公司之后，他才明白，所谓的经理助理就是个小杂役，所做的工作包括给公司打扫卫生（公司没有专门负责打扫卫生的清洁工）。

干活多而杂还是次要的，关键的是这家公司老板的脾气非常不好，动不动就发脾气。别人的属相是属狗属狗，他是属炮仗的，点火就着。另外，这位老板是苦出身，没读过几年书，却非常看不起像罗凡这样大学毕业后眼高手低，只会夸夸其谈、纸上谈兵，却肩不能挑，手不能提的“秧子货”（老板语）。

跟罗凡一起同来的一些同事因为受不了老板的狗脾气纷纷离职。其实罗凡也想走，可是他知道自己的学历没别人的硬，找工作不易，所以他只能忍，另外，跟他同部门的一个老伙计跟他讲的一句话让他觉得很励志，那位老伙计跟他说“只要你熬得住，就能熬得出。”

一个新进职场的大学生怎么可能在工作上不犯错，况且罗凡又是个比较大大咧咧的人，所以犯的错更多，他一犯错，不但老板骂、上司骂，有时连同事也骂他。

可是为了能“熬得出”，罗凡对这些都“熬住”了，到后来，每当上司或老板骂他，他都会用手机把人家骂他的话录下来，回家后，睡觉前放出来听，分析人家为什么会骂自己，自己究竟错在哪？时间一长，他已经不把上司或者老板骂自己当回事，反倒是把自己当成了找破案线索的大侦探，别人一骂他，他脑子里想的第一件事不是想着怎么反驳而是——他为什么骂我？而且他在录音中发现自己被骂大多不冤枉。让同事们觉得更为变态的是，有一次，老板骂他是“朽木不可雕”。他竟然把这句话当成手机开机问候语，每天早上打开手机第一眼看到的就是这几个字。

后来，公司投资了一个新项目，是一家大型的购物中心。在开业之前的三个月，老板有些“丧心病狂”地要求公司所有员工早上八点上班，晚上十点下班，任何人不准请假，更没有什么休息日。

刚开始的一个月，大家还挺着，第二个月就陆续有人提出辞职的要求，到了第三个月公司的几个骨干也提出辞职的要求，有的人甚至连招呼也不打，直接人间蒸发。

到了最关键的收官阶段，因为急需要用人，公司不得不又招了一批大学生员工，这样一来，罗凡就成了老员工了。因为在一次抢修工作中罗凡做出了突出成绩，老板未经过什么考核就直接把他升为经理（原来的经理累跑了）。

等到购物中心开业时，罗凡已经成为可以站在老板身边照像的公司高管了。

2. 职场情商的重要性

有项调查结果显示，一个人的智商和一个人的情商对他的工作上的贡献度，情商至少是智商的两倍以上。而且越往高阶层走，越到公司上层领导的位置，情商的贡献常常更重要，比例是 1∶4～1∶6，所以有这样一种说法——成功人士都是高情商的。作为职场新人，职场情商是大学生在进入职场后很重要的一项修炼任务。

【案例】

张扬参加工作虽然有一年多了，但他依然过得很凄苦。每天任劳任怨、起早摸黑的上班，但月底领到的工资却少得可怜。把房租一交，之后的日子每天都得紧衣缩食的过。再加上他跟公司同事和上司之间的关系也没搞好，在公司里不受大家的待见，总之是郁闷极了。但他又不跟朋友沟通，也不自己适当的调节一下，所以导致压力越来越大。而且他觉得自己也不笨啊，挺聪明的，为什么就是混不好呢？

他现在只想放弃，不想过大城市的生活了。他觉得自己再在这里待下去会发疯的。父母养活他非常不容易，而且现在身体不好了，也非常需要他。当他看见别的朋友过年过节都给父母买这买那的时候，他实在觉得自己太不孝顺了。

后来他终于找了心理咨询医生，把心里的苦水好好倒了一番。在听完他的叙述之后，医生跟他说，不要太紧张了，他几乎每天都会碰到一个像张扬一样的年轻人，在压力太大不懂得调节自己，而在职场打拼又丝毫不得要领，沟通能力不强，情绪失落到低潮。其实这没有什么大问题，这都是因为在学校里待久了，缺乏职场情商培养的结果。这跟智商无关，它也不是天生就具备的，需要一个人，初入职场的人慢慢去培养它。在张扬与医生聊过之后，他心里放松多了，也知道未来应该从哪些方面做出调整，他想要做一个成功的职业人。

张扬在职场遭遇很多事情，这让他失去了方向。而这种情况主要就是因为职场情商不足，不懂得调控自己、不懂得与他人积极沟通的原因。大学毕业生很容易遇到这类问题，但在没

有专业人士帮助的情况下，又没有任何职场技巧，无法提高职场情商。其实不必把职场情商看得那么高不可攀，注意去培养，每个人都可以具备。

10.2 提高职场情商的基本法则

由于职场情商的缺乏，导致初入职场的大学毕业生在各方面碰钉子，犯错误。大部分职场新人都希望自己在职场上能赢得成功，能够成为成功人士，可是他们的身上大多会阻碍他们成为成功人士的诸多硬伤，比如人们大多比较有个性，比较自我，喜欢以自我为中心，他们可能很自负，也可能很自卑，有的人甚至是自负和自卑的结合体。而想避免这些错误，则需要掌握提高职场情商的一些基本法则，为成为一名成功职业人而积极做好准备。这些包括：认识自我、驾驭情绪、识别他人情绪、学会沟通、注重细节、不怕吃亏、保持低调、相处和谐。

1. 认识自我

职场情商，既然关系到人际关系，那么就必然存在一个角色定位问题。在面对什么人，自己是处于什么样的一个角色。这也是通常所说的认识自我。如果对自我认识不清，那么极有可能对人际关系的把握和处理不到位，对待领导不像对待领导，对待同事不像对待同事，有时候甚至会影响到客户对自己单位的形象认知。

【案例】

梁重毕业后进入了一家私营企业，这家企业的老总是他的舅舅。舅舅从小都看着他长大，而且对他也非常好，他也非常依赖舅舅。现在，他进了舅舅的企业，理应可以走得非常顺畅了。不过刚进公司的一个月，他还是有点适应不了。他经常没事就会跑去舅舅办公室，跟舅舅聊天喝茶什么的，而且工作中一有什么问题，他就去找舅舅，而他其实是有自己的上级领导的。后来他舅舅教训了他一顿。舅舅跟他说，既然走进了工作岗位，就要认识清楚自己的身份，我虽然是你的舅舅，但这是在家里，进了公司，大家各有职责，就该公私分明。你有你的上级领导，你有什么事跟他汇报和沟通就可以了。你这样没事就来我办公室瞎转悠，有事就直接跟我汇报，这样会造成非常不好的影响的，人家以为我们公私不分明，最后任人唯亲，有能力的人也不愿意多干活。而且你既然上班了，就应该摆脱学生身份，你现在是一个成人，你要为自己的事情负责，你做错了，我也会惩罚你。而不是没人管，失败了更不可以重修。

梁重碰到的问题也是一些大学毕业生所碰到的问题，在职场中，对自我的认识不够，对自己的身份定位不清。从而导致和同事、领导和客户处理关系时，方式不当，这都容易造成很不好的影响。所以，认识自我，是提高职场情商的第一步，也是非常重要的一步。

2. 驾驭情绪

职场情商中，最重要的原则就是如何管理自己的情绪，如何洞悉人心，揣摩别人的心理，调整自己的心理，张扬好情绪，收敛坏情绪，从而赢得别人的认可和尊重。每一个心智正常的职场人肯定都不愿意跟别人发生冲突，所有的职场人都希望自己能跟别人保持良好的人际关系。职场上的成功往往来源于他对自己情绪的很好管理，尤其对失败情绪的管理。可是就有一些人总是控制不住自己的情绪，为了点小事情也会跟别人发生激烈的冲突，之后连他们自己也会感到非常后悔。

【案例】

徐谦出身于一个艺术家庭，父母都是搞文艺的，从小就被家庭熏陶，喜欢追求完美，深信这个世界上有绝对的公平和公正，在大学时就有“正义使者”的绰号。

他刚进公司做的是行政部专员的工作，除了工资之外，从没享受过其他的待遇。一个偶然的机会，他得知自己的同事蒋娜的手机费竟然是实报实销，而且额外还有车补餐补等好处。这让他感到非常生气，大家都是同一级别的员工凭什么她就有，而自己就没有呢？还有，这个蒋娜在行政部基本上不干什么工作，上了班就上网聊天，玩游戏，从没见过她干过什么正经的工作，上司对她也是睁一只眼闭一只眼。

于是，借一次汇报工作的机会，他向上司提出了自己的意见，觉得不公平，希望上司能一碗水端平，另外，他还向上司反应蒋娜不工作光知道玩的事情。

上司听后，皱着眉头沉吟半晌，不咸不淡地说了一句，“你反应的情况我知道了，等我了解一下情况再说。”

徐谦本以为上司会马上有所行动，可是半个月过去了，上司并没有什么动静，也没给自己加福利待遇，更没有制止蒋娜的种种不妥当行为。徐谦是又气又恨，觉得上司对下属处事不公，有意偏袒蒋娜。更让他生气的是，可能是上司把他反应蒋娜上班时间不工作玩游戏的事告诉了蒋娜，所以蒋娜时不时得会找茬跟他发生磨擦，有时会故意给使绊子，让他出糗，有时会让他在众人面前丢尽了脸。

徐谦实在是受不了这个气，于是决定以血还血以牙还牙，不但跟蒋娜顶着干，有时跟上司也是当面锣对面鼓地争吵。时间一长，徐谦在部门内的人际关系变得非常糟，他不进门，大家有说有笑，他一进门，大家立即全部静音，几乎没有一个同事会跟他主动交谈，连中午到食堂吃饭，也没有人跟他一起，要是他主动找人一起，人家也一定会找个理由拒绝。

徐谦知道自己在行政部是待不下了，于是打请调报告，可是上司就是不批。没办法徐谦不得不辞职，在辞职之前，他给公司的总经理写了一个多达一万字的举报邮件，把行政部的一些事情一五一十地全讲了出来，当然主要是举报上司跟蒋娜的一些问题。徐谦之所以写这个举报邮件，是因为他并不想真正离开这家公司，虽说现在他只有工资，但这份工资在同行业来说也是相当高的。从平时的工作中，他了解到公司总经理是一个非常注意下属意见的 BOSS，他希望总经理能注意到自己的意见，并有所作为，这样自己就可能留下来，或者是有机会调到其他的部门。

可是，结果让他非常失望，他的举报邮件发出去很长时间，总经理也没有特别召见他，倒是人事部的人事专员找他单独谈话，让他自己主动辞职。这个人事专员是跟徐谦一起进公司的，两人还是大学校友，平时的关系还不错。所以徐谦把一肚子的怨恨和委屈全倒了出来。人事专员听后，平淡地说：“我们是好朋友，我才跟你说。你可能觉得自己干得比别人多，得到的却比别人少，可是你知道吗？蒋娜是一个非常有背景的人，她一年可以给公司带来几百万的订单，她到公司来不是上什么班，是公司养着她。还有，你不应该越级上报事情，在职场上越级上报上司的错误是大忌，你可能觉得这么做是为了公司好，可是上面的人却认为你是在找麻烦，你想，连你都看出来的问题，他们会看不到吗？这个世界上的老板都不是傻瓜，他们绝不会平白无故地让人白领工资，那些表面上看起来好像是游手好闲、无所事事的平庸同事，往往担当着重要的大职责和大任务，关键时刻，老板还需要他们往前冲呢。所以，你和他们比公平，和他们过不去是自讨没趣，只会让你的职场生涯变得更难走。”

听了人事专员的话，徐谦出了一身的冷汗，并且后悔不已，这才意识自己的莽撞和愚蠢。

其实，生气、愤怒是一种很消极的情绪，这种情绪不仅会压抑一个人健康向上的良好心境，而且会影响我们的聪明才智与创造才能的发挥，大部分的愤怒情绪都会衍生出破坏与消极的结果，会很大程度地影响我们的职场发展。并且，做这种无谓的情绪发泄，不但耗费了本该要好好放在工作发展上的精力，而且非常容易把人际关系搞僵。哪怕你暂时性地斗胜了，可是往往会为以后的发展之路埋下可怕的地雷，这是一种得不偿失的事情。所以我们要学会管理和远离那些消极的、负面的情绪。

3. 识别他人情绪

很多东西不像语言，开心或不开心能够准确地传递出来。懂得去识别对方的情绪，这样

才能保证自己不会鲁莽行事。大学毕业生在走进职场之后，学会观察同事、领导以及客户言行，根据这些言行判断他们的情绪再去说话做事，这都能够对职场情商培养起到良好的提升作用。

【案例】

小丽工作已经半年了。在这半年中，她学到了很多，不只是业务知识，还有跟人相处的技巧。可能因为她是女生，所以她很懂得察言观色，识别同事和领导的情绪，阅读他们的心理，然后根据自己的发现来行事。有一次，领导带她去参加会谈。在这一过程中，需要她做一些口头翻译，而会谈的双方对于利益分成的决议一直感到不是很满意。后来会谈结束，双方会餐，对方负责人跟小丽先聊家常，这时，领导有点不满意了，觉得小丽似乎有点热情，因为会谈还没有什么成果，此时如果示好，可能会造成我方势气上的削弱。虽然领导没有明显表示出来，但小丽也看在心里。小丽在主动取悦对方的同时，又主动跟领导传递他们聊天的内容，然后告诉领导，其实她发现对方也并非是对利益分成很不满意，只是对会谈上领导的咄咄逼人口气不满意。而且，当她试探性地替领导说了好话之后，对方也表示做生意，不必这么针锋相对，大家好好谈，应该会有不错的结果。小丽建议领导可以主动敬一杯酒，缓和一下情绪。就这样，下午双方又重新回到了会谈桌上，这次大家终于达成了协议。

小丽在工作中就极好地做到了体察他人的情绪，她很好地识别了客户和领导的情绪，在适当的时机做了适当的事，既安抚了客户，又及时跟领导沟通，这才挽回了这单生意。可能很多男同学，并不能够像小丽这么细心，但是也需要主要这些问题。

4. 学会沟通

几乎所有招聘广告中，都会强调应聘者应具有善于沟通的性格特点。这正说明了沟通是职场中、工作中必不可少一部分。很多老板有时候宁可招一个能力一半但沟通较为出色的员工，也不愿招来一个“独行侠”，整日独来独往、我行我素。能否可以跟同事、领导、客户流畅地沟通，正好可以体现一个员工的职场情商。所以学会沟通也就成为了培养职场情商的重要原则之一。

【案例】

小李今年刚毕业，毕业之后，他在一家广告公司上班。不过他的性格属于内向型，而且短时间里，他和同事也不非常熟络，而工作中他碰到的一些问题，都是借助自己的个人看法、主观臆断来处理。有一次，老板交给他一个任务，要他去做大幅的宣传海报。小李拿 U 盘拷贝好就出门了，不过来到图文制作店，对方问他是想做成哪种形式，何种价位，图像的分辨率如何时，小李却全都答不上来。这时，他才赶紧跟领导打电话，问清楚海报制作的要求，领导把他一顿训斥，而小李也只有受着的份。回到公司，同事小王跟他聊天说，人际交往和工作一样，你不去沟通，难怪别人无法理解你。如果你跟领导把要求问清楚，也不至于领导后来会大发雷霆。而领导训斥完，你也不应该什么话都不说，这样会让领导以为你懒得理他。你要示弱，但不是懦弱，更不是一声不吭。小李觉得他在职场上需要学习的东西还很多。

大学生进入新的工作岗位，通常都会对周围的环境产生一些抵触现象，不愿与他人沟通和交流。在学校里，也许沟通和交流不会显得非常重要，因为学习知识是最重要的事。但到了工作岗位，就再不是单打独斗。而小李显然是把学校里的人际处理方式带进职场中，这种危害是非常大的。无论什么事，只要去沟通，大事也会变成小事，如果不去沟通，那么小事也会变成大事。

5. 注重细节

在人际关系的处理上，细节的作用非常微妙，也非常重要，能体现出一个人的职场情商

如何。注重细节，则会表现出大学生对他人的一种关心和重视，如果不是关心和重视，也不可能会发现什么细节。而人正是这样一种需要被关心和重视的生物，所以注重细节，能够增进人和人之间的感情。

【案例】

小雯毕业之后在一家咨询机构工作。她在人际交往中是一个非常注重细节的人。单位如果发什么物品，或者会有奖金发放，她总是招呼大家一起，如果有些同事因为忙没有领，关系很近的，她也会帮忙领一份。而有些时候，同事有事出差了，这时有人来找这位同事，她如果发现了，一定会接待这个人，并且她要知道是什么事，也会主动去跟对方说，如果不知道，就马上给自己的同事打电话，告知此事。而小雯最注重的一点，就是她无论何时上班下班，都会跟同事打招呼，互相问好，面带微笑。这都让她的同事对她有亲切感。而她也给自己定了两条规矩，第一条，绝不在同事背后说坏话，或者打听别人隐私。第二条，绝不会去占嘴巴上的便宜。虽然这些可能都是极不起眼的小动作，小心理。但这却帮助小雯在单位中获得大家的一致好评，谁都愿意跟小雯分享自己的成果，愿意给予小雯工作上的帮助，而没多久，小雯也升作了部门主管，这样的人当部门主管，大家没有不服气的。

小雯确实没有做什么惊天动地的大事，这些都是生活中的零星小事，小细节。但这些小细节也能够清楚地反映出一个人的为人处世原则。正是这种小细节，小雯才会在同事中获得很高的声望，这也为她今后成为领导铺好了道路。

6. 不怕吃亏

很多人都怕吃亏，尤其是大学生。在面对待遇问题时，在面对利益冲突时，都会盲目地以自我为中心，去躲避这种损害。但是不要忘记，职场，它虽然存在竞争，但它也是一个利益共同体。你吃了一些亏，但赢得的却是别人的尊重，而这些尊重却不是利益能够衡量的。计较蝇头小利，未来的发展也难以走远。

【案例】

陈显初是一名沿海大城市的销售经理。而他能坐上这一位置，全赖他当初的选择。刚进单位没多久，单位要在西部边远城市新疆开拓市场，虽然这家企业在沿海地带和中原城市已经有了非常好的市场，但现在他们为了扩大规模，急需向西部边远城市进军。但企业里所有的销售人员都知道新疆条件艰苦，开发得好，最多也就得到跟现在差不多的待遇，但是干不好，可能几年的努力就白费了。甚至有些业绩非常不错的员工跟老板放话，如果派他们去西部，他们就直接辞职，凭借他们的能力，他们也可以换一家企业获得同样的收入。不过陈显初立即就站了出来，主动表示要去新疆，而且向领导保证，他不把新疆的市场开拓出来，绝不回来。陈显初是一个新人，但他的豪情和自我牺牲意识一下子就打动了领导，领导直接升任他为部门经理，给了他权利和资金，让他好好把西部这块市场啃下来。其实在大家眼里，他的做法非常不明智。开拓一块市场，快则三年，慢则五年以上都有可能，而他要在公司总部发展五年，他的前途肯定很好了，出去吃个苦，没必要。但就是这样，陈显初不怕苦不怕累，积极开动脑筋，只花了两年时间，就把一个西部城市的市场给做出来了。不过毕竟是西部城市，即使做出来，业绩其实也只有公司总部的十分之一不到，但了不起的是，份额却占当地的第一，而陈显初的收入此时只有总部同等级别经理的一半。就在大家都在讥笑他时，老总却在过年后把他召了回来，然后把总部的销售总监给了陈显初。当大家都不服气时，老总说，谁敢站出来说自己可以把新疆的市场三年就开发出来，我可以任命他当销售总监。这时，没有人敢说话了。陈显初虽然表面上吃亏，但他的前途却因此而照亮了。

可能陈显初心甘情愿做的这件事，在别人看来，躲都躲不及。表面上看，不仅自己的收入无法保证，甚至连晋升机会都会比别人少非常多。一个在沿海大城市做了 3 年的经理即使

跳槽也会比一个在西部城市开拓 5 年市场的经理要享受更好的待遇。而陈显初也并非不知道这一点，但他深信，吃亏也是一种磨练，别人不敢干、不愿干，才能体现出他的坚强意志和才干。

7. 保持低调

自以为是的年轻大学生，为了彰显个性和能耐，总喜欢炫耀自己，显摆自己。他们以为这样才能获取别人的尊重。孰不知，这样是最令人讨厌的。没有人喜欢听一个不成功的人的故事，那意味着浪费时间和自尊被侵犯。所以大学毕业生一定要小心谨慎，保持低调。这也是大学生体现自己具备良好职场情商的重要手段。

【案例】

刚进公司就想身居要职的小李，一直都觉得自己被公司大材小用了。他是名牌大学毕业生，也拿到了很多大公司的 offer，所以就觉得自己很了不起。他认为自己迟早都创造一家了不起的互联网大公司，而自己是最出色的 CEO。

他对自己的行为从来都不收敛，总是要在同事面前炫耀自己在学校里所得到的殊荣。而且在进行团队合作任务时，他经常要擅自加进去一些自己的创意，虽然这些创意有的确实不错，但这给团队带来了很大问题。

再加上，他没事就会跟老板吹牛，说什么样的大公司应该需要什么样的条件，公司现在应该考虑转型什么的。还天花乱坠地讲了一些不切实际的东西。他总觉得自己的这些理论是天才的理论，就是没有地方施展而已。

没多久，小李在公司里就被孤立了。团队不喜欢他，老板也躲着他。而公司里重要的任务，也不会交给小李做，小李最后干得却都是公司里非常底层的编程活。他屡次找老板讲理，老板也只是拿年轻人需要锻炼为由推挡他，而没多久，小李就被辞退了。

小李喜欢显摆自己，但是还把个性带到工作中来，这是非常危险的。这为团队合作带来了很大问题，让很多工作很难继续下去。这也难怪小李在公司里被孤立以及最后被辞退。年轻人，谦虚一点，是好事。多跟长辈们学习一下，才能够得到进步。显出自己无所不能，也就没有人愿意教你了。

8. 保持和谐

一个成功的团队，必然是在一个和谐的工作环境里奋斗。与领导保持和谐，与同事关系保持和谐，这些都是支持一个人晋升的必要条件。而如何妥善处埋在职场中的各种关系，往往取决于职场情商的高低。有时一个想法的转变，就能让你在职场中找到应付自如的感觉。

【案例】

唐虎是一名业务员，工作一年多了，现在逐渐才开始摸到门道，业绩自然也稍有了一些起色。

就在他打算在公司大显身手的时候，意外情况发生了。公司的老业务员老王，也就是以前带过唐虎的“师傅”，最近由于业务量比较多，一个人忙不过来，需要一个帮手，于是常常需要唐虎拿出自己的时间帮他的客户服务。

毕竟是帮助过自己的老师傅了，所以在帮忙的最初一个月时间里，唐虎也没说什么。可是后来，唐虎帮老王服务的内容是越来越多，为此耽误不少自己客户的业务。不仅如此，老王的客户还心安理得的使唤唐虎，对唐虎的要求是越来越多。有的客户甚至从头到尾都由唐虎来负责，可是业务量却都记在了老王的名下。唐虎干起来觉得很累，也不知道该怎么跟老王说，怕说不好再得罪自己的“师傅”。这事一直让唐虎头疼。

工作不顺利的唐虎，回到家里也不顺心。由于前段时间唐虎的父亲做了一次大的手术，本来就没

少业务量的唐虎自然是囊中羞涩，于是就跟关系不错的邻居借了一万块钱。今天下班的时候又碰见了邻居，邻居催着让唐虎还钱，唐虎只好答应明天想法凑钱把钱还上。这又是一件让人头疼的事。

夜里，唐虎在被窝里是辗转反侧睡不着觉。爱人问他咋回事。单位的事唐虎又不好意思跟媳妇说，怕媳妇也担心。于是就把邻居催着明天还钱的事告诉了媳妇。唐虎的媳妇这才知道，原来自己丈夫睡不着是因为明天还不上钱才这样的。于是唐虎的媳妇披上了件衣服走出了家门。直接敲响了邻居的大门说："大哥，我丈夫明天还不了你钱啊。"说完这句，她就回来了，对唐虎说："踏实睡吧，现在该他睡不着了。"唐虎不免为妻子的这番话有点吃惊。心说这家有贤妻，男人就是不做横事啊。这下能好好睡了。忽然唐虎心生一计。呵呵，我知道该怎么跟老王说了，而且他准不会生我的气。

第二天一大早，唐虎来到了单位见到了老王，唐虎跟老王说："师傅，最近我也很苦恼一个问题。家里我爸得病做了手术，这您也是知道的。为给我爸看病借了不少钱。现在有人都催我还账了。您也是知道的，我的业务量本来就不多，拿什么还人家啊。这个问题您能帮我想想办法吗？"

当唐虎把这个问题抛给老王时，老王那是无言以对的。唐虎的弦外之音老王马上就听了出来。但是又一想唐虎说的也是实情。自己确实占用了唐虎不少的时间。面对这个问题，老王只有两个选择，要么帮唐虎解决这个问题，把自己的客户分出一部分给唐虎打理。要么从今儿开始保持沉默，不再这么使唤唐虎。

唐虎乘热打铁又接着说："师傅您看这样行不行，我愿意帮您打点客户，您能不能把您忙不过来的客户让我也参与一下，就算是您帮我这个徒弟了。"自知理亏的老王也没什么异议，很乐意地就答应了唐虎的提议。毕竟唐虎也算是自己的半个徒弟。就这样唐虎在不得罪老王的情况下，不仅增加了自己的业务量，还很好地保持了和谐的同事关系。

这也是一个很典型的职场案例。许多职场新人都会被那些老人们不计报酬的使唤来使唤去。而作为职场新人又很难直接拒绝对方的使唤，不想为此得罪对方。如何才能在不得罪对方的前提下，表达出自己对现状的不满呢？这就是考验职场情商的时候。比如这个案例里的唐虎，假如他再不采取点措施，提醒老王不要越界的话，以后两个人的关系就会出现更大的恶化，最后甚至可能是针锋相对，没有缓和的余地。而唐虎将自己聪明的说法抛给对方老王后，老王心里也是为难的。毕竟自己无限制的使用唐虎的行为，虽够不上恶劣，但也不是什么光彩事。老王只有答应唐虎的要求，才能保持双方和谐的关系。

案例点评

【案例1】

大二暑假的时候，小容、季敏和一大帮同学在一家快消品公司做实习生。当时公司为他们这群实习生还制订了详细的培养计划。这些实习生就像一窝小虫子一样，涌进了这家跨国公司，几乎遍布公司的所有部门。那时的他们，都处于同一起跑线，每天的工作无非就是没完没了的发快递，搜没完没了的信息，印没完没了的材料，发没完没了的牢骚。

在这些实习生中，季敏总显得很特别。她比大多数实习生来的要晚了两个星期，而且来的那天还穿着一身校服，也不爱怎么跟人说话。公司将实习生们安排在单独的一间小屋子里工作，大家都调侃说这就是他们的"小黑屋"。而季敏也常常进出于"小黑屋"但是显得比较的安静。

不久，公司安排各地分公司各派一名代表来总公司进行培训。这些区域同事就被安排在"小黑屋"旁边的玻璃房子里上课培训，只有到了吃饭时间才会结对出来。

实习的那段时间里，小容她们下了班就不厌其烦地去逛商场。听着商场里的音响里，不厌其烦地用英语、日语、韩语广播着各种商品打折的广告语，小容她们就不时的抱怨自己的工资是多么得低廉，连件打折的名牌衣服都买不起。但是大家发现，季敏却很少和她们一起出来逛街。

区域公司的同事在总公司待了两个月。所有的实习生都在自己的组里忙，有的忙着盯销售额度，有的忙着做渠道规划表格，有的忙着做各种报告，有的在外面跑着看店面。只是在中午吃饭的时候，大家才有聚在一起的时间。吃饭的时候，小容她们私底下常常的控诉这家公司对实习生有多苛刻。很多同学都表示暑假一结束，她们就打算辞职。这样的日子与她们理想的工作实在相差甚远。有些同学义愤填膺地表示："自己的才华、文采、能力，在这家公司没有丝毫施展的余地。"不过有好几次大家在吃饭的时候，都看见季敏总是夹杂在区域同事的中间打饭，她和区域同事有说有笑的，感觉很熟的样子。

暑假结束之后，有一大半的实习生都选择了辞职。只有小容和季敏等几个实习生申请留在了公司。某天，小容他们几个在小屋里闲聊，只听外面有人喊了一声："区域的同事要走了，各部分的同事都出来送一下啊。"小容他们就都站在了"小黑屋"门口，对，就是在"小黑屋"门口。反正他们又不认识区域的同事，他们也不认识实习生。只见区域同事和公司那些正式与员工们握手、拥抱告别。临走时小容他们也做做样子向那些同事挥手再见。本想着这就该完了。但是当小容他们回身准备离开时，看见季敏夹杂在一拨区域同事的中间从楼道里走了出来。季敏一边走还一边热烈的和区域同事交流着。小容不知道季敏和他们交流什么，因为她根本不知道能和这些区域同事说什么。我只是在最后的时候听见季敏特别有感情地喊了一声："各位哥哥姐姐！你们要常来啊！"

【案例 2】

工作一段时间后，公司开始安排小容季敏他们跑店面，看看超市的新货有没有摆在显眼的位置上。其实就算超市没将公司的商品摆在好的位置，小容一个实习生能如何呢？无非就是回来将自己看到的情况，原原本本的报告给领导罢了，难道她还能跟超市吵一架让他们重摆吗？小容心说：我就是个实习生，我一直记得这一点，超市谁会听我的呢？

某天中午，小容在一个很小的社区超市里买点东西，顺便看看他们公司产品的摆放位置。突然就看见季敏在超市的一个角落里，张牙舞爪的吵着什么。小容赶走几步来到切近，才听明白原来是季敏在因为公司产品的摆放位置，和超市的人吵了起来。

小容问季敏怎么了，季敏指着眼前摆在货架栏最靠边的商品说："我这条线虽然没什么竞品，但是也不能放角落里啊！这顾客进来怎么能看得见啊。起码要摆在靠中间的位置。"季敏对小容控诉了一番，然后又转身指着一排货架跟超市的人喊道："我就是××公司的，中间位置的商家给了你们多少钱，就给这样的位置？我们公司的货是哪个业务员给你们发的？"

通过这件事，小容一直在思考一个问题：领导从来没有告诉过我们超市货物的摆放还有这么大的学问。我就是来超市例行公事的看一看，然后回去将我看到的情况原原本本的告诉领导。我从来都没想过我是否还有别的事情可以做。也从来不敢想自己能代表公司，和超市谈些什么。我一直认为超市的产品摆在哪个地方，顾客都能平等的看见。

毕业的时候，小容、季敏等一些熟悉朋友里，季敏的工资是最高的。更令人感到不平衡的是，季敏所签的公司的毕业生标准价格并非她的价格。小容她们几个好奇地问季敏为什么，她说："我从大二就开始混社会了，在这期间认识了不少的人，也做过不少的事儿。虽然我那会还只是个实习生，但是我打赌我比正式员工做得更多，了解得更深入。所以我拿的薪水必须比别人的高，不给这个价儿，我是不会干的！"

【点评】

同是一块出来的实习生，季敏之所以能比其他同学更加适应职场，体现了一下几点。

(1) 把公司的事当成自己的事。

季敏是那种很能将一件事情做到极致的人，而小容她们就不是。大多数的实习生总是觉得我们只是实习生，不用太努力，出事儿有领导扛着，怪谁都怪不到我们头上来。即便有了这么一把保护伞，都不敢保证自己一定能留在公司，因此公司的很多事务不需要那么较真。因此什么事我们不需要一个

劲儿往前冲。不用着急认识新同事、新领导。也不用考虑建立什么商业合作关系。甚至只会将公司的一些故事当做八卦新闻，作为我们日常的谈资。

但是季敏却做到了别人所做不到的事情。她就是那种自来熟，别人不熟她先熟。别人不热她先热。季敏在那个暑假和区域同事吃了一个月饭，便迅速熟悉了活生生的公司区域销售渠道，而这些知识和内容，是学生们在大四的课程上才会读到的。当我们后知后觉地一次次重新回到起跑线出发的时候，只有季敏这样有远见的有心人，早已跑到了很远很远不需要跟我们比的地方。

（2）善于抓住机会。

很多实习生进入一家新的单位，每天都在喊着工作太累，公司不把自己当人看，这不是自己理想的公司。因此抱怨的同时也就白白浪费了这样一个工作机会。有句话叫“当机会来临时要想法抓住他”，可还有一句古话叫“机会总是留给有准备的人”。但季敏的故事告诉我，机会是不能等着它自己来了以后再去抓的，机会是要靠自己每时每刻的抢先一步夺来的，是靠自己不断的认真积累换来的。当别人不认真、不负责、不上心的时候，便是最好的下手时机。只见老板第一次吵，剩下的都由自己吵。这样的员工才能得到领导实实在在的赏识。

素质拓展

周某，在毕业后一年，光荣担任国内某知名健身器材的区域销售经理。周某的业务能力一流，销售业绩的表现非常抢眼，而在周某进入公司参加的第一次全年销售工作会议上，他以销售业绩全国第一被公司隆重表彰，企业董事长还亲自给他颁发了奖状和现金奖励。不过，世事难料，就在颁奖的一个多月后，周某却突然收到公司的一纸公文，宣布其免职解聘。公司的理由如下：周某无视公司规章制度，多次在公开场合对公司的销售绩效考核制度表示不满和攻击。并且不尊重上级领导，私下散播领导的流言蜚语，并且有严重的越级报告行为。经销商管理不力，经常有经销商对其进行投诉。周某在经受这次打击后，并没有吸取教训，而是扬言要对做出解聘行为的上级领导进行报复。当周某找到董事长时，董事长语气平淡地跟他说，要不是你的上级领导念在你销售有功，早就去法庭起诉你的这些行为了。然后董事长派人把搜集的一些铁证摆在周某的面前，周某哑口无言。

周某个人能力突出，但职场情商却极其缺乏。请同学们分析一下，周某到底触犯了哪些职场的大忌？如果是你遇到这些问题，你将如何培养自己的职场情商，让自己不再重复周某的老路？

第11章

就业权益保护

11.1 求职过程中常见的侵权和违法行为

刚毕业的大学生多急于就业，一门心思地物色各种工作，一旦觉得有希望就会先奋勇而上，往往忽视了对工作职位所在单位的客观审视。因为很多用人单位恰是抓住了求职者的这种心态，在聘请过程中设下各种侵权和违法的陷阱。这种行为不仅会让初入社会的学生对社会产生恐惧感，还会给精神或者物质上造成直接的损害。

所以大学毕业生切忌不能在求职过程中因为求职心切而掉以轻心，要谨慎对待，做到客观审视，以求在求职过程中维护自己的正当权益。下面就来列举求职过程中常见的侵权和违法行为。

1. 招聘单位宣传不实

某些用人单位为吸引人才在发布招聘信息时会与实际情况脱离，比如渲染公司实力、虚设职位、虚设发展前景、虚拟高薪待遇等。这些单位为达到自己的目的，利用招聘时毕业生就业时期望“三高（高薪、高福利、高职位）”的求职心态，造成单方面侵犯了毕业生的知情权，有的甚至构成了严重的恶意欺骗。

【案例】

某高校毕业生王明一直想找个体面的职业，把就业底线定在了“三高”基准上。他给很多大公司投了简历，也在很多人才网站上上传了自己的简历，但这些“三高”的大公司从来没有给过他回音。偶尔接到过一些房地产公司打来通知面试的电话，不过都是要招聘从基层做起的业务人员，这离王明的理想岗位目标相差太远了。不久，他接到了一家外资保险公司的面试电话，刚开始他本来想直接挂掉，但听到对方说招聘“储备干部”这个职位时，立刻引起了他的兴趣。通过面谈得知，只要按他们的工作流程来，月薪可达万元。王明没多想，很快就入职这家外资保险公司。进了保险公司以后，王明才发现“储备干部”要做的事其实就是普通的寿险业务员要做的事：每天都要出去拉保险，每周都要打增员电话。所谓的工作流程，就是指按销售保险的流程来销售保险：培训—拜访熟人—跟进—促成；所谓的高薪也是建立在有业绩的前提下，没业绩就一分钱不会有；所谓的干部就是先得忽悠其他人进公司成为你的下线后，才能升格成为干部，而在忽悠到人之前，你只能是“储备干部”。这之前宣传是有较大偏差的。王明终于明白，要当个真正的“干部”，是很不容易的。

2. 廉价试用期

每一个初入职场的大学生都会经历一段工作的实习期。在新《劳动法》中规定：试用期

最长不得超过 6 个月。一些用人单位会打着“试用期”的幌子，拖延试用期时间，或者试用期满后以不合格的名义将试用者的工资苛扣甚至解雇，这都是违法的行为。另有一些用人单位利用试用期是正常的招聘行为，而在实习期间向毕业生收取培训费用，这也是违法的行为。所以，广大毕业生在求职时一定要杜绝这些情况的发生，维护好自己在试用期的权利。

3. 不正当的合同签署

不正当的合同签署犹如设下的陷阱。其中常见的有以下几种。

（1）口头约定。

【案例】

毕业生李华试用期满后，却发现公司并没有照之前所说的——给自己转正。考虑到自己工作期间未曾出现任何失误，更没有给公司带来损失。她鼓起勇气去向领导一探究竟，哪知道领导竟然说出“我们并未签订任何合同，所有的安排都是为了公司更合理的发展”。李华一时懵了，为了保护自己的合法权益她找到了当地的劳动局，根据李华的具体情况，劳动部门很快给出了解决方案，帮李华申请到了合法的劳动权利。

在这里要提醒广大毕业生，劳动合同的签定是必须的，就算是就业协议也不能代替它，及时地签订劳动合同能更好的维护我们自身的权益。

（2）威胁性合同。

带有威胁性质的合同，俗称“霸王合同”。这类合同一般是以某个条件为威胁，迫使就业者在违背自己真实意愿的情况下签订的。

【案例】

某毕业生毕业于一所高等技术学校，通过自己的勤奋和借助在公司的短暂磨炼，很快成为了一名优秀的技术员。这时，该企业允许他可以介绍自己的亲戚朋友过来上班，并于该技术员的亲戚朋友先后签订了劳动合同。之后，公司便以解雇其亲戚朋友为条件强迫该技术员与其签订不公正的劳动合同。

这位技术员经历的就是“霸王合同”，面对这样的事情是，要通过相关部门来争取自己的权益。

（3）非自由合同。

非自由合同相当于卖身合同，表现为一些用人单位在合同中要求就业者必须一切行动都服从公司的安排，此合同一旦生效，就业者就如同失去了自由身的卖身奴隶般，在工作中将无条件接受加班和一切其他指令，甚至工作之余的其他一切自由行为都遭到严格的限制，这不仅剥夺了就业者的休息权、休假权，甚至任意辱骂、殴打、拘留等都不在话下。

【案例】

震惊全国的“富士康跳楼”事件中，经调查披露富士康员工在就业时皆签订了此种合同。部分跳楼自杀员工死亡之前曾遭到保安人员的殴打。多数人断定为因不堪此种约定，而选择死亡。当然，富士康在合同中署下的关于死亡的多金死亡赔偿金也是一种不堪生存后的诱因。

事实表明非自由合同的签订不仅剥夺了就业者的自由，也紊乱了他们的思想。

（4）泄露隐私。

【案例】

张倩是一位刚走出校门的学生，她满腔热情的去迎接即将到来的新生活。就在这时，她在一家工厂门卫处看到这家工厂正在招聘办公室人员，通过与门卫的简单谈话，她留下了自己的电话号码。

第二天她便接到了面试通知。当张倩按照约定的地点赶到面试现场后，却发现并不是自己之前看到的那家公司，眼前的这家公司以商务娱乐为性质，并开出高薪条件询问张倩是否愿意在此做酒水推销人员。刚毕业的张倩一口回绝了，但她百思不得其解这里怎么会有自己的电话号码。

在这里要提醒我们广大毕业生在求职时，不要轻易将个人资料及联系方式等留给不可靠的单位。用人单位在合理招聘时，可以合法获得毕业生的资料档案，但有义务对其进行保密工作，否则将构成侵权。还有一些毕业生在通过网络求职时，会在网络上留下自己的信息资料，虽然这些信息属于个人隐私不经本人同意不得公开。但因网络的部分不稳定性，比如工作人员疏职、网络软件安全性、不法分子蓄意而为等，很可能让这些信息成为侵害当事人或谋求商业利益的一种工具。所以，在面临借用网络来投放简历时要选择安全级别高的可靠网站，同时注意设置保密选项。

其次，在现场面试过程中，用人单位如提出与工作无关的恶意问题等，毕业生是有权利拒绝对其进行回答的。

（5）盗用知识产权。

一些用人单位在正当的招聘时，会以见证个人才华为由向毕业生所要个人作品、工作设计等，获取毕业生的智力成果。

【案例】

张勇毕业于计算机专业，择业时在报纸上看到某软件公司在招聘计算机研究生，便赶去面试。面试结束后他接到了一份应聘者考卷，试卷内容为设计某个项目。张勇花费了很大的精力和时间完成了工作设计，并通过电子邮件发了过去。但之后，他的应聘结果却迟迟没有出来。不久他发现该软件公司在未通知他本人的情况下，盗用了自己的设计成果。他感到愤怒，急忙赶往该公司与其理论，但该公司却并不予理会。张勇只能拿出自己的邮件发送记录找到了当地劳动部门，在劳动部门的帮助下，张勇成功地拿回了自己的作品并获得了相应补偿。

广大毕业生在求职时，不要让用人单位轻易复制自己的做作品，如需交付作品，必须要求用人单位立下字据，以便在事情出现不乐观时作为证据来维护自己的合法权益。

（6）中介陷阱。

随着大学毕业生的增加，就业压力越来越大。社会上随机滋生出一些不法机构，其中不少中介公司就是通过不法分子为牟取暴利而设立的这种机构。他们通过对外宣传，虚设一些企业信息及其招聘岗位，对求职者收取中介费用后，敷衍了事甚至人间蒸发。

11.2 劳动合同的法律效用与签订原则

劳动合同是劳动者与用工单位之间确立劳动关系，明确双方权利和义务的协议。

1. 劳动合同的基本内容

根据《劳动法合同法》的规定，劳动合同的内容可以分为两个部分：必备条款和普通条款。必备条款也叫做法定条款，就是在劳动合同中必须具备的内容不可缺少；法定条款又分为一般法定条款和特殊法定条款。

（1）一般法定条款。

一般法定条款包含七个方面的内容。

① 劳动合同的期限。就是合同开始的时间和结束的时间。如 2009 年 3 月 20 日被录用开始工作，工作时间为 10 个月，那么合同的期限一般规定为：本劳动合同从 2009 年 3 月 20

日生效，到 2010 年 1 月 20 日结束。

② 工作内容。这条规定就业者在该单位做什么工作，如在装修公司做木工，那么合同中应该注明工作的内容是“木工”，具体承担木制家具制作、装修工作的一些木工活等。

③ 劳动保护和劳动条件。如建筑工人应该发放安全帽，高空作业有哪些保护措施等。

④ 劳动报酬。就是工资给多少，怎么算，什么时候发工资等。

⑤ 劳动纪律。如上班时间不得私自外出，如何请假等。

⑥ 劳动合同终止的条件。如合同到期终止，或者就业单位出现破产停业等情况终止合同，或者就业者出现特殊情况要求终止合同等，以及终止合同是双方应该承担的责任。

⑦ 违反劳动合同的责任。这一条规定了签约双方的任何一方违反了合同中的规定，应该怎么办等。

（2）特殊法定条款。

是由于某些劳动合同的特殊性，法律要求某一种或某几种劳动合同必须具备的条款。例如，中外合资经营企业和私营企业的劳动合同中应该包括工时和休假的条款。如果因为用人单位的原因签订了不完整的劳动合同，之后对就业者的权益造成了侵害，用人单位应当承担法律责任。

（3）补充条款。

也叫做商定条款，可有可无，是双方当事人在签订合同时互相商量定下的条款。补充条款是法律赋予双方当事人的自由权利，但是，补充条款的约定不能与国家的法律法规相抵触，不能危害国家、其他组织或个人的权益。

劳动合同范文

劳动合同

甲方（用人单位）：　　　　　　　　　　法人代表：

乙方（学生）：

公司（以下简称甲方），现聘用（以下简称乙方）为甲方劳动合同制职工，甲、乙双方本着自愿、平等的原则，经协商一致，特签订本合同，以便共同遵守。

第一条　合同期限

合同期限为　年，从　　年　月　日至　年　月　日止。其中试用期为　个月，从　　年　月　日至　　年　月　日止。

第二条　工作岗位

甲方安排乙方从事　　　　　　工作。甲方有权根据生产经营需要及乙方的能力、表现调整乙方的工作，乙方有反映本人意见的权利，但未经甲方批准，乙方必须服从甲方的管理和安排。乙方应按时，按质，按量完成甲方指派的任务。

第三条　工作条件的劳动保护

甲方需为乙方提供符合国家规定的安全卫生的工作环境，保证乙方人身安全及人体不受危害的环境条件下从事工作。甲方根据乙方岗位实际情况，按照甲方规定向乙方提供必要的劳动防护用品。

第四条　教育培训

在乙方被聘用期间，甲方负责对乙方进行职业道德、业务技术、安全生产及各种规章制度的教育和训练。

第五条　工作时间

甲方实行每周工作 5 天，40 小时，每天 8 小时工作制。上下班时间按甲方规定执行。乙方享有国家规定的法定节假日、婚假、丧假、计划生育假等有薪假日。甲方确因生产（工作）需要乙方加班时，按照有关规定给予乙方一定的经济补偿或相应时间的补休。

第六条　劳动报酬

按甲方现行工资制度确定乙方月基本工资为　　元。其余各类津贴、奖金等发放按公司规定及经营状况确定。甲方实行新的工资制度或乙方的工作岗位变动时，乙方的工资待遇按甲方规定予以调整。甲方发薪日期为每月　　日，实行先工作后付薪。

第七条　劳动保险和福利待遇

乙方因生、老、病、伤、残、死，甲方按国家有关规定处理。甲方按照国家有关规定按期为乙方缴纳养老、医疗、失业、公积金等社会保障。

甲方在生产经营状况良好的情况下，为乙方购买的商业保险，在保险期内，甲方有权变更或撤销险种。

乙方因病或非因工负伤需治疗的，按照《××省劳动合同规定》的规定，给予相应的医疗期。乙方在医疗期间的工资待遇、医疗费用等按照国家和常州市及甲方的有关规定处理。

第八条　劳动纪律

乙方应遵守国家的法律、法规及甲方依法规定的各项规章制度。乙方应遵守甲方规定的工作程序、保密规定等制度。乙方违反劳动纪律和甲方的规章制度，甲方可按奖惩规定给予批评、教育、处罚，直至解除劳动合同。

第九条　劳动合同的解除与不得解除的规定

经甲、乙双方协商一致，劳动合同可以解除。乙方有下列情形之一的，甲方可以解除合同：

（1）试用期间，发现不符合录用条件的；

（2）严重违反劳动纪律或者甲方的规章制度的；

（3）严重失职、营私舞弊，对甲方利益造成重大损害的；

（4）依法追究刑事责任或劳动教养的。

有下列情形之一的，甲方可以解除劳动合同，但是应当提前 30 日以书面形式通知乙方本人：

（1）乙方患病或者非因工负伤，医疗期满后不能从事原工作，也不能从事由甲方另行安排适当工作的；

（2）乙方不能胜任工作，经过培训或者调整工作岗位，仍不能胜任工作的；

（3）劳动合同订立时所依据的客观情况发生重大变化，致使原劳动合同无法履行，经当事人协商不能就变更劳动合同达成协议的；

（4）甲方濒临破产进行法定整顿期间或者生产经营状况发生严重困难，确需裁减人员的。

有下列情形之一的，乙方可以通知甲方解除劳动合同：

（1）试用期内的；

（2）甲方以暴力或者非法限制人身自由的手段强迫劳动的；

（3）甲方未按照劳动合同约定支付劳动报酬或提供劳动条件的；

（4）乙方因其他情况需要辞职，需在一个月前以书面形式通知甲方。

乙方有下列情形之一的，甲方不得随意解除劳动合同：

（1）病或负伤，在规定的医疗期内的；

（2）女职工在孕期、产期、哺乳期内的；

（3）法律、法规、规章、规定的其他情形。解除劳动合同的经济补偿，按《××省劳动合同规定》执行。对于乙方在本合同期内由甲方出资培训，乙方因各人情况辞职或离职，在培训期内的安培训费的 100%赔偿，并退还任职最后 3 个月薪金；在培训结束后的，将酌情减免培训费的赔偿金额。

第十条　双方需约定的其他事项

乙方若因病不能上班时，可凭医院出具的有关证明，享受甲方规定的 1 年 7 个工作日的有薪病假。当有薪病假日累计超过 7 天后，甲方将按规定从乙方工资中扣除相应金额。

第十一条　违反劳动合同的责任

甲、乙双方任何一方违反劳动合同，给对方造成经济损失的，应根据损失情况和责任大小，依据

国定的有关法规和企业依法制定的规章制度及双方约定的事项，承担一定的经济补偿。

第十二条　劳动争议

甲、乙双方履行本合同和因辞退、除名、开除乙方而发生劳动争议时，可由甲、乙双方协商解决。若双方不能协商解决的，可由争议的一方向企业所在地的劳动争议仲裁委员会申请仲裁。不服从仲裁裁决的一方，可在收到仲裁裁决书即日起十五天内，向甲方所在地人民法院提出诉讼。

第十三条　其他

本合同一式两份，甲、乙双方各执一份，经双方签字盖章后生效，两份具有同等法律效力。本合同未尽事宜，按照《劳动法》、《××省劳动合同规定》和甲方的有关规定执行。本合同条款如与国家法律、法规和政策相悖时，以国家法规政策为准。

甲方（盖章）：　　　　　　联系电话：

年　月　日

乙方（签字）：

年　月　日

2. 劳动合同的法律效力

劳动合同经双方当事人签字或盖章后就发生法律效力。

根据《劳动法》第18条的规定，违反法律、行政法规的劳动合同和采取欺诈、威胁等手段订立的劳动合同都是无效劳动合同。劳动合同的无效，由劳动争议仲裁委员会或者人民法院确认，引起无效的原因大体有以下几种。

① 合同主体不合格。如受雇一方提供了假的学历、学位、专业技术资格证书，聘用单位不具备招聘资格等。

【案例】

陈超鹏是全日制大专毕业生，他在求职的时候发现，仅凭自己的大专学历，很难觅到一份较好的职业，特别有些企业，起步就需要本科生。尽管他再三强调他有能力，有真才实学，可是依然屡屡碰壁。有一天，他看到某企业招聘一名技术人员，但要求本科学历，除了学历，他觉得自己哪方面都比较适合，他不想再失去这次机会了。于是，他决定铤而走险，按街上贴的小广告上的电话，违法购买了一张假文凭。凭借这份假学历证明，经过笔试、面试，他成功应聘进了该企业，并约定试用期3个月。

在他工作了2个月后，该企业发现他的文凭系假文凭。这时陈超鹏只得承认自己为了应聘成功，不得以撒谎欺骗了企业的事实，他请求企业看在自己的工作能力和工作态度上能够予以谅解。但该企业管理层认为，企业一再强调员工应该诚信，陈超鹏却以欺骗的方式达到与企业签订劳动合同的目的，为惩戒和杜绝此类行为的发生，立即解除了与陈超鹏签订的劳动合同。陈超鹏后悔莫及。

② 合同内容不合法，即劳动合同有悖法律、法规及善良风俗，或是损害了国家及社会的公共利益。如约定制造冰毒、假钞等。内容不合法的劳动合同不受法律保护。

【案例】

李冰学的是图书出版专业，大学毕业后，因为某私营企业待遇优厚，吸引了他的加盟。与该公司签订了劳动合同。合同中规定李冰必须无条件服从公司的决定，听从公司的工作安排。如果不服从公司安排，违约最高需要支付公司1万元违约金。

单纯的李冰没有看出来合同上的问题，欣然签约。谁知道工作半个月后，李冰发现公司之所以待遇优厚，是因为该公司涉嫌印制盗版图书。当李冰熟悉完工作之后，公司安排李冰扫描某正规出版社出版的图书，欲制成胶片印刷出版，牟取暴利。因为担心自己被牵扯进去，李冰提出来辞职，公司于是拿出合同，指出李冰未服从公司安排，需要支付1万元违约金。

回到家里后，李冰闷闷不乐被父亲发现，父亲询问她后方知原委，便让李冰把自己那份合同带上，

一起找做律师的姑姑咨询一下。姑姑看完合同后告诉李冰完全不用担心，因为该公司与李冰签订的合同有悖于法律，而且损害了他人的利益，不受法律保护。于是，李冰才放下心来另外找工作单位上班。

③ 不违背真实意愿。劳动合同是双方合意的产物，应该是当事人真实的意思表示。采取欺诈、威胁等手段订立的劳动合同，违背一方的真实意愿，因而是无效的。

【案例】

小文是 2010 年的毕业生，自 2010 年 8 月 1 日起应聘于一家建筑公司。应聘及签约单位均为总公司（国企），但工作于其北京第二公司（私人挂靠）。签约时，由于没有经验，在"一边倒"的合同（无试用期，实习期一年，签约 5 年，违约金 5 万）上签了字，但当时小文提出不同意该份合同，因为应双方约定的条款并未经过我们同意。公司人事承诺修改合同，但至今毫无音讯。现在，小文提出要与公司解除合同，公司让小文支付违约金。公司的这种行为是否属于欺骗行为，是否合法?

小文遇到的问题其实是一个普遍的社会问题，它正是劳动者弱者地位的真实写照。由于劳动者与用人单位相比处于相对弱势地位，加之现在的劳动力市场是一个大大的供大于求的状况，所以，一些劳动者为了得到一份工作，来挣钱维持自己的生计，在求职时面对用人单位单方制定出的劳动合同文本，心里可能有很大的意见，但因怕得不到工作，而不敢提出自己的意见，即使个别人委婉地提出意见，往往被用人单位拒绝后，也不敢再坚持己见，只好委屈求全地在合同上签了字，先得到这份工作再说。

但是从法律角度上看，劳动者在劳动合同上签字，是表示自己对这份合同认可，并愿意遵守和履行这份合同的行为。如果拿不出用人单位在签合同时，采用了胁迫或欺诈的证据的话，就只能被认定为这是自己的真实意思所为，就不能说这是一份无效的劳动合同。

④ 合同形式不合法。这是指劳动合同没有采取书面形式、当事人也未实际履行主要义务，或者依法或应当事人要求应当鉴证的劳动合同没有鉴证等。在一般情况下，只要当事人采取补救措施，使合同形式上合法化后，就可以认定合同有效。

【案例】

杨芬大学毕业后应聘进一家电子商务公司做平台销售。当她工作了近半年之久，公司以其仍在试用期为由，不仅不给她应有的业务提成，还给她发放的比其他职工工资低 15%的实习工资。为此，杨芬向公司递了辞呈，并且要求公司按照《劳动合同法》的规定，支付她双倍月薪。

《劳动合同法》第 82 条规定用人单位自用工之日起超过一个月不满一年未与劳动者订立书面劳动合同的，应当向劳动者每月支付二倍的工资。

公司后来向杨芬承认了错误，鉴于杨芬业绩不错，遂请求她签订劳动合同，补发她应发的工作和提成。双方达成协议后，杨芬收回了辞呈。

劳动合同的订立，是指劳动者与用人单位之间为建立劳动关系，依法就双方的权利义务协商一致，设立劳动合同关系的法律行为。订立劳动合同的原则是指劳动者与用人单位订立劳动合同时必须遵循的基本准则。

3. 劳动合同签订的基本原则

劳动合同是劳动者与用人单位确立劳动关系、明确双方权利和义务的协议。建立劳动关系应当订立劳动合同。《劳动合同法》规定，签订劳动合同要遵循平等、自愿、协商一致的原则，不得违反法律和行政法规的规定。劳动合同依法订立，即具有法律效力，当事人必须履行劳动合同规定的义务。

（1）平等原则。

是指订立劳动合同的双方当事人法律地位平等。因此，毕业生应该依据《劳动合同法》

的规定，理直气壮地要求与用人单位签订劳动合同。在合同上签字前要仔细阅读合同条款，对内容含混的条款要坚持改写清楚，对不合法的内容要据理力争，以维护自己的合法权益。

【案例】

小华刚刚应聘到一家公司上班，当初公司与小华签订了为期一年的劳动合同。而规定的试用期为一个月。可是该公司却经常性的要求员工加班，而且劳动强度非常大。因此小华上了半个月班后，就不想再继续干了。谁知小华的辞职请求却被公司拒绝。小华咨询了法律，想问问该公司有没有权利强迫小华继续工作?

律师意见：该公司无权阻挠小华解除劳动合同。根据《劳动合同法》第 37 条规定：劳动者在试用期内提前三日通知用人单位，可以解除劳动合同。”虽然小华已经与公司签订了一年的劳动合同，但目前依然是在试用期内。假如发现用人单位工作不利于自己将来的发展时，不必有什么顾虑，可以断然行使解除劳动合同的权利。并且处于试用期的劳动者不必向用人单位说明任务原因和理由，只要提前三天通知用人单位即可，而用人单位也无权阻扰劳动者离开。

（2）自愿原则。

是指劳动者要完全出于自己的意愿签订劳动合同，用人单位不能强迫或欺骗劳动者签订劳动合同。

【案例】

2010 年，在山西省教育厅的统一安排下，太铁技校二年级学生全数被转移至富士康实习上班。技校学生经过一天的体检、分配宿舍和工种，一切安排妥当，准备第二天与学生们签订劳动合同。

第二天，所有学生云集会议礼堂，准备与富士康签订劳动合同。谁知合同中又一项规定引起了学生的们的不满，很多学生都准备离开会场。谁知学生们走到礼堂门口，被一富士康阻拦去路，当时会场气氛一度显得非常紧张。之后信息部的学生，因不满富士康对待他们态度的不满，开始在会场里摔打板凳。而富士康保安也开始用暴力手段对付学生，双方矛盾进一步激化。

随后陆陆续续的有大批学生开始返回宿舍。谁知这中间有一学生与保安发生了口角，以致后来发展到了推搡。旁边有几个同学出于好心，想上去拉开双方。谁知这时保安对上来劝架的学生动起了手。一石激起千层浪，学生们与保安发生了身体冲突。随后该保安打电话叫来另外几名保安，一个个手持铁棍、砍刀，并且扬言谁要是敢出大门就砍死谁。随之学生们一拥而上，将几名保安赶跑。

中午就餐时，饿了一天的学生们集体来用餐，谁想餐厅服务人员对学生们的态度很是嚣张，愤愤不平的学生又开始打砸食堂表达自己的不满。

由于此事在当地引起了很大的社会影响，最终学校将这 2000 多名学生带回学校，此事算是有了最后的了解。

堂堂的世界五百强企业，富士康竟然以近乎强迫的手段，让学生与其签订不平等合同，本身对富士康的企业形象就是莫大的损伤。更何况富士康保安极不可取的做法，更是在社会上引起了不小的负面影响。在此提醒大学生就业者，遇到强迫签订合同的情况时，绝对不可妥协，维护自己的利益。

（3）协商一致原则。

是指劳动合同的各项条款是经过平等协商取得一致的意见后签订的。

【案例】

文慧应聘进一家化妆品公司做销售工作，当初她和公司签订劳动合同时，为了避免自己的权利受到损害，文慧叫上了做律师的舅舅把关。当遇到不合理的条款时，她们就和公司进行交涉，最终取得一致后才签了约。比文慧先来的同事都后悔当初没有像她这样找个把关的人来，白白地损失了自己的利益。

（4）合法原则。

是指签订劳动合同的双方不得违反法律和行政法规的规定，也就是说，订立合同的主体和内容必须合法。

【案例】

柳芳大学毕业后，找工作屡屡碰壁。究其原因是自己学校没有名气，而且专业也不吃香。再加上自己来自农村，没有什么特长。她又想留在上海这座大都市工作。找工作的压力令她只好将就业目标暂时定向在体力劳动上。为此，她经常出现在人才市场的门口。

有一天，一位打扮入时的大姐张某停留在她的身边，问明柳芳的具体情况后，张某说她家需要一个保姆，问她愿意不愿意去做，每个月工资 5000 元。在上海，这个工资不算高，但也够生活，于是，柳芳决定把张某的家作跳板，以后有了好工作再离开。

谁知道张某的打算是想让柳芳做代孕女子。她和丈夫打拼了 15 年，终于在上海有了一席之地，却发现自己不能生育。于是她想到了代孕。虽然法律上不合法，但是，在她周围私下里还是有一些夫妻选择了农村来的大学生作代孕对象。在张某家里，当张某向柳芳说明了自己的真正目的后，柳芳并没有同意。张某说让她想几天，先做着保姆的活。并且承诺代孕后如果是男孩，将支付她 100 万元代孕费，如果是女孩支付 80 万元代孕费。同时，生完孩子后还可以将其送到外国留学，其留学期间的生活费也有张某出。

柳芳思想经过两天激烈的斗争，终于抵制不住金钱的诱惑，同意与张某签订了代孕合同。签完代孕合同后的第三天，张某的丈夫出差归来，张某精心安排他俩晚上同住一间房，但是，在最后关头，柳芳还是决定放弃代孕。她不想用自己的身体为自己赢得未来。

当柳芳向张某摊牌时，张某恼羞成怒，拿出代孕合同上的如果毁约赔偿 5 万元人民币的条款，要柳芳赔偿他们的损失 5 万元。柳芳答应酬钱赔偿。但是，她在回校后便首先去咨询了律师，律师告诉她代孕生子在中国目前是不合法行为，因此，所签的合同是无效合同。同时告诫柳芳要努通过双手赚钱，不要贪慕虚荣。

虽然案例里的张某所拟定的代孕合同并非是合法合同，而柳芳因此也不用对张某进行赔偿。但是在此通过以上案例，提醒大学生就业者，虽然《劳动合同法》是大学生保护自己权益的信任保障，但是不可因金钱私欲签订劳动合同，否则法律是不会为违法合同提供保护。

11.3　就业协议的作用与签订

1. 就业协议的作用

就业协议是《全国普通高等学校毕业生就业协议书》的简称，又叫三方协议（见表 14-1）。它是明确毕业生、用人单位、学校三方在毕业生就业工作中的权利和义务的书面表现形式，能解决应届毕业生户籍、档案、保险、公积金等一系列相关问题。协议在毕业生到单位报到、用人单位正式接收后自行终止。就业协议一般由国家教育部或各省、市、自治区就业主管部门统一制表。

全国普通高等学校毕业生就业协议书（简称就业协议书），是对毕业生、用人单位、培养院校均有约束力的文书契约。现行的就业协议书是由教育部高校学生司统一制表、省毕业生就业主管部门统一印制。按《普通高等学校毕业生就业工作暂行规定》（见表 14-2）和教育部的有关规定，为维护毕业生就业工作的严肃性、公正性和公平性，就业协议书明确规定了毕业生、用人单位和培养院校三方在毕业生就业工作中的权利和义务。凡被用人单位正式录

用的毕业生均需要签订就业协议书。凭就业协议书办理全国普通高等学校本专科毕业生就业报到证。

【案例】

罗强学的是文秘专业，毕业后取得了专科学历。在一次招聘会上，他与市里一家中等企业签订了就业协议书，约定违约金为5000元。于是，罗强便不再找工作，等待企业通知前去报到的日期。

该企业在后来的一次网络招聘上，发现另一名学生赵凯迪比罗强的综合素质要好，最重要的还是本科生，为此，有和罗强解约并和赵凯迪签约的意向。当该企业通知罗强前往该企业时，罗强还以为去报到，谁知道是办解约手续，心里有些难过。他便向该企业索要违约金5000元，却遭到拒绝，该企业声称罗强一天班都没上，凭什么给他5000元?

后来，罗强带来了父亲帮找的律师陈先生来到该企业进行交易，最后，该企业决定继续聘用罗强，不再解约。于是，罗强用法律武器为自己争取了应得的权益。

2. 就业协议的签订

就业协议是指求职择业者与用人单位之间为确立录用或就业关系而达成的协议。普通高校毕业生就业协议是毕业生与用人单位在毕业生就业工作中，为了确定录用或就业关系，依法协商达成的明确双方权利义务的书面协议。它是合同的一种形式。

签就业协议的程序如下。

① 毕业生先按协议书的“说明”填写好协议书中由毕业生填写的基本内容（一式三份同时填写）。

② 毕业生与用人单位达成就业协议后，毕业生在协议书上签名或盖章，用人单位在协议书上签署意见并盖公章。

③ 用人单位报上级主管部门审批、签署意见。加盖公章。

④ 用人单位在与毕业生签订协议书之日起的十个工作日内将协议书寄送学校就业指导中心。

⑤ 学生就业指导中心签证后加盖公章，将协议书反馈给用人单位和毕业生本人，同时列入就业建议方案。

表 14-1

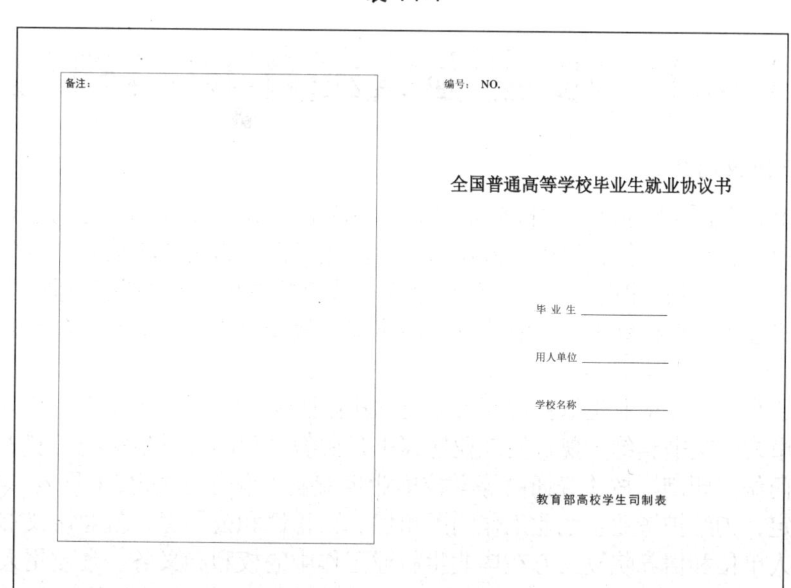

备注：

编号：NO.

全国普通高等学校毕业生就业协议书

毕 业 生 ____________

用人单位 ____________

学校名称 ____________

教育部高校学生司制表

表 14-2

按《普通高等学校毕业生就业工作暂行规定》的要求，为维护国家就业计划的严肃性，明确毕业生、用人单位、学校三方在毕业生就业工作中的权利和义务，经协商，毕业生、用人单位、学校三方签订如下协议：

一、毕业生应按国家规定就业，向用人单位如实介绍自己的情况，了解单位的使用意图，表明自己的就业意见，在规定的时间内到用人单位报到，若遇到特殊情况不能按时报到，需征得用人单位同意。

二、用人单位要如实介绍本单位的情况，明确对毕业生的要求及使用意图，做好各项接收工作。凡取得毕业资格的毕业生，用人单位不得以学习成绩为由提出违约，未取得毕业资格的结业生，本协议无效。

三、学校要如实向用人单位介绍毕业生的情况，做好推荐工作，用人单位同意录用后，经学校审核列入建议就业计划，报教育部批准，学校负责办理派遣手续。

四、学校应在学生毕业前安排体检，不合格者不派遣，本协议自行取消，由学校通知用人单位。如用人单位对毕业生身体条件有特殊要求，原则上应在签订协议前进行单独体检，否则，以学校体检为准。

五、毕业生、用人单位、学校三方如有其它约定，应在备注栏注明，并视为本协议的一部分。

六、本协议经各方签字、盖章后生效。三方都应严格履行本协议，若有一方提出变更协议，须征得另两方同意，由违约方承担违约责任。

七、本协议一式三份，毕业生、用人单位、学校各执一份，复印无效。

毕业生情况及意见	姓名		性别		年龄		民族	
	政治面貌		培养方式	学校教育	健康情况	健康		
	专　业		学制		学历			
	家庭地址							
	应聘意见： 毕业生签名：程元玲　年　月　日							
用人单位情况及意见	单位名称		单位隶属					
	联系人		联系电话		邮政编码			
	通讯地址		所有制性质	全民、集体、合资、其他				
	单位性质	党政机关、科研事业单位、学校、商贸公司、厂矿企业、部队、其他						
	档案转寄详细地址							
	用人单位意见： 签章 年　月　日				用人单位上级主管部门意见： （有用人自主权的单位此栏可略） 签章 年　月　日			
学校意见	学校联系人	张中庆	联系电话	18766857178	邮政编码	272067		
	学校通讯地址	山东省济宁市北湖新区荷花路 6 号						
	院（系、所）意见： 签章 年　月　日				学校毕业生就业部门意见： 签章 年　月　日			

11.4　就业手续的作用和办理

办理就业手续需要的资料一般包括《毕业生就业推荐表》、《就业协议书》、《报到证》等。

1.《毕业生就业推荐表》的作用

① 它是应届毕业生身份的证明材料，必须真实可靠。

② 它是用人单位向人事审批部门申报户口的重要材料。

③ 原件每人一份，可交复印件给应聘单位。

④ 确定到单位就业后将原件交给对方人事部门。

2.《报到证》的作用

① 应届毕业生转户、转档的重要凭证。

② 个人身份的重要认定材料。

③ 人才市场的准入证、档案流动的通行证。

④ 用人单位接收的重要凭证。

⑤ 转正定级、职称评定的重要材料。

备注：

若用人单位不能解决户口，则没有必要签订三方协议，毕业生可与用人单位签订双方《就业意向书》(毕业后再签订《劳动合同书》)，并按照“签订劳动合同”去向在就业指导中心办理就业手续，其户口档案将二次分配回生源地，详细流程请参照灵活就业去向就业手续办理流程。

3. 毕业生就业手续办理流程图

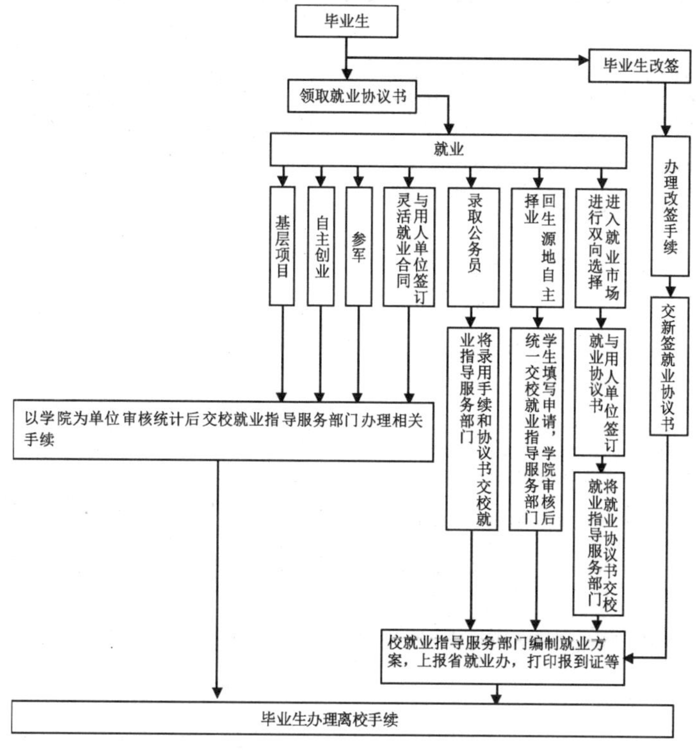

4.《就业协议书》补办手续

① 毕业生出具《就业协议书》补办申请表，辅导员签字。

② 系部确认并签署意见和加盖公章。

③ 招生就业处收到证明材料后补发《就业协议书》，并标注“补发”字样。

毕业生如隐瞒事实，承担一切违约责任。

5.《就业报到证》补办手续

毕业生《就业报到证》自签发之日起一年内遗失，可到《就业报到证》原签发部门申请重新补办。办理时需提供本人申请(《就业报到证》补办申请表)、相关登报申明作废的报纸、毕业证原件、学院审核意见和接收单位人事部门证明材料。

6. 办理改变就业派遣去向手续

① 原单位解除协议函件，本人申请，辅导员、系部签署意见。

② 确保与原用人单位签订的旧《就业协议书》、与现用人单位新签的《就业协议书》和旧《就业报到证》齐全。

③ 持新《就业报到证》白色联到档案。

④ 持新《就业报到证》蓝色联到办理户口，到用人单位报到。

11.5 违约与劳动争议

1. 违约责任

① 劳动合同文本中未载明必备条款或者用人单位未将劳动合同文本交付劳动者，给劳动

者造成损害的，应当承担赔偿责任。

② 用人单位应在用工一个月内与劳动者签订劳动合同，否则支付双倍工资。用人单位自用工之日起，超过一个月不满一年未与劳动者订立书面劳动合同的，应当向劳动者每月支付两倍的工资。

③ 试用期违规约定，应支付赔偿金。

④ 用人单位违规扣押劳动者居民身份证等证件的，应限期归还劳动者。

⑤ 未按照劳动合同的约定或者国家规定及时足额支付劳动者劳动报酬、加班工资及补偿金的，应限期支付，否则加付赔偿金。

⑥ 用人单位违反规定解除或者终止劳动合同的，向劳动者支付二倍的赔偿金。

⑦ 用人单位用强迫手段给劳动人身心健康造成损害的，应当承担赔偿责任。

⑧ 劳动者违反规定解除劳动合同，或者违反劳动合同中约定的保密义务或者竞业限制，给用人单位造成损失的，应当承担赔偿责任。

【案例】

徐扬在毕业前的招聘会上和一家用人单位签订了劳动合同，岗位为计算机编程人员。但是在他入职一个月后，一次公司体检，查出他是乙肝病毒携带者。公司便提出与他解除劳动合同。徐扬感到非常痛苦，自己又不是从事国家规定的特殊行业，不允许是乙肝病毒携带者（如食品制造）。早在 2008 年 1 月 1 日就开始实施的《就业促进法》虽然没有提到乙肝病毒携带者的具体字眼，但在第三十条却作了概括性规定，用人单位招用人员，不得以是传染病病原携带者为由拒绝录用。因此，他认定公司单方面和自己解除合同是违约行为。为此，他寻求了法律的帮助，并且追究了公司的法律责任，为自己以及其他乙肝病毒携带者出了一口恶气。

这是一个典型的劳动合同纠纷案例。该用人单位以非法律规定的理由，拒绝与劳动者签订劳动合同，那么劳动者就有权依靠法律规定，要求用人单位对自己做出赔偿。诚然，我国的乙肝携带着并不是一个小数目，但是既然法律都有规定禁止用人单位启示乙肝携带着，那么是乙肝携带者的就业者，大可不必担心会遭到用人单位的歧视对待。

2. 劳动争议

（1）定义。

劳动争议又称劳动纠纷，是指劳动关系当事人之间因为劳动权利与义务发生的争执。

（2）范围。

① 因开除、除名、辞退职工和职工辞职、自动离职发生的争议；

② 因执行国家有关工资、社会保险和福利、培训、劳动保护的规定而发生的争议；

③ 因执行、变更、解除、终止劳动合同发生的争议等。

（3）处理程序。

劳动争议处理程序为“一调一裁两审”制，主要包括：劳动争议调解、劳动争议仲裁、劳动争议审理。

11.6　人事代理与社会保险有关知识

1. 人事代理

人事代理，在我国是指在社会主义市场经济条件下，经组织人事部门批准或授权指定的人才服务机构，受单位和个人委托，运用社会化服务方式和现代化手段，按指定的法律和政

策规定，为其代办的有关人事业务。简单地说，就是把“单位人”变成“社会人”，实现人事关系管理与人员使用分离，即单位管用人，而一些具体的人事管理工作，如档案管理、计算工龄、评定职称、社会保险等，由人才交流中心代管。

2. 人事代理的内容

目前，全国各地人事代理发展迅速，代理内容不断丰富，代理形式趋于多样化，概括起来主要包括四个方面。

- 围绕人事档案管理进行的低层次的人事代理，包括存放或转递人事关系、调整档案工资、评定专业技术职称、办理因私因公出国政审、出具各种人事证明等。
- 围绕社会保障进行的新形式的人事代理，包括失业保险、养老保险、医疗保险等。
- 围绕人力资源开发进行的深层次代理，包括人才招聘、人才测评；人事诊断、人才考核和人才发展规划。
- 围绕信息咨询进行的服务性代理，如发布人才供求信息、代发招聘广告和公司形象设计、工薪制度咨询、就业指导、职业咨询等。

3. 社会保险

社会保险是国家为了帮助公民抵御各种生活危险而建立的一种社会保障制度。社会保险的项目一般包括养老保险、医疗保险、失业保险、生育保险、工伤保险。

社会保险项目	相关规定
养老保险	实行社会统筹和人人账户相结合的模式。用人单位的缴费比例为工资总额的 20%，个人缴费比例为本人工资的 8%并计入个人账户。养老保险累计缴满 15 年达到法定退休后才能领取养老金
医疗保险	实行社会统筹和人人账户相结合的模式。用人单位的缴费比例为工资总额的 8%，个人缴费比例为本人工资的 2%并计入个人账户
失业保险	所有组织及其职工必须缴纳失业保险。用人单位的缴费比例为工资总额的 2%，个人缴费比例为本人工资的 1%。失业保险缴满 1 年符合规定才能享受失业保险待遇
生育保险	生育保险费由用人单位缴纳，职工个人不缴费。生育保险主要支付生育发生的医疗费用和产假期间按月发放的生育津贴
工伤保险	工伤保险由用人单位缴纳，职工个人不缴费。工伤保险主要支付工伤医疗费、伤残补助金、抚恤金、伤残护理费等

案例点评

2008 年年初，紫晴偶然进入出版业，在 CXBW 科技发展有限公司做策划编辑，虽然之前公司一直没跟她签劳动合同，但由于紫晴比较喜欢这份工作，在这个岗位也学到很多知识，所以也没有提出异议，反而更加勤奋地工作。因为她觉得靠自己的努力一定会得到公司的认可。

直到紫晴工作 8 个月后，公司为了应付工商检查，提出补签劳动合同，这令紫晴欣喜不已，心想养老保险的事也该有着落了，而且凭她的业绩，到了年底还会有一笔可观的提成，这个年可以好好过了。

可她万万没有想到 3 个月后，她永远记得这一天——小年前一天（北方的小年是农历腊月 23），当紫晴以为年底了终于可以等到拿提成的时候，却在被突然告之已被公司解聘。紫晴什么都没说，拿了当月的工资立刻收拾东西走人了。当她坐到电脑前，整理文件的时候她才突然明白过来——电脑里的工作文件全部被转移了，她的工作盘 E 盘成了空盘。呵呵，紫晴心颤地笑着，5 万多的提成也打水漂了。没有多说话，她 copy 了自己的东西到 U 盘里后，拿了工资就离开了公司。

这个年紫晴也没有过好，因为赶上了金融危机。好在紫晴的工作能力不错，于是过完年，紫晴从网上投简历，走进了新东家 SDX 公司的大门。

就在朋友们以为紫晴会告原公司 CXBW 的时候，紫晴反而没有告。她不告的原因是：

公司的提成一说根本没有任何书面的证据。公司签订了劳动合同，虽然是应付检查的，但事实如此了，所以最多只有保险的补偿金，可是保险的补偿金也不过几千元。紫晴认为她从 CXBW 学到了出版业的很多知识，就当自己是交学费了。于是，没有去追究。

2009 年 11 月 17 日注定是个特别的日子。下午，紫晴刚刚开完会，正在办公室里休息，忽然接到原公司的武会计的电话，离开公司已经 4 个月了，诧异来电的同时，还是镇定的接听了电话：

"喂，你好！"

"紫晴，你怎么没来呀？我来给你送钱来了。"武会计微笑着说道。

"嗯？什么意思啊？"紫晴装傻，继续问："送什么钱啊？"

武会计笑着说："你不是把公司给告了吗？我来给你送钱来了，15000 元。快来吧，我在仲裁厅等你呢。"

"哦，知道了，那我半个小时后到！"

挂断电话，紫晴立刻给她的代理律师打电话，说明事情的经过后，俩人约好在仲裁厅见面。

10 分钟后，紫晴先到了。这是她第一次来仲裁厅，因为紫晴不想跟原公司碰面，因此之前几乎所有的工作都委托给律师处理了。呵呵，紫晴忽然觉得很轻松，事情终于有了结果，而且，比预期要快，证明了紫晴的判断，一贯的准确。

紫晴为何告公司？紫晴怎么告的公司？

1. 开两份证明

2009 年年初，紫晴来到 SDX，开始新的工作和生活，没有试用期，直接上岗。呵呵，紫晴很庆幸，自从大学毕业后，她的试用期就没有超过半个月过。紫晴是这家公司唯一的一位策划编辑，很受老板器重。紫晴觉得发展平台和空间都不错，直到发工资的时候，她才发现问题。

紫晴是老板直接面试的，工资也是由老板直接跟财务交代的，连负责人事的副总都不知道紫晴的工资是怎么安排的。本来谈的时候是基本工资 3000 元，可发工资的时候紫晴发现，基本工资变为 2850 元，饭补 150 元，除此以外，没有其他的福利，而且公司是现金发放工资的，不知道除了避税以外，是不是还有其他原因。也正是从这个时候起，紫晴才开始有所警惕。于是又过了一个月的时候，紫晴以申请银行信用卡需要出具工资证明为由，让公司出具了一个证明，加盖公司的章！大意是：

紫晴（身份证号：××××××1984×××××××××），于 2009 年 2 月 2 日开始在北京 SDX 图书有限公司工作，工资 3000 元，即叁仟圆整。特此证明！

紫晴找到财务盖好了公司的章以后把这份证明收好了，同时又复印了几份。

在紫晴工作了快 6 个月的时候，紫晴被另外一家公司挖走，于是紫晴递交了辞呈。由于在职期间紫晴负责代表公司签署过几分合同，于是紫晴又要求公司出具了一份离职证明，加盖公司的章！大意是：

紫晴（身份证号：××××××1984×××××××××），于 2009 年 2 月 2 日至 2009 年 8 月 9 日，在北京 SDX 图书有限公司工作，职位为策划编辑，于 2009 年 8 月 10 日起离职，今后该公司各项业务均与紫晴无关，特此证明！

2. 拍照片

SDX 很注重凝聚力及公司企业文化的推广工作，因此公司会议室整个墙都是公司的架构图和公司相关信息，于是紫晴用数码相机拍下了公司的架构图。

3. 用手机录像

紫晴一直很注意与同事之间的相处，尤其是与财务的关系一直都很好，于是在去领最后一个月的工资的时候，假装忙着看手机信息去工资单上签字领工资的。其实紫晴是用手机在录像！事实证明，

这个在作为证据使用的时候效果最大！

其实，紫晴做这一切，都只是为了预防万一。有了前车之鉴，这一次紫晴只是不想再被剥削。做了这一系列的准备，其实很简单，只是要证明自己在公司工作过，工资是多少，工作了多长时间。

经历了这两家公司后，紫晴已经明白了事情的原委。为何 CXBW 会在后来补签劳动合同，那是因为原来一位被解聘的同事将公司给告了，理由就是未按劳动法签订劳动合同。也正因为如此，紫晴才会选择隐忍，不告 CXBW。而即便是紫晴炒了 SDX，她依然告公司，原因很多，其中一条重要的原因就是，紫晴想要 SDX 的老板明白，人不可以那么不厚道。

当紫晴在律师的协助下，拿到赔偿金的时候，紫晴当场支付了剩余的律师费。这次的官司一共得到了 1.5 万元的赔偿，律师费 3500 元。这里给大家一个参考，一般律师费是你索要赔偿金额的 20%，紫晴这个官司调解了，没有往后打，因为她不想拖太久，也不想做太绝。

劳动仲裁厅调解的时候，第一次 SDX 同意赔偿 1 万元，紫晴没有同意，跟她的律师说至少 1.6 万元，第二次调解的时候，SDX 同意赔偿 1.3 万元，紫晴跟律师讲，最低 1.5 万元，如果不同意，就走下一个程序。以紫晴对 SDX 老总的了解和他对紫晴的个性的了解，紫晴觉得这是一个彼此都可以接受的结果。果然，第二天就调解完了。

【点评】

① 紫晴是否有权利起诉所供职过的第一家单位 CXBM？

紫晴是在该单位已工作八个月后，单位才与其签订了劳动合同，之后又工作 3 个月后遭到了单位的辞退。也就是说紫晴在该单位总共工作有 11 个月的时间。根据《劳动法》的规定，工作未满一年时间，遭到用人单位单方面解除合同的劳动者，是有权要求用人单位给予劳动者双倍工资。因此紫晴是有权利起诉 CXBM 的。

② 饭补等补贴能算作基本工资的一部分吗？

对于饭补、车补等员工福利补助，究竟应不应该算做基本工资的一部分，法律上并没有强制性的规定。简单来说，假如饭补等福利补助，是以现金方式发放，就应当算进基本工资内。相反假如不是以现金方式发放，就应当算作辅助工资，不该计算在基本工资内。

③ 紫晴为什么要让单位开那么多的证明？

对于与用人单位发生劳动纠纷的就业者来说，维护自己的权益，首先要掌握足够多的证据。比如你的总共工作期长，工作种类以及其他各种相关手续，只要能起到证明自己的手续，都应当及时保存。切莫因一时的大意，为将来可能发生的纠纷埋下伏笔。

素质拓展

【案情】

申诉人：李某，男，23 岁，某私营鞋厂工人。

被诉人：某私营鞋厂。

法定代表人：王某，某私营鞋厂厂长。

2011 年 10 月 27 日，李某与被诉人签订一份劳动合同，合同规定：乙方（李某）每天工作 12 小时，每小时工资 4 元；工作期间乙方因病、因工或非因工负伤均自行承担，公司不负责；合同期 2 年，乙方每提前一年解除劳动合同，均要支付 5000 元/月违约赔偿金。另外，李某系临时性合同工，正式合同工待遇是每日工作 10 小时，每小时工资 8 元。公司加班从不征求工人意见，该公司亦未组建工会组织。

2012 年 8 月 27 日，申诉人李某以用人单位劳动条件恶劣和工资太低为由要求终止双方劳动合同。被诉人拒不同意，以要求王某支付 1 万余元违约金阻拦。李某不服，向当地劳动争议仲裁委员会申诉。

【法院判决】

（1）双方签订的劳动合同无效。

（2）补付工资及加班工资 20000 元。

（3）被诉人要求予以驳回。

请同学们根据本模块所学内容，对本案件予以点评，并对以下问题进行回答和分析。

① 为什么法院判定李某与该鞋场签订的是无效合同？法律依据是什么？

② 为什么法院裁定鞋厂为李某补发工资？法律依据什么？

第三篇

创业创新篇

第12章

创业、创业精神与人生发展

创业越来越多地受到社会的广泛关注，已被列入国家“十二五”规划，成为国家重点考虑的民生问题。越来越多的人也选择了创业这种形式来完善自己的人生，大学毕业生就是其中之一。

创业精神作为一种积极的思想观念和精神状态，对个人的进步和社会的发展具有十分重要的推动作用。在大学生培养教育过程中，注重创业精神的培育，引导大学生自主创业，是人才培养和增加新的就业途径的新趋势。

12.1 创业与创业精神

1. 创业内涵

创业，指的是创业者利用自己所拥有或者努力尝试拥有的资源进行优化整合，继而凭借个人能力和团队能力创造出更大的经济或社会价值的行为过程。是某个人或者某个群体通过有组织的努力，以创新、独特的方式追求机会、创造价值和谋求增长，是着重于一种创新活动的行为过程，也就是创业者通过创新的手段，将资源更有效地利用，为市场创造出新的价值。创业者应该努力积极寻求机会、进行创造性利用资源、开发资源从而创造出更高价值，服务于社会。

举个例子，李泽钜（李嘉成的次子）不接管他爸的公司，只利用他爸的资本，另起炉灶，从无做到有，从小做到大，那他算不算创业呢？答案是肯定的。古语曰：善假于物。意思是说，要善于借用各种资源或工具，把他们整合到一起，就能把一件事情做好。假如你现在两手空空，没有资金，但你的眼光不错，你看到了一个商机，或者你看到一个好的项目，看到了它的未来发展趋势。那么你又找到了投资人，借用各种综合资源，然后合而为一，然后建立一个赢利模式，最后就变为成功创业。你没有李嘉成那样的父亲，但你可以通过其他途径来融资——银行借贷、朋友、亲戚，然后加上你的独特眼光，那样也会成功的。

2. 创业要素

对创业来说，最重要的要素就是创业机会、创业团队和创业资源。它们贯穿于创业的始末，并且作用于企业成长和发展成熟阶段。

新创立公司往往具备着一般公司所不具有的创造力和想象力。但是由于它们过于脆弱，因此会有很多因素制约着它们的成长和发展，所以新创业者对创业机会、创业团队和创业资源，学会充分利用和发挥。很多科技创新大企业在公司进入轨道后，都希望能够将公司重新带入创业阶段，重新获得那种激情和快速发展的动力。

3. 创业过程和阶段划分

创业过程，是一个有阶段性的过程，它包括大学生创业者从发现机会，产生创业想法到创建新企业并获取回报。其中涉及寻找机会、组建团队、寻求融资等主要内容。

而创业阶段也可以根据创业过程大致划分为四个主要阶段：机会识别、资源整合、创办新企业、新企业生存和成长。

（1）机会识别。

机会识别，是创业活动的第一阶段。没有机会也就没有什么创业可言。而大学生创业者通常情况下，都对未来充满了热情，所以往往在这种情况下会失去理性思维，对机会的识别不能准确把握。所以对机会的识别和筛选，也能体现出一个优秀创业者的潜质来。

（2）资源整合。

资源整合，是指创业者将创业所需要的各种资源进行充分利用和配置的过程。例如，说融资、组建团队和寻找创业条件，然后将这些因素有机地结合在一起。资源整合是个彻头彻尾的苦力活，它考验着一个创业者的智慧、毅力和耐力。资源整合进行得充分，那么创业机会就能够得到有效发挥，而企业未来的发展也会更加合理和顺利。

王光在毕业之后，就准备回自己家乡开始创业。他所在的家乡有个鸵鸟养殖基地，因为乡里人虽然养了非常多的鸵鸟，但他们的劳动却并没有什么产品附加值，也就只是提供各种鸵鸟肉和鸵鸟蛋等。因为专门会有一些外地的商人来挨家挨户的收，所以收购价格一直都非常低，但乡民们也只是希望能有口饭吃，就也没有好好开发这种资源。但是王光却不这么认为，他希望能够把各方面的资源都整合起来，让乡里人能富起来，自己也可以开始自己的创业生活。钱总不能总是让外地人给赚完了，别人吃肉，自己人喝剩汤！

所以他首先回家就申请了大学生扶持贷款，虽然数额不是很大，但对他的帮助还是非常大的。之后他又找乡里人筹集了一点资金，准备在当地就把这些产品加工起来，做成鸵鸟肉罐头、鸵鸟蛋食品、鸵鸟蛋壳艺术品。紧接着他又找做产品销售的同学，让他们出主要，打开产品的销路。从此一旦成功就再不需要直接把原材料贱价地卖出去了。

他的这一想法也得到了乡政府的一致认同，政府领导跟王光说："好好干，需要什么政策扶持，乡里也都会想办法。如果能把这个事办成，王光等于是为家乡的人做了一件大善事，对本地的发展也有着非常大的贡献。

而王光不仅只是想加工鸵鸟方面产品，他还想带领乡民们做珍珠鸡，孔雀和野鸡，要把当地的资源全都利用起来。以前是靠天吃饭，现在经济发展了，要用脑子吃饭。既然有这么好的资源，那就不能白白浪费掉。如果这次创业成功，以后大家的就业问题也能得到很好的解决，而长期在外地打工的孩子们也可以回到乡里来，这样省了房租，省了交通，大家赚的钱就更多了。

王光是一名很有魄力的创业者。他有能力，能吃苦。能够把这么大的一个生态环境的资源都利用起来，相信在不远的未来，他也一定能取得比较大的发展。而大学生创业者正是要学习他的这种头脑，气魄，整合好资源，让所有资源服务于企业，服务于自己。

（3）新企业创办。

首先创业者需确定创业方向，其次对资源进行整合，当这一切都准备充分后，那么就是创办新企业的时候。这个过程里，需要创业者同各级政府和有关部门沟通，做好新企业开张的各种准备活动，这些活动是冗繁的，但又是必不可少的。能够好好配合政府和有关部门，企业才能够顺利开办起来。

（4）新企业生存和成长。

俗话说"打江山易，守江山难"，企业生存要比创办企业难的多。这也是创业活动的最后一个阶段。而经过这一阶段，新创企业也就正式走向成熟和稳健，形成新的一套发展趋势和规律。

而在新企业生存和成长中，创业者可谓是劳心劳力，能不能把企业盘活，能不能把团队养活下来，这一切很大程度上取决于创业者的水平。

4. 创业和创业精神的关系

（1）创业精神的内涵。

创业精神是指在创业者的主观世界中，那些具有开创性的思想、观念、个性、意志、作风和品质等，主要表现为勇于创新、敢当风险、团结合作、坚持不懈等。

创业精神的第一个特征是对创业机会的主动追求，随着一些尚未被开化的环境变化出现，创业者也会随之产生相应适应性变化。创业精神第二个重要的特征是创新，创业精神包含了变革、革新、转换和引入新方法——即新产品、新服务或者是做生意的新方式。第三个特征是增长。创业者追求增长，他们不满足于停留在小规模或现有的规模上，希望他们的企业能够利益最大化，员工能够拼命工作，因为他们在不断寻找新趋势和机会，不断地创新，不断地推出新产品和经营方式以追求不断的增长。

（2）创业精神对于创业的重要性。

在创业过程中，会遇到各种各样的难题，让很大一部分创业者望而却步。而有一些创业者能够站稳脚跟，生存和成长起来，这都有赖于坚忍、创新的创业精神在创业过程中所起到的作用。

李华毕业于一所国内知名大学，学的是电脑软件。他成绩非常优秀，和导师合作的项目也获得了国家专项基金的扶持。而他在校外做实习时，国内一流大企业都点名要他。无论他去哪一家公司，相信未来的前景都会很好。

但拥有这么多光环的李华却是个不喜欢被人束缚的人。他决定自己创业，虽然创业注定艰苦，但他已经下定决心把自己的青春和热血都献给国内互联网这片热土。他认为现在正是创业的好时机，虽然他不具备很多的经验，不过至少他有头脑。

他选择进入的领域是移动分享。具体的产品就是帮助国内用户，通过互联网分享大家的所见所闻，看到的好风景。这样使用起来非常方便，用户界面也非常人性化。

在软件开发前期，他确实凭借着他的锐气获得了一些投资，投资商对李华的印象都很不错，认为未来一定会有非常大的发展。但这时候问题出现了，投资商忽然要求李华在软件中嵌入广告来收费，这样能让软件尽快盈利，但李华却觉得，这样是损害用户的行为。就这样，投资商断了第二轮投资计划，这对李华来说是致命的。他突然遇到了在以往的生活中从来不曾遇到过的难关。工资发不下去，每天都不敢正面与员工的眼神对视。在大企业的那些好朋友打来电话的时候他都不知道该怎么说，女朋友因为他太投入工作，感情也疏远了，他突然感觉好像全世界都抛弃了他。

但是李华天生是一个不服输的人。凭着一种不服输的精神，李华多次与投资商磋商周旋，为了达到自己的目的，投资商多次以撤出投资威胁李华。可李华一遍又一遍的向投资商耐心的分析，告诉投资商前期加广告会给他们带来多大的损失。不管付出多大代价，李华都不能让自己的梦想夭折。

最后投资商被李华的这种精神所打动，双方选择了一个折中的方案，即软件前期不加广告，但后期需要加入投资商所提供的广告。不管怎样，李华总算是可以继续自己的梦想，他的创业也可以继续进行。

李华在压力最大的时候，也依然没有选择妥协，他没有违背自己的信念，因为有种强大的力量在支撑着他，那就是不可半途而废的创业精神。一个有精神气的创业者，往往能体现出更强大的气场，而这种气场是多少金钱都买不来的。

12.2 知识经济发展与创业

如今创业热潮正在以一种疯狂态势席卷着整个世界，大多人都希望或者正在进入这样一

个领域。这是知识经济发展的原因。而大学生创业者需要深刻地认识到知识经济发展同创业的内在联系，并且能够使自己的创业活动对经济社会的发展贡献力量。

1. 知识经济的内涵

人类在经过了大约5000年农业经济和300年工业经济后，正式进入现在的知识经济时代。不可否认，知识经济已经成为当今世界上最具发展前景的一种经济形式。

知识经济具备两方面的内涵：一是富含知识的高科技领域、技术创新领域、信息领域的高速发展，使得其在国民生产中的比重大幅度提升；二是知识与经济相互之间的关系越来越紧密，二者慢慢相互融合在一起，使得产品与服务的知识含量不断提高。知识经济使得经济增长方式发生了前所未有的根本性变化。

而正是因为知识经济具备这些内涵，所以创业才和它有着千丝万缕般的关系。掌握和知识经济的内涵，那么大学生对于创业也就能有更深一层次的认识。

吴虎、常军、林蔓雯等人原是某大型网游公司的员工，虽然他们的工作年限都不长，刚从大学毕业一两年，但他们个人能力都非常突出，专业技术也相当过硬。在看到国内手机软件，尤其是游戏软件的蓬勃发展后，他们想抓住其中的商机，于是几个人一筹划，干脆辞职大家一起创业。

他们创业的项目并非游戏本身，而是游戏引擎。游戏引擎简而言之就是一种开发制作游戏的工具，它能够帮助广大的游戏生产商提高工作效率，而几个人平时也做了相当多的小工具来帮助公司加快游戏开发进度，所以他们也具有相关经验。在经过 5 个多月的艰苦奋战后，可以用作商业的游戏开发引擎便被他们制作出来了，而且这种游戏非常易用，只要会用市面上昂贵的开发引擎，他们这款游戏引擎就不在话下。虽然这款游戏引擎比起国外的游戏引擎便宜的多，但一套也值 30 多万元。而且他们也制定了相应的推广方案，向国内游戏开发商普及他们的产品和服务，并且大获成功。据一位他们的客户透露，以往想要制作大型游戏，就要购买国外的开发引擎，而一套动辄都在 300 万元，现在他们购买的这套游戏引擎，虽然功能上没有那么强大，但应付现在的手机游戏开发，已经是绰绰有余，而且产品也会进行升级。他们也非常佩服这些开发者，这么少的几个人，就能够把这样的产品开发出来，非常了不起。

也许有的人靠出卖体力干活，干 10 年也赚不了 30 万元，但他们光卖一套游戏引擎就能够赚到这些钱，可见其中的知识含量的比重有多大。而知识含量大，也就催生了产品和服务上的附加值变高，这都是知识经济带来的优势。

2. 知识经济与创业的关系

（1）经济转型是创业热潮兴起的深层次原因。

21 世纪以来，全球经济结构发生转变，向知识经济转变，在知识经济主导的形势下，产品或服务附加值主要都是通过脑力劳动产生，越来越多的人希望能够知识和劳力劳动改变自己的命运，实现自己的人生价值，所以越来越多的人从事知识经济型创业，使得创业热潮一浪高过一浪。

（2）创业能够促进知识经济更快更完善发展。

因为创业的大量涌现，使得创业市场竞争日益激烈，而由市场所支配的创业者们则会绞尽脑汁让自己的产品和服务升级，从而促进人才、资金、物力不断优化整合。而这些都是知识经济更快更完善发展的深层次原因。开展创业教育是建立创新型国家、提高国家的核心竞争力，实现我国经济实现跨越式发展的需要。

3. 知识经济赋予创业的重要意义

（1）解决就业。

在知识经济时代，创业热潮被刮起，那么它必然产生的一个结果就是产生大量的工作岗位，而这样的结果就会使得社会就业问题得到了一些解决。而创业机会越来越多，就能形成

越来越多的就业机会。

（2）促进创新。

在知识经济时代，创新是必不可少的。新创企业一般来说，都不会拥有较多的资源。这是它的劣势，但也是它的优势。这就逼迫了创业在在创业活动中能够想方设法提升创业企业的市场竞争力，而创新就是非常高效的一种手段。

肖猛在毕业后和志同道合的朋友一起，开发微博移动客户端。当他们做这个项目的时候，其实国内已经有几个相当不错的团队已经推出了很不错的产品，而且市场占有率也不算低。不过他们不觉得晚，因为现在这个时代是知识经济时代，任何一个厂商都不可能占据绝对垄断地位，只要一款客户端没有过时，而且也没有到达极致，那么它就还有创新的空间。在随后的 6 个月中，他们也确实做到了这一点。他们根据官方微博客户端存在的问题，做了相关总结，首先，Logo 太过单调，而界面也非常老气。其次，在操作上，微博客户端也不够流畅，这是因为他们加载方式是一次性的，也就是说，一页如果有 50 条微博，那么这 50 条微博是一同加载的，而他们在此进行了独创，不用转换页面，但一次只加载 10 条微博，而且有图片的微博，他们也做了特殊的压缩，从而使得加载速度大大增强，这样就能够帮助一些只能够使用 GPRS 网络的用户流畅使用微博工具。另外一点独创性，是他们在界面中不再采用图片作为表现形式，而只用色块，这样加载的时候，就只是加载代码，而非图片文件，这也能够帮助移动用户极大程度上节省流量。在这款微博客户端推出之后，迅速获得了广大用户的欢迎，下载量飙升，而他们也顺利拿到了投资。不过他们很清楚，他们不可能停下来，因为每一天，都可能会成百上千的人去模仿甚至抄袭他们的创意，他们只有不断创新才能打破这道枷锁，让自己处于不断领先的地位。

的确，如果不是因为知识经济作为主导，知识和智慧作为创业的重要资本，那么也不可能会有肖猛这些人愿意在创新上下工夫，为了一点点小小的改进而努力。正是如此，创新才得以慢慢积累起很大的能量，最终推动产品和服务的成长。

（3）创造价值。

知识经济时代中，最大的一项特色就是创造的价值增加。而创业则是创造这种价值的主力军，创业技术和能力可以解决社会问题、满足社会需求，并可以将这些问题和需求转化为实实在在的创业机会从而创造社会价值。它们给市场带来活力，带来动力，他们逼迫一些老牌企业也不得不调整战略，创造更丰富的价值。

12.3　创业与职业生涯发展

创业也同职业生涯发展有着非常大的关系。这里不是说创业了，职业生涯就成功了。这里注重的是一种创业的意识和创业的能力。而具备这种意识和能力，将对提升个人职业生涯发展产生非常积极的作用。

1. 创业和职业生涯发展的关系

（1）创业是职业生涯发展的一部分。

创业，它是一个活动，它是一个过程，它也包含在职业生涯发展中。创业并不只是指简单地开办一家企业，获得财富，让生活更好。它也是一个人实现人生价值，完成人生使命的一个过程，而这一过程存在于职业生涯发展中。

（2）创业是职业生涯发展的飞跃。

每个人都想创造出巨大的价值。而这么多人从事创业，也正是因为这一目的，它能够给社会给个人带来巨大的价值。而职业生涯发展的意义在于，生存、发展、实现个人价值。所

以创业对于一个人的职业生涯发展来说，就是一次质的飞跃。

中专毕业的小吴，没有找到合适的工作，只到一家工厂帮忙跟车送货。每天都重复相同的工作，日子一天一天这样过去，眼看自己每天都是起早贪黑的工作，一年下来却不见攒下钱。他开始思考，开始重新考虑未来的人生，偶尔，也想干脆辞职，开始创业，无奈面对资金的短缺，小吴最终创业的路上，还是选择徘徊。

小吴和很多年轻人一样，在工作闲暇时，手机就是平时最大的娱乐工具。他会下载一些电影到内存卡里，想听想看的越下越多，有的电影又舍不得删除，渐渐的内存卡空间明显就不够用了。于是他就开始到网了解了一下内存卡规格、价钱等。

起初，他只是怀着好奇心去了解一下。但是在送货下乡时看到村村都有好多手机维修店，他猛然一想，这是一条创业之路啊！于是，说干就干，对于送货的小吴来说，深知小卖铺最怕的就是积货，当产品出问题时厂家不退也不换货。小吴经过缜密考察，在网上选择了一家公司，本着一个月卖不掉包退，三个月包换的政策，小吴下定决心，开始创业。

创业开始阶段，小吴进了七八百的货，借着跟车送货的便利条件，小吴逐个到那些小店铺里进行推销，对于这种上门推销内存卡的事情，店主门都稍微有一点抵触心理，他们习惯自己直接去拿货，送上门的货反倒担心会不会假冒或者积货怎么办？为了打消这种顾虑，开拓市场需求，小吴大胆的尝试先让他们帮忙代销，等货卖出去以后再把款项结给小吴。由于小吴进货价格不高，给店主的价格也不算高，解除了他们的后顾之忧，又提高了他们的利润空间，很快，就有一些店主主动联系小吴代销内存卡。为了让更多的人了解这种销售模式，小吴还特意找了一些简易板，打了广告放在各家小店门口，以达到更好的宣传目的。

现在小吴开始回笼资金，虽然钱不是很多，但是这给刚创业的小吴增加了无穷的信心，接下来，他还打算把销售渠道推销到手机专卖店里，现在虽然小吴每天还是跟车送货，同时继续推销他的内存卡，还是他坚信，在不久的将来，他终会成为一个真正的创业成功人士！

2. 创业对个人职业生涯规划发展的意义和作用

（1）实现创业学习。

大学生一般都有强烈的实现自我价值的理想，所以一般情况下，他们思维活跃，创新意识强，热衷于学习一些新事物。而这一切，正驱使他们自己创业，在创业的过程中不断学习，不断进步。正是因为有了创业的机会，才可能得到创业的锻炼。

（2）增强创业意识。

大学生就业的竞争愈演愈烈，因此，一些大学生在求职时发现找不到自己的职业，或者薪资达不到预期，他们便打算自己创业。这种意识不是与生俱来的，而是职业生涯发展规划得不到满足而产生的。这种不满足感会让人充分地调动起积极性，改变自己的现状，从而增强了创业意识。

（3）提升机会识别能力。

机会识别，对于一个创业者来说，是比较难的一件事。不可能有人天生就具备这种能力，它都是靠着一种磨炼而获得的。在经历过创业之后，创业者才更能清醒地认识到什么是机遇，什么是陷阱。

（4）训练创造性思维。

人为什么会缺乏创造性思维，原因很大一部分是因为懒惰。因为环境安逸，所以也无需改变。而创业则不一样，创业者需要时刻面对生死存亡。稍不小心，就会血本无归。而这时候，创业者为了竞争，为了生存，就会积极地去调动这种创造性思维，让自己在创业中能变得更强，而这种能力也是大学生职业生涯规划所希望能够让大学生获得的一种能力。

钱龙毕业后直接开始创业，因为他的家族是做服装企业的，而他也非常热爱服饰文化，所以，他就在家人的资助下，开办一家牛仔服饰贸易公司。有一次，一批订单出现了问题，牛仔裤上有非常多

的皱褶，还有几条甚至连油污还在，这可急坏了他的下属。不过钱龙盯着这批将要被退回的订单，然后突然喜上眉梢。他觉得这正是一个非常不错的机会，他专门跑去工厂，然后要求工厂就生产这样的牛仔裤，而且不仅要油污，有些还要有油漆点，就是要突出蓝领工人的硬汉特点。然后他又赶紧为这些产品制作了专门的广告，主题就是“来自加利福尼亚的淘金风格”。这些广告所创造的形象正好满足一些都市年轻人渴望不一样的要求。于是这些牛仔裤收到了采购商的追捧，甚至，马上就有一些跟风者开始剽窃他的创意。不过他现在已经开始准备让自己的牛仔裤和时下最火热 iphone5 结合起来，再做一次宣传和推广活动。

钱龙确实创造性地将可能会被退货的产品推广了出去。而广大创业者确实会在创业过程中遇到很多难题和阻挠，如果运用好这种创造性思维，也能给产品和服务带来巨大的附加值，从而实现创业的成功。不过创造性思维也是一种短暂性的思维，不可能永远有效，这就需要创业者积极开动脑筋，继续创新下去。

（5）培养团队精神。

团队精神，是大学毕业生比较缺乏的一种精神。因为在长期的学习生涯中，大学生都习惯了单打独斗，他们没有合作的经验。而到了工作岗位，他们也只是尽其可能地想要表现自己，在这种情况下，其实团队的效能大大降低了。

而创业则需要大学生创业者积极配合，1+1>2 的道理相比很多人都明白。所以创业能够培养大学生的团队精神，这种精神，在职业生涯的任何过程中都是有重要意义的。

（6）锻炼领导能力。

虽然大学毕业生有一部分人很自我，但自我并不代表他就具有领导能力。领导能力是一种综合实力。而大学生通过创业，就会接触到一个活动的方方面面，从而也就具有了全局观，而经过这种训练，也会使大学生锻炼到自己领导能力。

王晶与高岗都是出自北京某高校的大学生。毕业之后两人又同在一家公司工作有三年时间。经过三年工作的历练，两人无论是在能力和经验上，可以说都有着质的飞跃。并且两人都不约而同的怀揣着一个创业的梦想。

2011 年，二人在谋划了多时之后，计划开办一家快递公司。首先二人先想着自己的公司得先有个牌子，这样才能让顾客知道自己的公司。公司名字定下来后，两人又着手安排公司构架。人员组成和服务口号等事宜。不久，公司就安排了第一次面试业务员的招聘活动。

面试官由王晶担当，他在以前待的公司里从事人事方面的工作，在这方面有着充足的经验。应聘现场，王晶向应聘者提了几个问题，有的应聘者说了实话，而有的应聘者却没有做到诚实。那么王金究竟是怎么分辨的呢？

有的应聘者介绍自己是个爱劳动，且勤于锻炼的人。于是王晶就让他们举举哑铃试试。而有的应聘者说自己对营销很感兴趣，曾经也做过这方面的工作，于是王晶就询问了他们一些营销的基本常识。后来，凡是据实回答的都进入了下一轮面试，而那些未能说实话的，就全部被刷了下来。

这个案例告诉我们，管理并非是夸夸其谈。而是需要通过时间和实践的不断积累的。创业者在管理企业的同时，能让员工们一步步地理解你的管理理念，等积累到一定数量之后，你的管理理念才能逐步显出作用来。

案例点评

【案例】

陆远志是来自贫困山区的大学生。大学四年，他靠勤工俭学和助学贷款完成了学业。毕业的时候，他认识到如果想改变自己的生存环境，改变自己的家乡贫穷面貌，只是在城市里谋取一个职位，是不

行的。他学的是生物专业，对一些物种的改良及资源的利用有着独特的见解。

陆远志的老家是有名的贫困县，十年久旱，庄稼经常歉收。现在成天在家的只有老弱病残，多少有点能力的都愿意外出打工赚点钱，回来盖房娶媳妇。像陆远志这样跳出农村的孩子，几乎没有回到家乡的。

陆远志从高中时就立志要改变家乡的面貌，因为家乡太穷，他上高中不得不徒步走 20 多里山地，到另外一个乡去读书。在他心里，为家乡致富寻找出路，在家乡建所好学校，几乎如山一般压在他的心头。

大学毕业的他回到了县里，他的决心与想法得到了县里和乡里的大力支持。为了节省创业基金，乡里免费拨了一块山头给他，条件是有经济收入后每年将年收入的 5%用于改善乡里的教学环境。县里面特批了 5 万元创业资金，让他无息使用。家乡的老百姓听说他要搞生态种植和养殖，纷纷写信联系在外面打工的亲属，让他们回来帮忙。感受到这番浓浓的情意，他肩头的担子更重了。

陆远志化验了家乡的泥土，研究了天气情况和水利情况，从国外进口了一些抗旱的经济作物品种，并且自己研发了一些常规蔬菜的抗旱保湿品种，首先从种植开始搞起，仅一年就回收了一部分投资款，第二年他培育的优质肉羊及肉牛品种也开始大量养殖。仅仅不到五年时间，原本都是杂木丛生的山头变成了蔬果飘香的金山。而陆远志还实现了一种新的养殖方法，将自己养殖中心的动物免费送给附近的乡民喂养，对他们进行培训，然后免费提供种牛、种羊，只要求在繁育后还给中心一对幼仔就可以了。附近的乡亲们都跟着致富了。经历了最原始的资金积累，陆远志花重金修了路，路修通的那一天，好些村民们都哭了，这是他们几辈子人们都盼望的。路修通了，陆远志又成立了生物制品有限公司，将山里无污染的山珍、药材制成成品，远销欧美。就这一样，他一步一步带领乡亲们走上了致富路。

【点评】

山里的孩子早当家。陆远志少年时期的苦难生活令他立下了雄心壮志。他明白自己需要的不仅仅是一碗温饱饭，更需要的是一份事业，一份能改善自己，改善家乡的事业。而陆远志奋斗成功的经验可以总结为以下几点。

① 陆远志是个山里孩子，他明白山里缺什么，所以他非常懂得利用自己专业所长，创造特殊的价值，正是这些特殊的价值使得陆远志的创业项目有了市场。

② 陆远志没有盲目创业，而是懂得选择合适的创业途径，这是他成功的重要诀窍。他因地制宜，专门研究了家乡的环境，走生态种植和养殖的路线，引进进口抗旱作物，以及培育优质牛羊肉，而且他还借助当地的创业政策和乡民们的帮助，这才使得他最后取得了成功。

③ 许多家庭对供养一名大学生感觉到比较吃力，因为一名大学生在经济上的开支比较大。除了生活费还有高昂的学费，因此，一些大学生为了能顺利完成学业，于是多数从勤工俭学开始，然后逐渐有了创业的动机。正是因为生活所迫，使得人有了这种紧张感，有了这种动力，从而使得他们跟别人就区别了出来。

素质拓展

汪野在毕业之后，找不到工作，也不想工作，于是他就选择了创业，但他不是一个特别有毅力有眼光的人，他只是觉得大多数人都创业，所以他也进行创业。他拿家里的钱搞了一家小型 KTV，因为第一次创业，所以他野心很大，要做全国连锁之类的。所以在创业过程中，也不注意节制，最后 KTV 才勉强开起来，钱就都花完了。这时候他又去到处借钱融资，但弄来弄去，KTV 还是倒闭了，他赔了不少钱。

请同学们分析一下，汪野为什么会创业失败？还可以补救吗？如果你要进行创业，你会选择何种创业项目，你要具备哪些创业精神，以及你的创业长期人生规划是什么？

第 13 章

创业者和创业团队

创业者和创业团队都是创业的主导者。有人适合独立创业，如其有一定的资金，有极强的独立性等。有人适合团队创业，如与人相处融洽；有人不适合团队创业，如该创业者能力很强，但不善于与其他人相处。在团队创业中，有的创业者适合担任主导人物，有的创业者只适合扮演参与创业者的角色。

13.1 创 业 者

1. 创业者的基本概念

从词源来看，创业者英文为 entrepreneur，和企业家为同一单词，意为在没有或拥有较少资源的情况下，锐意创新，发掘并实现潜在机会价值的个体。对创业者的定义有很多种，1880 年，法国经济学家萨伊首次给出了创业者的定义，他将创业者描述为“将劳动、资本、土地这三项生产要素结合起来进行生产的第四项要素，是把经济资源从生产率较低、产量较少的领域转移到生产率较高、产量较大的领域的人”。香港创业学院院长张世平是这样定义的：“创业者是一种主导劳动方式的领导人，是一种需要具有使命、荣誉、责任能力的人，是一种组织、运用服务、技术、器物作业的人，是一种具有思考、推理、判断能力的人，是一种能使人追随并使追随的人获得利益的人，是一种具有完全权利能力和行为能力的人。”

创业者与职业经理人的区别在于，创业者是指一种开办或经营自己企业的人，他们既是员工，又是雇主，对经营企业的成功与失败负责；职业经理人通常不是他们所管理公司的所有者，而是被雇来管理公司日常运作的人。

2. 创业者的素质与能力

大学生若想成为一名成功的创业者，必须具备以下基本素质。

（1）胸有抱负，坚韧不拔。

只有拥有远大报负、目标明确的人才能创业成功。你未来 5 年的目标是什么？未来 10 年的目标又是什么？创业者必须对这些有着详细的计划。正所谓有志者立常志，无志者常立志。只有朝着既定的目标前进，所有的努力才不会偏离自己目标，最终才能取得成功。而没有目标的人，则很难成功。

在宁波某大学商学院，有一个由 10 名大学生组成的创业团队，带头的人是 2005 级学生王同学。在公司创办之初，他们就把公司定位为考证培训服务企业。对于成员的要求也非常严格，对女生要求一等奖学金，男生要求二等奖学金以上。刚开始创业的时候，他们这些天之骄子都放下面子去发传单和广告。

因为在创业初期缺乏经验，他们最初只做一些小语种培训。缺乏师资力量，他们就托朋友找关系，还聘用过一些留学生和日韩企业的员工，就这样，他们第一个项目——语言培训班顺利为他们赢得利润。

接下来就容易一些了，因为团队成员专业知识扎实，他们就做了一些专业培训班，比如公共关系职业资格认证、文员（秘书）职业资格认证等证书培训工作。因为考证效果好，报名的人越来越多。

2009年毕业时，团队成员都在为继续留守还是就业而踌躇，但最终绝大多数都留了下来。3年后，王同学所带领的团队将事业越做越大，公司也成了当地最大的培训公司。

（2）善于创新，独辟蹊径。

要想成功创业，必须富有创新意识。只有创新，才能使事业独树一帜。即使和别人做同样的事，也要另辟蹊径，走出一条与众不同的经营之路，靠特色赢得成功。

（3）自信乐观，诚信正直。

创业者还必须有抗挫折的能力。做任何一件事都不可能平平坦坦就走向成功，在前进的路上虽然有荆棘和困难，但只要自信乐观，把困难当作磨炼，就能走向成功的彼岸。

（4）团队精神，善于合作。

一个优秀的创业者，更要具有团队精神，一个人的智慧有限的，众人拾柴才能火焰高。要想成功，更要掌握与人交往、与人合作的能力。一个善于合作的创业者，会事倍功半。

（5）眼界开阔，不断提升。

广博的见识，开阔的眼界，会缩短创业者走向成功的距离。因为眼界开阔，他必然少走弯路。埋头拉车容易走进死胡同，边走边看边想，才能走上最近的路，避免不必要的精力和财力的浪费。

3. 创业动机的含义与分类

（1）创业动机的含义。

创业动机是推动个体或群体从事创业实践活动的内部动因，是使主体处于积极心理状态的一种内驱力，具有较强的选择性、倾向性和主观能动性。了解创业动机有利于预测和控制创业者的创业行为，激励人们创业的积极性，培植创业种子，提高社会创业频率。

创业动机是激励创业者去寻找机会，把握机会，并最终实现创业成功的动力。

（2）创业动机的分类。

大学生创业者创业动机千差万别，也很复杂，但却并非无规律可循。大体上可以从经济需要和社会需要两个层面来进行分析。出于经济需要的创业动机，主要是指创业者为了满足个体生理和安全方面的需要而进行的追求财富的一种创业动机，这是大学生创业者原始和基本的动机。出于社会需要的创业动机，主要是指，在经济的需要得到满足或基本满足后，创业者希望得到社会地位、社会认可、社会赏识、获得成就感、实现自身价值等而进行创业。按照上述原则可以将创业动机分为：就业驱动型、兴趣驱动型、职业需求型。

① 就业驱动型。

据教育部统计，2013年全国普通高校毕业生达699万人，比2012年再增19万人，毕业生就业形势依然严峻，高校毕业生成为新的就业困难户。一部分大学生开始了创业之旅，以期解决就业问题，并取得更好的经济收入。另外，各种鼓励大学毕业生创业的政策也纷纷出台，各级政府迫切希望自主创业能成为缓解大学生就业压力的一条有效途径。

② 兴趣驱动型。

兴趣是最好的老师，它可以调动人的潜能、是大学生创业的重要动因之一。如果创业者对一件事物产生了兴趣，就会花时间和精力去了解、去体验，不管遇到什么困难险阻，都会一如既往地坚持下去。因此，可以说兴趣是创业起步的动力源泉。

③ 职业需求型。

美国学者克雷顿·奥尔德弗认为，个体存在三种需要，即生存的需要、相互关系的需要

和成长发展的需要。其中相互关系的需要是指人们对于保持重要的人际关系的要求；成长发展的需要是指个体谋求发展的内在愿望。创业者随着年龄的增长，对于相互关系和成长的需要会逐渐强烈。创业者为了自己以后的发展或实现自己的某个目标做好经济上、经验上的准备，在条件成熟的情况下会走上创业的道路。

4. 产生创业动机的驱动因素

创业行为的发生是创业动机萌芽和不断强化的结果，那么是哪些因素在影响和决定着创业动机的产生呢？经过长久的研究和争论，人格特质、自我效能感、目标、环境因素等被认为是影响创业动机产生的驱动因素。研究和分析这些因素对于创业实践有着重要的意义。

（1）人格特质。

人格特质是一个心理概念，受到文化、组织价值以及组织特征的影响，在中国文化背景下，创业特质主要包括创新性、外向性、开放性等。大多数的人格特质都和创业倾向有着显著的影响，如开放性和外向性都与个体创业倾向存在显著相关。此外，责任认真性与个体创业倾向也存在显著差异。

（2）自我效能感。

自我效能感的概念被创业研究领域引入后，成为预测创业行为的重要变量，也有人称之为“创业自我效能感”，是指个体相信自己能够成功扮演各种创业角色，并完成各项创业任务的信念强度，是创业者的一种信念和自信，具体是指创业者对其能力能够影响所处环境并通过相应行为获得成功的自信，高自我效能感的个体具有高创业倾向。

整个公司空荡荡的，只有王睿一个人了。他用手机在办公室发出了最后一条微博：“我创立的第五家公司，今天正式倒闭了，在最后的一刻，和自己说一声，加油！一定会成功的。”然后离开了这个他曾经战斗过的地方。

“不要难过，家里的事情你不要担心，有我呢。”王睿的妻子总是那么善解人意，他因为担心而劝慰自己的丈夫。

事实上，王睿根本没有被命运的不济打倒，他此刻正在盘算如何东山再起。他打算先找一家公司上班，以便了解电子显示屏加工出口的动态，然后寻找机会再打个翻身仗。

一年之后，一位老客户找到王睿，要他帮忙采购一批电子显示屏，当得知他的公司失败后感到十分惋惜。王睿意识到，这可能是个再次创业的好契机。于是，他向客户说出了自己的想法，这位老客户对他百折不挠的精神十分赞赏，并答应只要他的公司在，以后的订单都会交给他。这样王睿开始了新的创业征程。他吸取了以前的教训，重新与以前的合作单位建立了联系，公司很快步入了正轨。

“这次我很有信心，虽然失败了那么多次，但我学到了教训。我会把这些教训运用到今后的公司管理、运营当中。”王睿雄心勃勃地和妻子说。

时光飞逝，转眼间过了一年，王睿的公司规模扩大了一倍，业务量也大幅度上涨，他每天都忙的不可开交，但却异常地充实和满足。

高自我效能感的个体会为了实现特定目标会投入更多的努力，挫折不能让他们动摇，失败不能让他们沮丧，相反地，他们会设置更高的目标，并坚定地向着他前进，因为他们有着与生俱来的无比信心。王睿的成功源于他本身所具有的高自我效能感，没有舍我其谁的气势，他怎能开始属于他的第6次创业，开启人生的新篇章。

（3）目标。

目标是一种心理表征，它具有指导性、激励性，且会对毅力产生影响，它能够促使个体实现目标的策略得以唤醒、发现和产生，使创业者不放弃理想，为了目标而坚持不懈。因此它能使创业者投入创业行动。

（4）环境因素。

创业不是个体行动的结果，诸如经济情形，经济政策、家庭等外部因素也有着重要的作

用。当一个人拥有创业的想法，具备了创业个性特质，但如果没有外部环境的支持，人体很难产生创业的想法并最终付之于行动。在环境因素中，国家经济政策，特别是管理制度对潜在创业者的影响较大，一般地，当国家的经济自由程度增加时，个体更倾向于创业。

13.2 创业团队

1. 创业团队的定义

创业团队是指由两个或两个以上具有一定利益关系的，彼此间通过分享认知和合作行动以共同承担创建企业责任的，处在新企业高层主管位置的人共同组建形成的有效工作群体。

如今，团队创业成功的概率要高于个人独自创业。

2. 创业团队对创业的重要性

一个好的创业团队对企业的成功起着重要的作用。主要体现在以下几个方面：满足创业需要、获取外界投资、激发创业者的斗志和灵感、缓解创业初期矛盾。

（1）满足创业的需要。

在创业的过程中，可能会涉及资金运转、客户来源、技术攻关和产品销售渠道等诸多问题。想要一个人独立完成这一系列的工作，客观来说压力是巨大的。而创业团队的存在，能够发挥各自的所长，将这些创业相关事宜高效率、高质量地完成。

创业要成功，就要具有专业技能、经营管理能力、处理人际关系的能力等不同方面能力，但一个人很难拥有这些能力，因此，组建创业团队，具有不同知识结构和专业背景的人共同创业，才能满足创业项目运行的需要。

（2）获取外界投资。

简单来说，个人独自创业的创业者去寻找投资者，投资者很可能兴趣不大。但如果告诉投资者自己有一只高水平的创业队伍，那么投资者很有可能多给这位创业者一些机会。因为客观上一个团队比个人更有创造价值的潜力。

小杜是一个积极向上，有头脑，有拼劲的创业者。为了自己的小公司他可以废寝忘食的工作，因此朋友们都说他是一个“80 后的工作狂”。前不久，小杜的公司吸引了一家投资商要来投资。这天投资商来小杜的公司考察。小杜很热情的招待了投资商，而投资商对小杜公司的基本情况也还算比较满意。当投资商询问小杜的创业团队将来的股份安排问题时，小杜回答说：“不用，这公司当初是我一人创立的，其他人都是志同道合来投奔我的，不给钱他们也愿意干。”听了小杜的回答，投资商眉头一紧：“不给钱也愿意干？那是现阶段可以，说明你们有一定的凝聚力。但是将来团队发展壮大了，这就是你们的不稳定因素。”投资商认为小杜还是拿着过去他一人创业的方法来看待他的团队，不具有长远的未来规划，因此投资的事也就化为泡影。

相反小杜的学长小赵是一家族企业的继承人。小赵的家族企业经营传统行业，已经运行了很多年了，关键岗位都由家族成员担任，并一直在不断发展壮大。后来，他们从外部聘请了一位财务总监，这位财务总监十分尽责，从专业角度突出了许多不同于公司以往规矩的看法。小赵是个特别开明的年轻人，他听取了财务总监的意见并一一落实，而且并有意识的外聘职员，减少家族成员的管理岗位。投资者对于小赵的做法十分欣赏，对小赵的企业进行了投资。通过引入投资者，公司的治理机制又得到了健全，公司正一步步朝着更健康的方向发展。

小赵无疑是一个大气的创业者，他通过不断完善公司的治理结构成功吸引了投资者的兴趣。而这样开明的创业者所组织的创业团队，更容易得到投资人的认可。相反，小杜虽然也

有自己的团队，但是其吝啬的做法，几乎可以认定他与独立的创业者没什么大的区别。没有一颗大胸怀的创业者，投资人自然要再三思量。

（3）缓解初期矛盾激发斗志。

创业初期免不了会遭遇各种的问题，如人手不够、组织结构不完善、职能划分不明确等现实问题。而创业者个人的能力总是有限的，组建一支创业团队，能够使这些的问题得到有效的解决。团队成员各尽其能，以别人的长处弥补自己的短处，从而提升自身的创业效率，帮助创业者少走弯路。

创业团队的存在，一方面无形中给创业领导者一种压力，因为创业领导者在考虑自己的同时，也要为团队成员的未来考虑。因此，领导者必须时刻保持高昂的斗志，才能带动整个团队的氛围。另一方面，在团队遭遇困难时，团队成员之间群策群力，产生灵感火花，并通过互相鼓励和支持，迅速摆脱困境，并实现新创企业的快速增长。

3. 创业团队的优劣势分析

（1）创业团队的优势分析。

创业团队的优势主要体现在，集合各自的优势，共同创业，其产生的群体智慧和能量，将远远大于个体。创建团队时，最重要的是考虑成员之间的知识、资源、能力和技术上的互补，一般来说，团队成员的知识、能力结构越合理，团队创建的成功性越大。

张毅和李海波，大学毕业后创办了一家电源设备生产公司。

张毅在大学学的就是电器设备生产，因此公司创立后，他负责技术层面的工作，带领技术创新团队进行产品研发。李海波负责日常管理，虽然他并没相关的行政管理等专业知识背景，但在大学的社团活动中他表现出的管理能力让张毅很钦佩，就这样两个人分了工，开始为了这家公司的发展努力。

经过几年的努力，张毅研发的产品每年的销售额少则几百万元，多则上千万元。而李海波在实践中也不断学习，提高自己的管理能力，虽然他不苟言笑，但却能够以独到的管理方式把公司管理得井井有条。

经过两人的不懈努力，现在他们的公司年销售额已经超过 3000 万元。但他们仍不满足，年销售额突破 1 亿元是他们新的目标。

好的创业团队应当是成员间优势互补、专业能力完美搭配的。在创建团队的时，最重要的是，实现成员之间的知识、资源、能力或技术上的互补性，这种互补将会有助于强化团队成员间彼此的合作。

（2）创业团队的劣势分析。

创业团队主要的劣势就是对成员个性的压抑。相较于创业者个人，创业团队在管理与发展上，更注重成员之间的平衡发展。为了追求这种成员之间的平衡，就需要为团队设定一些条条框框来规范发展的标准，这种条件的制定，或许就会与某些团队成员的情况发生一定的矛盾，比如限制了其个性的张扬或是让成员感到有约束感。有些成员也明白为了团队的共同发展，自己有所限制也是情有可原的。但是时间一长，本能会驱使他提升自己的抵触心理，以致最后成员离开团队，甚至还可能导致团队的解散。

4. 创业团队的组建策略

（1）互补策略。

有些创业者按照“相似性导致喜欢的原则”，倾向于选择在背景、教育、经验上与自己非常相似的人，许多新企业的团队成员也来自同一行业、同一地域，这样的团队会出现“文化共振”现象，难以给企业的发展提供多样化和强有力的人力资源基础。

创业者寻求团队合作的目的在于弥补创业目标与自身能力间差距。只有团队成员间的知识、技能、经验等方面实现互补时，才有可能通过优势互补发挥出“1+1>2”的协同效应。

（2）精简高效策略。

在创业初期，资本往往较少，因此，在保证企业能高效运作的前提下，应尽量精简创业团队，减少运作成本，使成员获得最大比例的成果。

精简团队时，通常会根据成员为团队所能做的贡献和价值的多少来选择，创业者可根据以下三个价值选择对团队进行精简：

第一，个人价值，也称“固有价值”，指的是成团个人本身所具有的价值，而且不易随着岗位的变动和服务对象的转变而变化。它主要包括学历、专业、职称、工龄、素质等方面。

第二，岗位价值，也称“使用价值”，把具有一定量的固有价值的员工，安排在某些特定的岗位上，而岗位的职责与特征是决定员工所能做出的贡献大小的基础平台。从理论上讲，岗位价值是比较固定的，不会因为担任着的变更而发生变化，它是一个相对静态的价值系数。

第三，贡献价值，也称“市场价值”，比如某个员工在自己的岗位上位企业创造了一定的价值，而他所创造的价值值得企业付出一定的代价挽留他。

（3）动态开放策略。

创业过程充满了不确定性，因为能力、观念等多种原因，团队中可能不时有人离开或加入。因此．在组建创业团队时，应坚持使团队具有动态性和开放性，把最适合团队需要的人吸收到团队中来。

1984 年 10 月 28 日，联邦集团前身——一个叫做广东南海盐步联邦家具厂的小企业成立了。这个小家具厂的四名成员王润林、何友志、杜泽荣、陈国恩是从小在一起长大的玩伴，他们走在一起，立志要干一番大事业。四个人都是农民出身，既没有什么教育背景，也没有显赫的家世。王润林学过设计，何友志做过藤椅师傅，杜泽荣在建筑公司干过打桩，他们因为生活所迫走上了创业的道路，却对办企业一无所知。几个月之后，家具厂因为销路不畅出现了危机，大量产品积压，他们欠下了银行近 10 万元的贷款。

雪上加霜的是，厂里的生产经理见势不妙，离开了家具厂。一筹莫展的四人急的团团转，这时他们突然想到了他们儿时的玩伴杜泽桦。那时的杜泽桦担任着一家藤器厂厂长，是广州小有名气的管理人才。几经辗转，杜泽桦被四人说动，来到家具厂担任了总经理一职，他利用自己的管理经验，迅速出动了一列急救手段，让家具厂迅速摆脱了困境，扭亏为盈。后来，家具厂壮大起来，管理层人员欠缺，于是同样有着藤器厂工作背景的另一玩伴儿郭泳昌也被请来。这六个人便成为了联邦最初的六人组合，后来一步步发展成为今天的联邦集团。

在家具厂面临危机时，王润林、何友志、杜泽荣、陈国恩四个创业者及时找到了有着丰富管理经验的杜泽桦加入团队，让企业焕然一新。在企业发展到一定规模时，他们又及时为团队注入新鲜血液，形成了稳定的创业队伍，为今后团队的可靠发展奠定了基础。团队成员之间的互补、协调以及与创业者之间的补充和平衡，起到了降低管理风险、提高管理水平的作用。

5. 创业团队的管理策略和技巧

有效的管理是保持新企业的生命力、保持团队士气的关键。有效管理要求给予创业团队成员以合理的“利益补偿”，利益补偿可包括两种形式：一种是物质补偿，比方说报酬、工作环境；另一种是精神补偿，比方说创业成就感、尊重、地位、认可和关爱。

（1）创业文化的引领。

所谓“创业文化”，是指自企业由创立到成长，被团队成员逐步接受、传播和遵守的基本信念、共同价值观、行为准则和角色定位的总称。一般积极的创业文化内涵，包括鼓励创新、容许犯错，培养团队和学习精神等。对于任何一个企业来说，创业文化是每个团队的“灵魂”所在。某种程度上讲，“创业文化”就如同一家企业的“统帅”，将所有团队成员凝聚在自己的麾下。

在北京品友互动信息技术有限公司（以下简称品友），一排排的办公桌横向排列着，这是一片开阔的工作区，没有一块阻隔视线的隔板，也没有任何工作间，就算是CEO黄晓南的办公区，也只是在这片办公区靠窗的位置。实际上品友这样刻意安排，正是希望将自由、开放、平等的硅谷精神融入他们的企业文化当中。

2008年初，黄晓南离开了麦肯锡，而品友公司现任的副总谢鹏则离开了联邦快递，两人联手成立了品友互动，品友是一家致力于互联网展示广告精准投放的公司。公司通过对网民进行调查分析，了解他们到底关注的是什么，从而有针对性的投放广告。那个时候，精准投放概念在国内还是个陌生的行业，互联网展示广告位的销售也比较粗放。可是这一行在美国已经发展多年，黄、谢两人当时身在国际大公司，看到其中的差距和机会，感到这个领域是大有发展。于是便成为了中国精准投放广告市场的试水者。现在的结果证明他们抓住了先发优势，这3年下来，公司年收入平均增长300%，2011年营收规模达千万量级。

“员工在大公司是螺丝钉，在品友是承重墙”。黄晓南的目标很明确，“品友要做互联网广告行业的颠覆者，改变吃饭喝酒拉生意的游戏规则，让这个市场靠数据说话。”而她的信心很大程度上正是建立在公司那些“承重墙”上。

黄晓南和谢鹏同为北大毕业，又曾经同在宝洁公司工作，这就注定了两人在公司管理上与草根创业者有许多不同。“从公司成立第一天开始，在品友只有10多个人的时候，我们就很强调企业文化。”黄晓南始终强调企业文化对公司发展的重要性，每名员工入职培训的第一堂课就是灌输企业文化：事止于我、互信互助、持续创新、追求胜利。其中，充分尊重和发挥人的价值成为了核心的内容。

全员持股，鼓励创新

黄晓南在介绍创业团队时说：“创业团队找人，需要60%的共性和40%的差异。”黄、谢、沈三位品友创始人，都曾有供职海外大公司的背景，但三人又专注于不同的领域，分工不同，但是价值观目标上是一致的，因此这就很容易在管理上达成一致，比如关于全员持股的问题。

一般中国的创业公司，往往只有管理层才会持有公司股份，而品友却实行的是全员持股，员工工作到一定年限，并且通过公司的考核要求，也可以持有一定的公司股份。全员持股在硅谷的创业公司中比较常见。黄晓南认为全员持股对于创业公司是很有好处的。

硅谷精神在沈学华所主导的技术团队有淋漓尽致的体现，沈学华说：“我们不怕员工有错，我们甚至欢迎做错，因为发生错误说明是在发展的趋势中。”

在沈学华的带领下，品友技术部门共有20多种不同技术培训，而且团队内部每周都会有一次Demo Day。当日会有一名某项技术特长员工，向其他员工分享自己的技术，以促使员工互相学习与进步。

为了达到高效的工作状态，品友的组织架构很扁平，最多只有三级，公司几乎所有的问题可以很轻易的传达给黄晓南。问题可以很轻易地传达到黄晓南。在树立了企业文化的同时，又达到工作上的高效率。黄晓南自信的说道：“我们希望员工可以在品友找到自己的归属感，帮助公司提升的同时，自己也得到提高。”。

有时候“企业文化”就是企业的一张名片，当员工在向人谈起自己的企业时，就会由衷地产生一种自豪感。试想一下假如你在黄晓南的品友公司工作，公司又有着如此诱人的企业文化，难道你不想在这样的公司发展自己的事业吗？这就是企业文化的魅力所在。

（2）权力与职位的管理。

通常而言，企业发展初期阶段，更注重经济效益的提升，团队成员之间大都能平等对待。但是随着企业的发展和稳定，一些团队成员在追求经济效益的同时，也助长了对权利和地位的追逐。从创业团队生命周期来看，一家企业一旦发展到追逐权利的阶段时，企业的发展效率就会大打折扣，甚至停滞不前。因此，创业团队领导者要注重权利和地位的激烈机制。将成员的工作效率与权利地位分配挂钩，使团队成员之间保持相互尊重和信任，从而达到成员可以共享领导角色，在各自领域各尽其能。

6. 领导创业者的角色与行为策略

（1）领导创业者的角色。

创业团队的领导者扮演了指导者、促进者、交易者、生产者以及风险承担者的角色。领导创业者首先要在对创业动机、目标和前景进行认真的评估后，才能得出是否需要组建团队的结论。如果确定要组建一个团队后，领导创业者就要进一步考虑需要组成怎样的团队，以期获得创业成功所必备的条件和资源。

（2）领导创业者的行为策略。

① 确立明确的团队发展目标。

目标在团队组建过程中具有特殊的价值，是一种有效的激励因素——共同的未来目标是领导者带领创业团队克服困难，取得胜利的动力。也只有目标一致，领导创业者和团队成员才能齐心协力取得最终的成功。

② 合理挑选、使用人才。

领导创业者的认知水平、创业技能、创业能力和思想意识从根本上决定了选择由哪些成员组成团队。领导创业者挑选团队成员时要考虑的是团队成员是否可以弥补自身知识、技能、能力与创业目标之间存在的差距。根据团队的需要，选择拥有什么专长、具有什么社会关系网、何种实际工作能力和团队成员。团队成员各司其职，各展所长，让团队欣欣向荣。

③ 建立责、权、利统一的团队管理机制。

一个成功的企业必须制定井然有序的组织策略和管理机制。一方面领导创业者要妥善处理创业团队内部的权力关系：在企业运行过程中，团队要确定谁适合于从事何种关键任务和谁对关键任务承担什么责任，以使权力和责任明晰化；另一方面，领导创业者还要妥善处理好创业团队内部的利益关系：企业的报酬体系，不仅包括诸如股权、工资及奖金等金钱报酬，还包括个人成长机会和相关技能培训等方面。制定创业团队的管理规则，包括企业文化。

7. 创业团队的社会责任

一部经典电影里曾有过这么一句台词——“能力越大，责任也越大”。的确，作为一支成功的创业团队，在获取商业利益的同时，也不可忘了回馈社会的发展宗旨。团队的成功是建立在政府的支持和社会的接纳的基础之上。假如没有这些客观因素，一个团队也就失去了发展的平台。因此，团队领导者要以身作则，培养成员的社会责任感，使企业的每个员工在实际的日常行为中处处履行社会责任。

案例分析

【案例】

2008 年 7 月，重庆某大学传媒艺术系的大二学生金海与庞力跟着老师搞暑期调研。金海发现，重庆的很多只有十几个人品牌设计公司生意都不错，于是他萌生了办工作室的想法。

听到金海的想法，早想创业的学装潢专业的庞力，立即表示赞同。

但租场地的资金就首先让出来自农村的金海和庞力犯了愁，两人就向老师求助，想让他帮着出出主意。老师告诉他们只要负责找到新同事就行，房子的事情他来解决。

金力没想到，有创业激情的人其实并不少，仅仅一周的时间，整个团队的主创人员已全部确定下来。工作室的成员各有所长：在大学生机器人比赛中认识的大三学长胡斌动手能力强；参加辩论赛认识的大三学姐严莎莎以口才见长；大一的学弟黄勇电脑玩得转，软件技术好；有在广告公司打工经历

的丘斌以创意见长；中文系大三学生刘文则写得一手好文章，擅长把握品牌的文化定位和人文精神；还有刘德海，擅长编程并曾获得过微软编程比赛大奖……他们抱团在一起，正好是一个设计公司完整的人员配备。

在老师的协调下，学校答应把一间八十多平方米的教室免费给他们用。一个月后，工作室正式亮相。他们给自己“封官”：设计总监，策划总监，行政总监……工作室 10 个人，人人是老板。

为了解决资金问题，大家轮流出去跑业务，拜访客户的脚步一分钟也舍不得停下。在得知家庭连锁洗衣店“衣能净洗衣”要做企业形象设计时，很感兴趣的金海直接找到这家企业。经过几次沟通，这家洗衣店老板最终拍板：“我不管你们公司是大还是小，只要设计出来的我们满意，价格合适，我们就放心给你做。”

接下这笔单子后，每个人都格外珍惜这次挑战。为了让设计与众不同，金海和同事们到洗衣店的市场了解和观察消费者的购买行为，查阅了大量资料。最终他们拿出了两套设计方案，而两套方案都得到了客户的认可。

2010 年，金海和庞力这些 2007 级的学生即将毕业，但学校承诺仍然让他们免费使用这间教室。

2010 年 6 月，重庆市政府出台征求第八届中国（重庆）国际园林博览会吉祥物的公告，金海和庞力创立的工作室格外重视这个机会，仔细查看客户的项目要求，苦苦思索：吉祥物要是重庆市整体精神的抽象体现，要有地域特色、还得反映出这个可爱的城市的面貌……终于，根据重庆别称“山城”设计出了两个可爱的吉祥物——珊珊和诚诚。

2010 年 7 月，第二届西部国际动漫节将在重庆举办，在学校的支持下，工作室承担下了本学校展厅的装修方案，这是他们首次接下的大型展会项目。他们充分利用从学校湖里捞上来的鹅卵石，艺术学院用剩的废纸箱，从学校附近捡的碎木块，营造出了别具一格的视觉效果。

这次布展，这些穷孩子没花多少钱，却换来了 10 万元的意向订单。

接着，一个好消息传来，重庆市“刮起了”大力发展微企的政策“旋风”。2010 年 8 月，工作室向有关部门提出申请；9 月中旬，公司获批成立，2010 年 9 月底，他们的工作室变成了公司。10 万元注册资金中，财政出了 4 万元，按照相关政策，他们还得到税收减免和金融支持，3 年内工商执照审验费用全免。

2011 年，“公司半年的业绩突破 500 万元，纯利润 50 多万元，令同行对这些“毛头孩子”刮目相看。到了 2012 年，他们的业务已经遍布深圳、东莞、北京、福建等地，客户中不乏雀巢公司、上海采瑞化妆品有限公司等大型企业。

【点评】

上述案例中大学生创业成功的原因可以归结为以下几点。

① 他们都拥有一个一个共同的梦想：拥有一家属于自己的企业。无论是倡导创立工作室的金海还是后来加盟的九位同学，都有着火热的激情。工作中，这种激情更转化为灵动的创意，为工作室的发展增添了动力。

② 团队成员各有所长，组建了一个较为完美的团队。设计总监，策划总监，行政总监……工作室 10 个人，人人是老板，但人人都各有所长，各司其职，共同为工作室的发展贡献自己的力量。

③ 利用优惠的创业政策，使事业腾飞。如果不是发展微企的政策“旋风”，如果没有税收减免和金融支持，他们的工作室很难成立，更难以获得迅速度的发展。

素质拓展

创业者素质与能力你具备了多少？请尝试着给自己打打分。

序号	创业者必备素质与能力	自评分					
		5	4	3	2	1	0
1	胸有抱负 目标明确						
2	善于创新 独辟蹊径						
3	自信乐观 百折不挠						
4	团队精神 善于合作						
5	诚信正直 精力充沛						
6	想要成功的强烈愿望						
7	成功之前的超强忍耐力						
8	比常人开阔的眼界						

总分：

第14章

创业机会与创业风险

21世纪以来，我国的高等教育已由最初的大学精英化，逐渐向教育大众化的方向转变。同时这一转变也造成了大学生毕业之后就业压力的增加。因此，也就出现了许多毕业大学生从就业转而创业的择业变化。相对于就业，选择创业对大学生则提出了更高的要求。虽然在校深造期间，大学生掌握了一些较高理论性的知识，但创业则更多的考验的是大学生的一种综合能力。如何看待自己的创业问题，如何正确地选择创业机会，这是当代大学生不得不去认真思考的问题。

14.1 创业机会的识别与开发

1. 创业机会的三大来源

（1）从“需求”中挖掘机会。

创业的根本目的是满足市场和客户的需求。假如市场和客户没有得到服务要求，这就是我们所提到的问题。优秀的创业者能及时地发现这样的问题存在，并且利用这样的问题作为自己的创业项目。例如，四川绵阳有一位大学毕业生发现远在郊区的本校师生，因为每天需要往返于市区和郊区之间，交通十分不便利。于是这位大学生就创建了一家客运公司，这就是把问题转化为创业机会的成功案例。

（2）从“变化”中把握机会。

但凡是市场结构和需求发生重大变化时，必然就会产生一些市场空白。而这些市场空白就是可利用的最佳的创业机会。世界著名的管理大师彼得·德鲁克曾经说过，“成功的创业者，就是那些善于在市场上寻找变化，并能随着这种变化作出及时积极回应的投资人”。这种变化或许来自国家政策的调整，也或许来自某行业的结构调整，市场重新整合，人口结构的变化，以及人们精神上的需求变化等。例如，随着私人轿车拥有量的增加，衍生出代驾、汽车销售和保养维修、二手车买卖等诸多创业机会。

20世纪中期，美国一大城市曾塑有一座巨大的铜质女神雕像。当地许多居民都以拥有这座雕像而为自己的城市自豪。但是随着政府城市重新规划的实施，这座雕像不得不接受被推倒的厄运。为此当地许多人都为此深深叹息，他们为以后再也看不见这座雕像而感到伤感，似乎这座雕像就是他们的精神寄托。

而一位在当地上学的大学生，敏锐地发现了这里面蕴藏的巨大商机。他四处筹钱，从政府手里，以非常低廉的价格购买下了雕像残骸（对于这堆废铜烂铁，政府正愁没地处理呢）。然后这名大学生租用了一家冶炼厂的车间。他将雕像上的废铜烂铁重新入炉，制作出一个个和原来雕像一模一样的小像人进行兜售。而且还利用雕像上面的铜，制作出了一套女神雕像纪念币发行。为了增加销售效果，这位大学生打出广告：“您花上一点点的钱，买下一座小像人，就能将女神永远地留在您的家里。购买一

套纪念币，就能将您曾经的美好回忆永远地保存”。果然，这样的宣传方法确实起到了巨大的效果，短短的三个月，小像人和纪念币被当地人抢购一空，而这位大学生也因此狠狠地赚了一笔。

（3）从竞争中自主发明机会。

同一行业的参与者，必然有水平高下之分，又或者在业务水平和经验上时参差不齐。一个有实力的创业者，面对行业竞争者时，能吸取竞争对手的长处，弥补自己的短处，便能逐渐拉大自己与同行的优势。不妨看看自己的同行，他们能给客户提供哪些更优质、更迅捷的服务，这些是否自己能做到。如果自信的你觉得没问题，或许你已经发现了一个相当不错的创业机会。

如今是一个高速发展的时代，各类行业的创新产品都在源源不断地涌入市场。假如你自信自己有这样的实力和潜力，关注一下创新行业，在创新产品上多下一番工夫，这也不失为一种不错的创业选择。

2. 创业机会的识别

（1）创业时机是否成熟。

每个创业者对于时机的把握，是具有很大主观性的，这需要创业者首先对自己有个全面客观的认识，因此在选择创业之前，不妨先问问自己这样的几个问题。

- 你了解你将要介入的行业吗？
- 你有不同于竞争对手的特点吗？
- 你所能协调各种资源能满足这个项目的需求吗？
- 你是否充分做好了吃苦耐劳的心理准备？
- 你是否能接受创业带给你的各种失败的打击？
- 对市场信息和变化规律是否掌握充足？
- 假如这 6 个问题你的答案都是肯定的，那你就具备了把握创业时机的主观条件。在创业的过程中，你可以自信的许下承诺，即便失败也有接受这种现实的能力。

（2）创业机会的选择是否实际可行。

对于创业机会的开发，应秉承着以下两个原则。

① 正确认识资源平台。

创业者在决定开发一个创业机会后，一般会努力收集有关方面的可利用资源（人脉关系、社会关系、资金提供者、技术等）。从而将所有可利用资源重新整合，以此作为自己的创业的基础。可对于大学生来说，实际情况是他们很难获得这样足够的资源。例如，可靠的项目、充足的资金、发达的人脉网，这些是大学生创业者很难所具备的。因此，对于人学生创业者，就要转变创业开发的思路。创业并非只有在有各种资源齐备的前提下才能进行，资源缺乏的情况下也能找到机会。从创业的本质来说，市场经济无论是好与坏，始终都有机会，我们要做的就是去发现利用这些机会。

② 尊重兴趣、运用创新理念。

对于大学生而言，创业本身就是对生活方式的一种创新。创新来自于兴趣。因此，创新是大学生创业的动力和发展的源泉。根据相关机构统计，近几年来，全世界平均每年约有 100 万家新公司的诞生，而且这些新公司，大多数都是那些有意创业，或者找不到工作被逼创业的大学生所开办，而且规模多在 20 人以下。因此，创新与创业是当代青年大学生的历史使命学习创新与创业是我们立人、立家、立业、立国的首要任务。只有具备创新精神的创业者，在市场中更具生命力和竞争力。

3. 创业机会的评价

“创业有风险，学生应谨慎”。这并非是信口开河。现今我国在大学生创业成功率上，远

远低于欧美发达国家。根据 2011 年的数据统计，我国大学生成功创业的比例仅为 3%~4%，而同期美国的这一比例却高达 20% ~ 25%，我国与美国在大学生成功创业上，有着近 7 倍的差距，不得不令教育机构开始重新重视起大学生创业的教育和指导。

面对如此不乐观的创业效率，这就需要每个大学生创业者对你所面对的创业机会，做出及时准确的评价和取舍。对创业机会盲目的取舍，不是错失良机，就是深陷泥潭。这个世界上不存在零风险的投资，投资的过程会不时的出现各种不可预知的阻碍，或许会成功，也可能会失败。成功的创业说明你的运气比别的投资者好；而创业失败，或许是在为你的下一次创业成功奠定基础。不过总归说来，在选择创业机会之前，要对创业机会有一个预先的评价。

14.2 创业风险识别与防范

创业风险，是指企业创业过程中所存在的各种风险。由于创业过程中，存在着各种不确定性和未知性因素，比如环境的不稳定、创业机会的复杂、创业团队实力的参差不齐，导致创业的结果也是截然不同的。那么作为大学生创业者，究竟该如何识别创业风险呢？

1. 创业风险的主要类型

创业风险是指在企业创业过程中存在的风险，是指由于创业环境的不确定性、创业机会与创业企业的复杂性，创业者、创业团队与创业投资者的能力与实力的有限性而导致创业活动偏离预期目标的可能性。

从创立企业的功能上，将创业风险分为四大类，即创业管理风险、创业市场风险、创业成本风险、创业环境风险。

（1）创业管理风险。

创业管理即创业者对机会、资源、团队三者的协调管理，它要求企业管理层如何延续注入创业精神和创新活力，增强企业的战略管理柔性和竞争优势。一名优秀的创业者，可以不具备优秀的个人技术，但他一定是名优秀的管理者。发达国家成功的创业企业，都是由技术专家、管理专家、营销专家和财务专家所组成的有机结合体。

创业管理风险，即创业者对机会、资源、团队三者任何一方面都有可能出现协调管理不当的风险。创业管理更强调团队中不同层级员工的协同创业，而不是单打独斗式的创业。

2010 年，拥有芯片无线传输模块新技的的秦溢创办了自己的公司。这位以才子自居的大学生在同学里面颇有号召力。得到他创办公司的消息，好几个同学院的同学都找到他表示愿意加入一同创业。这些被他吸引而来的人都是平时与他关系较好的同学，好多是在大学期间技术问题研讨时认识和熟悉起来的，所以说，他的团队，技术实力非常过硬。

公司创立之后，秦溢的主要精力放在了无线传输模块的技术改进方面，公司的管理交给了团队中的一名成员。几个月下来，秦溢发现公司的内部纪律不严、员工工作积极性不高。于是他开始留心日常管理工作。这下他才发现原来公司的财务工作更是一塌糊涂。

他马上意识到不能这样下去，要不然公司就会垮了。于是，他找到负责管理工作的团队成员谈心，并主动提出要多承担管理工作。

他的这个想法一说出，负责管理的团队成员便长长的出了一口气："我本来就是做技术的，这几个月让我做管理，真是头都大了，还是你来吧。"就这样，秦溢接过了管理的担子，谁知不试不知道，他自己一管起来才发现管理工作难做。又经历几个月的痛苦煎熬，他决定从外部引进管理人才，最后才化解了公司一成立便存在管理危机。

拥有先进的技术是技术型公司成功的重要基础之一。但仅有技术，而没有得力的管理人

才，先进技术的效用也得不到最大限度的发挥。管理不是小事情，它关系到创业者能否充分整合现有资源，形成团队合力，共创成功。

（2）创业市场风险。

创业市场风险，是指在市场实施期间，由于市场环境的变化，而导致创业失败的情况。简单来说，新企业在创业之初，总会推出一些新型产品吸引消费者。可许多消费者因为对于新产品的陌生，许多都采取观望态度。假如这种情况长时间持续下去，往往会使企业半路夭折。又或者创业者对产品价格定位的失误，导致产品的销售业绩长时间徘徊在低位，也会导致创业的失败。

（3）创业成本风险。

创业风险中，最致命的恐怕要数资金风险了，还有技术风险。因为创业中投入的资金极有可能会血本无归。大学生在创业初期，缺乏资金是最普遍存在的问题。比如创业销售型企业，资金短缺有可能导致货源供应不上。如此一来就有可能流失自己的客户源。或者是创立某高科技技术企业，资金一旦供应不上，导致高科技技术无法转化成现成的产品，时间一长辛苦研究的技术就会迅速贬值，最后的结果是前期的投资都付之东流。

（4）创业环境风险。

影响创业的因素很多，包括：市场需求变化，政治、政策、法律法规的调整以及突发自然灾害的发生等。这些因素共同构成了创业的大环境，而其中任一因素的改变，都有可能会对创业者带来致命的打击。因此，大学生创业之前，必须重视创业环境的分析和预测，从而将自己的创业风险降至最低。

2. 创业风险的防范措施

（1）做好创业前期的准备。

创业将来是否成功，很大程度上取决于创业前期的准备工作是否充足。前期准备不充足，本身就为创业埋下了很大的隐患。通常大学生创业前期，要客观判断自己是否具备创业相关技术和技能素质。同时要衡量产品所需资金是否在自己可承受范围内。其他准备工作还包括市场定位调查、产品销售渠道、创业团队构成分析等。

（2）强化风险识别意识。

创业者应该明白这样一个市场原则——在创业过程中，风险是如影随形的。大投资有大风险，小投资有小风险。树立正确的风险意识，并强化自己的风险嗅觉，只有这样才能以最小的代价面对风险的危害。

今年刚毕业的小艳，因为一时找不到合适的工作，所以就在网上搜索，看看有哪些可以让大学生致富的创业项目。经过再三筛选，小艳准备在网上开一家服装加盟店。

与这家加盟店取得联系之后，对方并没有提出要考察她是否具有开店的能力。而是以为小艳建加盟档案为由，让小艳给他们汇去 1 万元钱的加盟经费。小艳想都没想就将 1 万块钱汇了过去。第二天，对方又以考验小艳的加盟诚意为由，又让小艳再汇去 1 万元钱。小艳也是创业心切，不假思索的又给对方汇了 1 万元。谁知第三天，对方又有了新说法，对方声称创业投资额是越多越好，如果小艳一时凑不到足够多的创业资金，公司可以给小艳申请 5 万块的贷款，可前提是小艳需要先交纳 7%的贷款利息。此时依然还执迷不悟的小艳又将自己的材料和 4000 元现金汇给了对方。

骗子的贪欲是无穷无尽的。随后对方再次要求小艳交纳 3%的保证金。而此时的小艳才算是恍然大悟，对方这么多次要求自己汇钱，莫非自己是中了骗子的圈套。于是小艳告诉对方自己要退出加盟，要求对方退款，谁知对方以各种理由拒绝退款，最后小艳这钱也就打了水漂。

还没走出大学校门，就想着将来能“天上能掉馅饼”的好事。许多骗子就是利用大学生这种迫切的心理，早早设计好了一些“连环套”，等着大学生往里钻。再次提醒大学生，创业风险无处不在，提高风险意识，为自己的创业多加一分保险。

（3）拓展融资渠道，科学管理资金。

资金的多少是决定项目发展的决定因素。确定企业运作项目后，创业者要明确资金的来源是否充足可靠。同时不应将资金来源单一化，多元化的融资渠道能够大大降低创业风险，其中包括：巧选银行、亲情借贷、创业融资宝等。同时对资金做到科学化管理又是很有必要的。创业者应在企业内部建立良性运转的资金管理制度，保证创业资金合理利用，避免出现资金浪费等不良现象。

（4）积极利用社会资本。

社会资本是个广泛的概念，它包括你的师生关系、合作伙伴关系，以及客观关系等。大学生创业者的根本问题是经验的困乏，这时不妨就利用自己的师生关系，从他人的身上学习一些创业经验。或者创业者以良好诚信优质的服务，牢牢抓住自己的客户，客户也能客观分担创业者的风险。当然在如今这个提倡合作共赢的经济时代，通过与上下游企业的纵向合作，也不失为降低风险的好措施。

14.3 商业模式的开发与评价

1. 商业模式的内涵

什么是商业模式？商业模式的概念引进的很早，1997 年 10 月，亚信总裁田溯宁到美国融资，美国著名的投资商罗伯森问他：“你们公司的商业模式是什么？”当时田溯宁被问的一头雾水。罗伯森举例说：“一块钱进入你们公司，绕着你公司转了一圈，出来的时候变成了一块一。商业模式指的就是这多出的一毛钱是从哪来的？”其实罗伯森这一对商业模式的描述，重点突出的是企业内在逻辑，更偏向于企业赚钱的过程，而忽视了为客户创造价值。

如今学术界对商业模式有着更全面客观的定义，商业模式指为了能实现客户价值最大化，将企业内在和外在所有要素进行整合，从而形式高效率且具有独特核心竞争力的运行系统，并且通过推出的产品和服务，达到持续赢利目标的组织设计的整体解决方案。其中“整合”“系统”“高效率”是先决条件和基础，“核心竞争力”是方法和手段，“客户价值最大化”是主观上的目的，“持续赢利”才是最终的检测结果。确定企业的商业模式，不仅仅是告诉你企业的努力方向，更加指明了通往方向的路。

2. 商业模式的赚钱逻辑

（1）发现商业价值。

或许很多大学生创业者都会有这样的商业理念：“我只要生产出来产品，就会有顾客前来购买。”这种商业理念是错误的，产品的价值在于核心竞争力，如果绕过这一价值发现，创业者就会陷入错误的思维逻辑，这也是许多创业失败的重要原因之一。

（2）匹配商业价值。

新创立的企业，不可能同时拥有满足客户需求的所有资源和能力，这就造成企业常常要独自面临着巨大的机会成本风险。而商业模式的确定，可以为企业明确商业合作伙伴，从而降低创业风险，满足客户需求。

设想你创立的企业，拥有一两家可靠的原料供应商，从而能帮助你的企业更快速的发展。假如没有这些原料供应商的支持，那你就不得不付出高昂的库存成本、库存成本的提升，你的产品就无法在产品价格上取得优势。假如你能稳定地从供应商那里订单，供应商将成为你忠实的合作伙伴，不仅可以为你节省库存成本，还能大大降低成本风险。而明确与企业价值相同的商业合作伙伴，就是匹配商业价值。

（3）获取商业价值。

获取商业价值和产生商业价值并非一个概念。企业最大的商业价值无非就是产品创新，可眼下许多新创企业能够做到创新的开拓者，并且利用创新产生较大的商业价值。但是因为创业者不懂得推销自己的创新产品，导致最后无法享受创新成果。成功的商业模式可以为企业获取这样的商业价值。无视商业模式的企业，也就等于忽视了商业价值的获取，最终造成“竹篮打水一场空”的尴尬局面。

商业价值的获取，最典型的案例就是著名的谷歌搜索网站。它们可能通过以下几种方式获取商业价值：①巧妙地安排一些广告同搜索结果一同显示出来，无形中就做到了为企业做广告的目的；②向其他门户网站提供搜索技术；③向一些企业提供搜索技术，帮助企业建立内部搜索引擎，但是向企业保密细节搜索秘密；④严守自己其他的获益途径，即便再有经验的观察家，也无法获知他们的获益途径。

可以说，商业模式是谷歌公司的最高机密，严守秘密防止了其他企业成功复制其运作方式。谷歌向企业提供的搜索技术保密时间越长，他们越能长时间获取巨额利润。

3. 商业模式开发方法

（1）开发产业链空白区。

创业者可通过审视产品或者客户服务的价值链，从而发现价格链的哪个阶段，能够以其他方式增加价值。或者从产业链中寻找经营空白区，从而利用这种空白区制定商业模式，来达到获取利润的目的。

（2）差异化经营战略。

大多数的创新想法，都是源自一种差异化的经营策略。何为创新？与传统有明显区别的就叫创新。而寻找这种区别，实际上就是一种差异化的经营。

两年前，高沛沛还只是个初出校门，月薪只有 2500 元的小白领。两年后的今天，高沛沛已经是身家百万，小有名气的商界精英。那么是什么给她带来如此翻天覆地的变化呢？他的秘诀就是“挣懒人的钱”。

原来事出有因，高沛沛的男朋友就是一个标准的“新时代懒人”，家里到处摆满了懒人用品——倒时定时器、电动脱靴、自动烤面包机，只要能让他偷懒的东西，几乎都有个一两样。有一次高沛沛在家里举行生日 Party，前来聚会的朋友们见了他们家的这些懒汉用品，科技含量高，而且耐用，最重要的是能为每个人节省很多的操作时间。朋友们一个个喜欢得爱不释手。高沛沛从中发现了无限的商机：“既然朋友们都这么喜欢懒人用品，那这里面蕴藏的商机该有多大啊！”

于是在和男朋友商量过后，高沛沛毅然选择了辞职。他将和男朋友共有的 6 万块积蓄，开了家“懒人用品店”。两个人分工明确，高沛沛负责到上海各大批发市场搜罗各种一次性用品，什么毛巾、牙刷、拖鞋、内衣裤是应有尽有。而他的男朋友则全国各地跑了一圈，带回来许多深受年轻消费者喜爱的时尚用品。自然在两人的共同努力下，生意是越做越火，他们的腰包也是越来越鼓。

谁知没过多久，上海本地陆续又有几家“懒人用品克隆店”出现，而且其他的店铺把价格压得很低，严重影响了高沛沛的生意。生意不好，总不能坐以待毙等死。高沛沛经过认真分析，认为商品的质量才是经营的关键。只要店里的商品种类齐全，价格优惠，相信生意还是会恢复过来的。

于是这之后高沛沛往来于上海各种小商品交易会，而且还让男朋友上网查找国外各种懒人用品。经过一番搜索，高沛沛的店里陈列了多达 200 多种的商品，涵盖了人们的衣食住行各个方面。自然他的小店的生意不仅比过去还要红火，而且还将其他同行业竞争者比了下去。到了 2011 年，高沛沛已经发展了三家分店，其身家总值达 300 多万元，成为朋友羡慕的“成功创业家”。

高沛沛的成功案例，包含了两个差异化经营。

① 首先选择“懒人用品”作为创业项目，本身就显示了他独特的市场眼光。每个时期都会有一些受人追捧的热门行业，但最后真正能做成功的，往往都是这些行业商机的发现者。只有突出创业者的差异性，才能首先占领那个有待开发的市场。

② 其次，当出现行业竞争者时，高沛沛能准确的进行市场定位。如何才能突出自己商店的与众不同？这是高沛沛首先考虑的问题。当别的行业都在着眼于抢占市场时，高沛沛却将注意力放在了产品本身。这又是差异化经营的体现。

（3）树立品牌核心价值。

对于创业者来说，掌握资源的多少往往制约着企业的发展。因此商业模式一定要向客户展示企业的核心能力和关键资产的价值所在。

① 核心能力：这是企业战胜竞争者的优势所在。包括独特的产品制作设计能力、企业创新能力等，核心能力有四大特征。

- 独特的服务和技术：如联邦快递的服务口号——“我保证这辈子都不迟到，如有延误，原款退还”。
- 体现客户价值：如利郎商务男装所说的“忙碌不盲目、放松不放纵，张弛有度。”
- 不可被模仿：如伊云矿泉水所突出的“矿泉水中的奢侈品”。
- 可向新行业新机会转型：如手机销售企业可随时转型为手机电池经营。

② 关键资产：是企业所拥有的稀缺、有价值的事物，包括品牌、工厂设备，独特的合作关系等。例如，某企业拥有“中国驰名商标”品牌，或者有行业领先的技术设备，这都属于企业的关键资产。

（4）合作伙伴网络发展。

再大的企业，一般都不会具备执行所有任务所需求的资源，需要通过合作伙伴的帮助，从而一起完成整个供应链的各种活动。合作伙伴越多，表明企业可利用的资源越多元化。网络化的合作伙伴，能保证企业的供应链稳定运转。

案例点评

【案例 1】

出生于滕州的吴迪是一名毕业于北京某大学的高材生。他在毕业之后工作跳槽四次。当朋友问起他为什么会如此的“不踏实”的时候，他说自己总是想着哪天自己能当回老板，哪怕是当个修鞋匠，也总比给别人打工强。

有一次，吴迪妻子新买的皮鞋的后跟掉了。于是吴迪拎着鞋子，几乎转遍了大半个滕州城，最后在一个小胡同里找到了一家，谁知最后补完了鞋却不能穿。鞋虽然是没修好，不过这次经历却给了吴迪一个不小的启示。接下来的几天，吴迪做了详细的市场调查，发现皮鞋保养是个有着巨大商业潜力的行业。

后来吴迪又在网上查到，南方某省有一知名的皮鞋保养品牌。于是吴迪迅速向这家企业交了 2000 元的押金，成为这家企业的加盟商，并且从这里引进了皮鞋保养美容的技术和相关工具。就这样吴迪在滕州开办了一家“皮鞋美容店”。

谁知创业兴奋的劲头没能持续几天，吴迪发现这家企业所提供的技术并不是太实用。当他赶去总部询问缘由的时候，发现这里还有许多其他的加盟商也都在反应和吴迪相同的问题。事实摆在眼前，吴迪这次是被人涮了。但是自己的小店已经开张营业了。

吴迪并不死心，他咬咬牙，身上揣了一万块钱，亲自跑到温州皮鞋厂学习制作皮鞋的工艺。学艺归来之后，吴迪将自己所学到的东西，运用在皮鞋美容的生意上。很快，吴迪的小店生意开始红火起来，来的顾客里不仅有滕州本地的，甚至还有邻近城市的顾客。短短一年时间，吴迪又分别在滕州市里开了四家分店。

【点评】

吴迪的创业之路之所以能如此成功，首先与吴迪本人的性格是有直接关系的。大学的高材生、炒

老板鱿鱼，这些都是吴迪自信的资本。创业者首先得是一个自信者，只有自信才有勇气捅开创业的大门。

除了本身的自信，吴迪的成功具备多项创业成功因素。

① 吴迪的成功源自他对创业机会的准确的识别和先人一步的开发市场。试问你会对补鞋这样看似很卑微的工作产生兴趣吗？如果你连兴趣都不会产生，那就更不用提从中发现创业机会。而吴迪却并没有在意工作的性质，在他看来，只要创业机会有着长足的发展空间，那就是一个不错的创业选择。

② 详细的市场调查，准确的机会评价：创业者首先要有一份齐全的市场调查报告。了解你所选择的创业项目在市场里究竟是处于什么样的地位。假如这是一个饱和的市场，那可能就预示着发展潜力不大。而详细的市场调查，是为了让创业者对创业机会能有个客观的评估。吴迪所在的滕州市，几乎没有一家专业的皮鞋美容店，这就说明该市场几乎就是空白，谁先占据市场谁去处于主动。

③ 对创业风险准确的评估：吴迪的创业计划其实还是稍显匆忙的。在没有摸准那家皮鞋美容企业的技术如何的情况下，就敢开张营业，这也是吴迪考虑不够周全的地方。但是即便是在知道企业技术不过关的时候，吴迪也没有想过要放弃。因为吴迪清楚这样小成本的创业风险是绝对在自己可接受范围内的。更何况滕州市内该行业未有任何竞争者，更不用担心自己的小店会被同行挤垮。

【案例 2】

2004 年，“易家通有限公司”成立，最初公司的定位是“通过派出‘职业阿姨’为城市家庭提供高端家政服务。”要想提供高端服务，就必须有一只高素质的“职业阿姨”，这样的高素质“职业阿姨”究竟该怎么培养呢？公司采取的是，将生活中经常遇到的各种日常问题，如孩子护理，老人照顾、买菜做饭这些琐事，制作成视频放在公司的系统上，再给“职业阿姨”每人配上一台“上网笔记本”。这样一来，那些“职业阿姨”只要经过流程化的培训，再加上公司的一些专家指导，就能很快掌握这个系统，解决服务中遇到的各种难题。

虽然在实行的最初阶段，这样的模式很受消费者的喜欢。但实行一段时间后，实际问题出来了。因为担当家政服务的“职业阿姨”大多是来自农村，文化知识普遍不高，因此她们的学习能力也比较匮乏。更严重的问题是，应聘“职业阿姨”的人数在急剧减少。

公司高层经过仔细调查分析，随着中国经济的快速发展，“职业阿姨”的公司相应地也会增加。如此一来将来能承担得起高端家政服务的家庭也会减少。中国的家政服务业，会像美国一样走向专业化更高的道路。

2010 年，公司在这样的背景下，开始了商业模式的转型。转型后的易家通定位于社区服务，力图做一个“精准化的服务网络平台”。

在走访了很多小区家庭之后，公司发现其实每家平常都有很多让人头疼的小问题。比如对于双职工家庭来说，每天买菜买米，每周买油、换煤气，这些都是很费时间的事情。又或者修理个鞋子，裁剪个布料，附近又没有个值得信赖的服务商。这些虽然都是些小问题，但也总是让人感到头疼。

通过调查公司得出结论，小区居民还需要很多日常服务，重要的是，每个小区大约有 500~1000 户人家，大家的消费水平都在同一个水平上。假如将这些小区通过一个服务网络整合起来，就能形成一个大规模的需求平台。而且如果能将小区周围的商户和服务商也联合起来，这样就能提供全方位的便利服务。而且这个商业模式最大的魅力在于，解决了电子商业最头疼的问题——物流。所有服务都是在围绕小区的几百米范围内开展，能节省下不少的物流成本。

为了实现这样的模式设想，易家通给小区每家每户发放一台“平板电脑”，并且将平板电脑与客户实名登记，与房号绑定。而“平板电脑”将会与公司网络系统联网，这个系统包括以下服务项目：

1. 便民服务。里面包括了家政、教育培训，餐饮等 24 个种类，公司通过招标的方式，将项目承包给周围的商户，中标的商户可以在公司系统开设网店，为居民提供便利服务。

2. 日常品采购。发放的平板电脑上有个采购的图标，如同沃尔玛的网上商城一样。小区居民只需

每天将所需用的日常品在网上订购，商家便会每天主动送货上门。因为是网上订购，这样能为商家节省库存成本。所以招来了大批的商户竞标。而易家通则可以轻松地挑选最合适的合作商家。

3. 该系统还有个最重要的作用——促进社区管理。小区居民可以通过公司系统进行网络选举“业主委员会”的成员。而且还可以对家政、采购等服务进行投诉或者建议，对服务态度进行评比。让小区居民参与“业主委员会”的选举，等于是让居民们参与实际的物业管理中，这无异于很大程度上减轻了政府管理工作的压力。因此，易家通的系统被纳入了政府的管理系统，力图打造现代化的“智慧社区”。

对于易家通的商业模式，有人也发出过这样的疑问：为什么公司不自己开发一个类似的软件，装到居民家已有的设备上，而是免费发放平板电脑呢？这成本未免有点高了。易家通老总这样解释道：“是的，每台的成本大概需要500左右。我也是做过传统生意的人，了解小区的具体问题。我们可以将这本投入看过营销成本，相比较其他电子商务网站每笔高达2000多的营销成本，我们这已经是很低的。”

通过这样的商业模式，易家通可通过以下途径获取利润。

① 收取商家的信息费。凡是在易家通系统展示服务的商家，每个月需缴纳300~400元的信息费。而那些既展示服务，又使用易家通下单系统的商家，每个月则需缴纳1000元的费用。

② 广告费。在每个服务的子项目页面里，根据不同的广告位，收取价格不等的广告费。

③ 佣金收入。将日常采购服务整体委托给沃尔玛或是麦德龙这样大的供应商。易家通可从中收取营销额2%的佣金。

【点评】

① 类似“易家通”模式的想法很多，而且有一部分已经在实施阶段。但是这种模式最大的缺点在是环节比较复杂，协调成本较高，而且效率也较低，公司在这方面应做好充足的准备。

② 这种模式实施的初级阶段，因为业务量相对较少，会导致商家服务不积极。因此，要积极拓展业务量的增长，业务量的提升，才来吸引来更好的用户和商家。

③ 易家通的经营逻辑总体没什么问题，可操作起来难度较大。因此应注意服务区域的快速扩张，防止其他企业抄袭。

素质拓展

医学专业毕业的李若云平常在家人眼中一直是一个乖乖女。大学毕业那会儿，她按照家人的意思，规规矩矩地进入了一家国有企业上班。本来生活一直是非常安逸。但是在李若云的心里，一直有一个自主创业的梦想。看着过去的那些同学，通过自主创业一个个都当上了小老板，李若云创业的梦想更加得强烈。

终于三年后，李若云放着国有企业的“铁饭碗”不端，毅然辞职开始了自己的创业道路。过去为了培养自己创业的工作能力，在单位里有什么活，李若云都是抢着干，而且任劳任怨，从不言辛苦。而且有什么关于创业的消息，她恨不得像兔子一样支愣起耳朵听。她觉得自己的第一次创业必须选择一个好的项目。于是在经过再三斟酌之后，李若云拿出自己这三年全部的积蓄，开办了一家房地产租赁咨询公司，这可是一个热门的行业。

这以后的一个月时间里，李若云工作是勤勤恳恳，早出晚归，可是这一个月来生意一直是入不敷出。一个月下来，她就赔进了1万多元。直到5个月后生意才有了稍微稳定的收入。但是这近半年来，她总共已经赔进去了4万多元。

无情的现实令李若云对自己的创业的决定进行深入地思考。在她看来，创业绝对不应该是儿戏。

而现在残酷的现实告诉她，一定是自己的某个环节出了问题。她觉得自己已经快支撑不住了，再这么下去恐怕也是回天乏术了。于是在公司开张的第六个月，李若云还是关掉了自己的公司。

结合本章内容，你能帮这位徐若云分析一下她创业失败的原因是什么吗？

你认为徐若云属不属于善于发现创业机会的创业者呢？如果算，她有哪些地方值得创业者去学习？如果不算，请说出善于发现创业机会的创业者应该具备哪些素质？

附　录

政策法规

附录一

高校毕业生就业政策百问

一、鼓励企业特别是中小企业吸呐高校毕业生就业

1. 国家对鼓励中小企业吸纳高校毕业生有哪些政策措施？

按照《国务院关于进一步做好普通高等学校毕业生就业工作的通知》（国发［2011］16号）等文件规定：

（1）对招收高校毕业生达到一定数量的中小企业，地方财政应优先考虑安排扶持中小企业发展资金，并优先提供技术改造贷款贴息。

（2）对劳动密集型小企业当年新招收登记失业高校毕业生，达到企业现有在职职工总数30%（超过100人的企业达15%）以上，并与其签订1年以上劳动合同的劳动密集型小企业，可按规定申请最高不超过200万元的小额担保贷款并享受50%的财政贴息。

（3）高校毕业生到中小企业就业的，在专业技术职称评定、科研项目经费申请、科研成果或荣誉称号申报等方面，享受与国有企事业单位同类人员同等待遇。

此外，2012年2月1日，国务院常务会议研究部署进一步支持小型和微型企业健康发展，决定对小型微型企业招用高校毕业生按规定给予培训费和社会保险补贴。

2. 企业招收就业困难高校毕业生享受什么优惠政策？

按照《财政部、人力资源和社会保障部关于进一步加强就业专项资金管理有关问题的通知》（财社［2011］64号）规定，对各类企业（单位）招用符合条件的就业困难高校毕业生，与之签订劳动合同并缴纳社会保险费的，按其为就业困难高校毕业生实际缴纳的基本养老保险费、基本医疗保险费和失业保险费给予补贴，不包括企业（单位）和个人应缴纳的其他社会保险费。

根据《就业促进法》有关规定，就业困难人员是指因身体状况、技能水平、家庭因素、失去土地等原因难以实现就业，以及连续失业一定时间仍未能实现就业的人员。就业困难人员的具体范围，由省、自治区、直辖市人民政府根据本行政区域的实际情况规定。

企业（单位）按季将符合享受社会保险补贴条件人员的缴费情况单独列出，向当地人力资源和社会保障部门申请补贴。社会保险补贴申请材料应附：符合享受社会保险补贴条件的人员名单及身份证复印件、就业失业登记证复印件、劳动合同等就业证明材料复印件、社会保险征缴机构出具的社会保险费明细账（单）、企业（单位）在银行开立的基本账户等凭证材料，经人力资源和社会保障部门审核后，财政部门将补贴资金支付到企业（单位）在银行开立的基本账户。

3. 企业为高校毕业生开展岗前培训享受什么优惠政策？

按照《财政部、人力资源和社会保障部关于进一步加强就业专项资金管理有关问题的通

知》(财社［2011］64 号)等文件规定，企业新录用毕业年度高校毕业生与其签订 6 个月以上期限劳动合同，在劳动合同签订之日起 6 个月内由企业依托所属培训机构或政府认定的培训机构开展岗前就业技能培训的，根据培训后继续履行劳动合同情况，按照当地确定的职业培训补贴标准的一定比例，对企业给予定额职业培训补贴。

企业开展岗前培训前，需将培训计划大纲、培训人员花名册及身份证复印件、劳动合同复印件等材料报当地人力资源和社会保障部门备案，培训后根据劳动者继续履行劳动合同情况，向人力资源和社会保障部门申请职业培训补贴。申请材料经人力资源和社会保障部门审核后，财政部门按规定将补贴资金直接拨入企业在银行开立的基本账户。企业申请职业培训补贴应附：培训人员花名册、培训人员身份证复印件、《就业失业登记证》复印件、劳动合同复印件、职业培训合格证书等凭证材料。

4. 高校毕业生从企业到机关事业单位就业后工龄如何计算?

按照《国务院关于进一步做好普通高等学校毕业生就业工作的通知》(国发［2011］16 号)等文件规定，高校毕业生从企业、社会团体到机关事业单位就业的，其按规定参加企业职工基本养老保险的缴费年限合并为连续工龄。

5. 高校毕业生到企业特别是中小企业就业可否在当地落户?

按照《国务院关于进一步做好普通高等学校毕业生就业工作的通知》(国发［2011］16 号)规定，对各类企业招用非本地户籍的普通高校专科以上毕业生，各地城市应取消落户限制(直辖市按各自有关规定执行)。

6. 流动人员人事档案如何保管?

根据《流动人员人事档案管理暂行规定》规定，流动人员人事档案是指：

(一)辞职或被辞退的机关工作人员、企事业单位专业技术人员和管理人员的人事档案；

(二)与用人单位解除劳动合同或聘用合同的专业技术人员和管理人员的人事档案；

(三)待业的大中专毕业生的人事档案；

(四)自费出国留学人员的人事档案；

(五)外商投资企业、乡镇企业、区街企业、民营科技企业、私营企业等非国有企业聘用的专业技术人员和管理人员的人事档案；

(六)外国企业常驻代表机构的中方雇员的人事档案；

(七)其他流动人员的人事档案。

流动人员人事档案管理机构为县以上(含县)党委组织部门和政府人力资源和社会保障部门所属的公共就业和人才服务机构，其他任何单位不得擅自管理流动人员人事档案；严禁个人保管他人人事档案。跨地区流动的流动人员人事档案，可由其户籍所在地的公共就业和人才服务机构管理，也可由其现工作单位所在地的公共就业和人才服务机构管理。

高校毕业生到具有档案管理权限的机关、事业单位、国有企业就业的，由单位直接接收、管理档案。到无档案管理权限的单位(私营企业、外资企业等)就业的，可由各地公共就业和人才服务机构负责提供档案管理等人事代理服务。高校毕业生离校时没有就业的，档案可由学校统一发回原户籍所在地公共就业和人才服务机构保管。档案不允许个人保存。

7. 什么是人事代理?

公共就业和人才服务机构可在规定业务范围内接受用人单位和个人委托，从事下列人事代理服务：(一)流动人员人事档案管理；(二)因私出国政审；(三)在规定的范围内申报或组织评审专业技术职务任职资格；(四)转正定级和工龄核定；(五)大中专毕业生接收手续；(六)其他人事代理事项。

8. 高校毕业生怎样办理人事代理?

按照《人才市场管理规定》有关规定，人事代理方式可由单位集体委托代理，也可由个人委托代理；可多项委托代理，也可单项委托代理；可单位全员委托代理，也可部分人员委托代理。

单位办理委托人事代理，须向代理机构提交有效证件以及委托书，确定委托代理项目。经代理机构审定后，由代理机构与委托单位签订人事代理合同书，明确双方的权利和义务，确立人事代理关系。

9. 高校毕业生如何与用人单位订立劳动合同?

《中华人民共和国劳动合同法》第七条规定，用人单位自用工之日起即与劳动者建立劳动关系。第十条规定，建立劳动关系，应当订立书面劳动合同。已建立劳动关系，未同时订立书面劳动合同的，应当自用工之日起一个月内订立书面劳动合同。用人单位与劳动者在用工前订立劳动合同的，劳动关系自用工之日起建立。

第八条规定，用人单位（企业、个体经济组织、民办非企业单位等组织）招用劳动者时，应当如实告知劳动者工作内容、工作条件、工作地点、职业危害、安全生产状况、劳动报酬，以及劳动者要求了解的其他情况；用人单位有权了解劳动者与劳动合同直接相关的基本情况，劳动者应当如实说明。

第九条规定，用人单位招用劳动者，不得扣押劳动者的居民身份证和其他证件，不得要求劳动者提供担保或者以其他名义向劳动者收取财物。

10. 什么是社会保险? 我国建立了哪些社会保险制度?

社会保险是指国家通过立法，按照权利与义务相对应原则，多渠道筹集资金，对参保者在遭遇年老、疾病、工伤、失业、生育等风险情况下提供物质帮助（包括现金补贴和服务），使其享有基本生活保障、免除或减少经济损失的制度安排。

《中华人民共和国社会保险法》第二条规定，我国建立基本养老保险、基本医疗保险、工伤保险、失业保险、生育保险等社会保险制度，保障公民在年老、疾病、工伤、失业、生育等情况下依法从国家和社会获得物质帮助的权利。其中，基本养老保险制度包括职工基本养老保险制度、新型农村社会保险制度和城镇居民社会养老保险制度；基本医疗保险制度包括职工基本医疗保险制度、新型农村合作医疗制度和城镇居民医疗保险制度。

11. 用人单位应该履行哪些社会保险义务? 享有哪些社会保险权利?

（1）社会保险义务：一是申请办理社会保险登记的义务；二是申报和缴纳社会保险费的义务；三是代扣代缴职工社会保险的义务；四是向职工告知缴纳社会保险费明细的义务。

（2）社会保险权利：一是有权免费查询、核对其缴费记录；二是有权要求社会保险经办机构提供社会保险咨询等相关服务；三是可以参加社会保险监督委员会，对社会保险工作提出咨询意见和建议，实施社会监督；四是对侵害自身权益和不依法办理社会保险事务的行为，有权依法申请行政复议或者提起行政诉讼。此外，还有权对违反社会保险法律、法规的行为进行举报、投诉。

12. 参加社会保险的个人享有哪些权利?

高校毕业生依法缴纳社会保险费后，享有以下权利：

（1）有权依法享受社会保险待遇；

（2）有权监督本单位为其缴费情况；

（3）有权免费向社会保险经办机构查询、核对其缴费和享受社会保险待遇权益记录；

（4）有权要求社会保险经办机构提供社会保险咨询等相关服务；

（5）对侵害自身权益和不依法办理社会保险事务的行为，有权依法申请行政复议或者提起行政诉讼。

此外，还有权对违反社会保险法律、法规的行为进行举报、投诉。

13. 目前国家对用人单位及其职工和参保个人缴纳社会保险费的费率是如何规定的？

（1）用人单位及其职工缴纳社会保险费的费率。根据《国务院关于完善企业职工基本养老保险制度的决定》（国发［2005］38 号）、《国务院关于建立城镇职工基本医疗保险制度的决定》（国发［1998］44 号）、《失业保险条例》（国务院令第 258 号）规定，用人单位缴纳基本养老保险、基本医疗保险和失业保险的费率，分别是原则上为本单位工资总额的 20%、6% 左右和 2%；用人单位缴纳工伤保险费按照《工伤保险条例》（国务院令第 586 号）规定实行行业差别费率和浮动费率，有关费率确定按照国家相应规定执行；用人单位缴纳生育保险费的费率按照《企业职工生育保险试行办法》（劳部发［1994］504 号）规定执行，由统筹地区政府根据实际情况自行确定，但不得超过用人单位工资总额的 1%。职工本人缴纳基本养老保险、基本医疗保险和失业保险的费率，分别为本人工资的 8%、2%和 1%。

（2）参保个人缴纳社会保险费的费率。根据《国务院关于完善企业职工基本养老保险制度的决定》（国发［2005］38 号）规定，无雇工的个体工商户和灵活就业人员参加职工基本养老保险的缴费费率为 20%，其中 8%计入个人账户；无雇工的个体工商户和灵活就业人员参加职工基本医疗保险的缴费费率，按国家有关规定，统筹地区可以参照当地基本医疗保险建立统筹基金的缴费水平确定。

（3）城镇居民参加居民医疗保险和农村居民参加新型农村社会养老保险及新型农村合作医疗，主要采取定额方式缴纳社会保险费。

14. 高校毕业生如何处理劳动人事纠纷？

发生劳动人事争议，可以通过协商解决。当事人不愿协商或协商不成的，可以向调解组织申请调解；不愿调解、调解不成或者达成调解协议后不履行的，可以向劳动人事争议仲裁委员会申请仲裁；对仲裁裁决不服的，除法律另有规定的外，可以向人民法院提起诉讼。

对用人单位违反劳动保障法律、法规和规章的情况，高校毕业生可向人力资源和社会保障部门举报、投诉。劳动保障监察机构将依法受理，纠正和查处有关违法行为。

15. 什么是服务外包和服务外包企业？

服务外包是指企业将其非核心的业务外包出去，利用外部最优秀的专业化团队来承接该业务，从而使其专注核心业务，达到降低成本、提高效率、增强企业核心竞争力和对环境应变能力的一种管理模式。

服务外包企业是指其与服务外包发包商签订中长期服务合同，承接服务外包业务的企业。

16. 目前服务外包产业主要涉及哪些领域及地区？

服务外包分为信息技术外包服务（ITO）、技术性业务流程外包服务（BPO）和技术性知识流程外包（KPO）等。ITO 包括软件研发及外包、信息技术研发服务外包、信息系统运营维护外包等领域。BPO 包括企业业务流程设计服务、企业内容管理数据库服务、企业运营数据库服务、企业供应链管理数据库服务等领域。KPO 包括知识产权研究、医药和生物技术研发和测试、产品技术研发、工业设计、分析学和数据挖掘、动漫及网游设计研发、教育课件研发、工程设计等领域。

我国目前有服务外包示范城市 21 个，分别是北京、天津、上海、重庆、大连、深圳、广州、武汉、哈尔滨、成都、南京、西安、济南、杭州、合肥、南昌、长沙、大庆、苏州、无

锡、厦门。

17. 服务外包企业吸纳高校毕业生有哪些财政支持?

按照《国务院办公厅关于鼓励服务外包产业加快发展的复函》(国办函[2010]69号)、《人力资源和社会保障部、商务部关于加快服务外包产业发展促进高校毕业生就业的若干意见》(人社部发[2009]123号)等文件规定，对符合条件的服务外包企业，每新录用1名大学以上学历员工从事服务外包工作并签订1年期以上劳动合同的，给予企业不超过每人4500元的培训支持；对符合条件的培训机构培训的从事服务外包业务人才(大学以上学历)，通过服务外包业务专业知识和技能培训考核，并与服务外包企业签订1年期以上劳动合同的，给予培训机构每人不超过500元的培训支持。

服务外包企业吸纳高校毕业生参加就业见习的，享受相关财政补助政策。服务外包企业吸纳就业困难高校毕业生就业，享受社会保险补贴等扶持政策。就业困难高校毕业生参加服务外包培训可按规定享受职业培训补贴和职业技能鉴定补贴。

二、鼓励引导高校毕业生面向城乡基层、中西部地区以及民族地区、贫困地区和艰苦边远地区就业

18. 什么是基层就业?

基层就业就是到城乡基层工作。国家近几年出台了一系列优惠政策鼓励高校毕业生积极参加社会主义新农村建设、城市社区建设和应征入伍。一般来讲，“基层”既包括广大农村，也包括城市街道社区；既涵盖县级以下党政机关、企事业单位，也包括社会团体、非公有制组织和中小企业；既包含单位就业，也包括自主创业、自谋职业。

19. 国家鼓励毕业生到基层就业的主要优惠政策包括哪些?

按照《国务院关于进一步做好普通高等学校毕业生就业工作的通知》(国发[2011]16号)等文件规定:

(1)各地要根据统筹城乡经济和加快基本公共服务发展的需要，大力开发社会管理和公共教育、医疗卫生、文化等领域服务岗位，增加高校毕业生就业机会。要进一步完善相关政策，重点解决好他们在工资待遇、社会保障、人员编制、户口档案、职称评定、教育培训、人员流动、资金支持等方面面临的实际问题，鼓励和引导高校毕业生到城乡基层特别是城市社区和农村教育、医疗卫生、文化、科技等基层岗位工作。

(2)对到农村基层和城市社区从事社会管理和公共服务工作的高校毕业生，符合公益性岗位就业条件并在公益性岗位就业的，按照国家现行促进就业政策的规定，给予社会保险补贴和公益性岗位补贴。

(3)对到农村基层和城市社区其他社会管理和公共服务岗位就业的，给予薪酬或生活补贴，同时按规定参加有关社会保险。

(4)对到中西部地区和艰苦边远地区县以下基层单位就业并履行一定服务期限的高校毕业生，以及应征入伍服义务兵役的高校毕业生，按规定实施相应的学费补偿和国家助学贷款代偿。

(5)自2012年起，省级以上机关录用公务员，除部分特殊职位外，均应从具有2年以上基层工作经历的人员中录用。市(地)级以下机关特别是县乡机关招录公务员，应采取有效措施积极吸引优秀应届高校毕业生报考，录用计划应主要用于招收应届高校毕业生。

(6)对具有基层工作经历的高校毕业生，在研究生招录和事业单位选聘时实行优先。

20. 什么是基层社会管理和公共服务岗位?

所谓基层社会管理和公共服务岗位，包括大学生村官、支教、支农、支医、乡村扶贫，

以及城市社区的法律援助、就业援助、社会保障协理、文化科技服务、养老服务、残疾人居家服务、廉租房配套服务等岗位。

2009 年 4 月，人力资源和社会保障部下发《关于公布第一批基层社会管理和公共服务岗位目录的通知》（人社部函［2009］135 号），向社会公布第一批基层社会管理和公共服务岗位目录，以指导各地做好鼓励和引导高校毕业生到基层就业的工作。这批发布的岗位目录共分为基层人力资源和社会保障管理、基层农业服务、基层医疗卫生服务、基层文化科技服务、基层法律服务、基层民政、托老托幼、助残服务、基层市政管理、基层公共环境与设施管理维护以及其他等 9 大类领域，包括在街道（乡镇）、社区（村）等基层单位从事公共就业服务、社会保障、劳动关系协调、劳动监察、农业、扶贫开发、医疗、卫生、保健、防疫、文化、科技、体育、普法宣传、民事调解、托老、养老、托幼、助残、公共设施设备管理养护等相关事务管理服务工作的 50 种岗位。

21. 什么是其他基层社会管理和公共服务岗位？

在街道社区、乡镇等基层开发或设立的相应的社会管理和公共服务岗位。部分由政府出资，或由相关组织和单位出资。所安排使用的人员按规定享受相关补贴。

22. 什么是公益性岗位？

由政府开发、以满足社区及居民公共利益为目的的管理和服务岗位。对符合条件在公益性岗位安置就业的就业困难人员，按规定给予社会保险补贴和岗位补贴。符合公益性岗位安置条件的就业困难高校毕业生，可按规定享受公益性岗位就业援助政策。

23. 什么是公益性岗位社会保险补贴？

按照《财政部、人力资源和社会保障部关于进一步加强就业专项资金管理有关问题的通知》（财社［2011］64 号）规定，对就业困难人员的社会保险补贴实行“先缴后补”的办法。在公益性岗位安排就业困难人员，并缴纳社会保险费的，按其为就业困难人员实际缴纳的基本养老保险费、基本医疗保险费和失业保险费给予补贴，不包括就业困难人员个人应缴纳的基本养老保险费、基本医疗保险费和失业保险费，以及企业（单位）和个人应缴纳的其他社会保险费。社会保险补贴期限，一般最长不超过 3 年。

办理手续请见第 2 问。

24. 什么是公益性岗位补贴？

对在公益性岗位安排就业困难人员就业的单位，按其实际安排就业困难人员人数给予岗位补贴。公益性岗位补贴期限，一般最长不超过 3 年。

在公益性岗位安排就业困难人员就业的单位，可按季向当地人力资源和社会保障部门申请公益性岗位补贴。公益性岗位补贴申请材料应附：符合享受公益性岗位补贴条件的人员名单及《身份证》复印件、《就业失业登记证》复印件、发放工资明细账（单）、单位在银行开立的基本账户等凭证材料，经人力资源和社会保障部门审核后，财政部门将补贴资金支付到单位在银行开立的基本账户。

25. 为鼓励高校毕业生面向基层就业，实施学费补偿和助学贷款代偿政策的主要内容是什么？

按照《财政部、教育部关于印发〈高等学校毕业生学费和国家助学贷款代偿暂行办法〉的通知》（财教［2009］15 号）等文件规定，中央部门所属高校应届毕业生（全日制本专科、高职生、研究生、第二学士学位毕业生）到中西部地区和艰苦边远地区基层单位就业、服务期在 3 年以上（含 3 年）的，其学费由国家实行补偿。在校学习期间获得国家助学贷款（含高校国家助学贷款和生源地信用助学贷款，下同）的，补偿的学费优先用于偿还国家助学贷

款本金及其全部偿还之前产生的利息。定向、委培以及在校期间已享受免除全部学费政策的学生除外。

26. 国家实施补偿学费和代偿助学贷款的就业地域范围包括哪些？

国家对到中西部地区和艰苦边远地区基层单位就业、并履行一定服务期限的中央部门所属高校毕业生，按规定实施相应的学费补偿和助学贷款代偿。这里涉及的地域范围主要包括：

（1）西部地区：西藏、内蒙古、广西、重庆、四川、贵州、云南、陕西、甘肃、青海、宁夏、新疆 12 个省（自治区、直辖市）；

（2）中部地区：河北、山西、吉林、黑龙江、安徽、江西、河南、湖北、湖南、海南等 10 个省；

（3）艰苦边远地区：由国务院确定的经济水平、条件较差的一些州、县和少数民族地区。（详情可登录中国政府网查询：http://www.gov.cn）

（4）基层单位：

① 中西部地区和艰苦边远地区县以下机关、企事业单位，包括乡（镇）政府机关、农村中小学、国有农（牧、林）场、农业技术推广站、畜牧兽医站、乡镇卫生院、计划生育服务站、乡镇文化站、乡镇劳动就业服务站等；

② 工作现场地处以上地区县以下的气象、地震、地质、水电施工、煤炭、石油、航海、核工业等中央单位艰苦行业生产第一线。

27. 学费补偿和助学贷款代偿的标准和年限是多少？

每生每学年补偿学费和代偿国家助学贷款的金额最高不超过 6000 元。在校学习期间每年实际缴纳的学费或获得的国家助学贷款低于 6000 元的，按照实际缴纳的学费或获得的国家助学贷款金额实行补偿或代偿。每年实际缴纳的学费高于 6000 元的，按照每年 6000 元的金额实行补偿或者代偿。

本科、专科（高职）、研究生和第二学士学位毕业生补偿学费或代偿国家助学贷款的年限，分别按照国家规定的相应学制计算。在校学习的时间低于相应学制规定年限的，按照实际学习时间计算补偿学费或代偿助学贷款年限。在校学习时间高于相应学制年限的，按照学制规定年限计算。

每年代偿学费或国家助学贷款总额的三分之一，三年代偿完毕。

28. 中央部门所属高校毕业生如何申请学费补偿和助学贷款代偿？

（1）在办理离校手续时向学校递交《学费和国家助学贷款代偿申请表》和毕业生本人、就业单位与学校三方签署的到中西部地区和艰苦边远地区基层单位服务 3 年以上的就业协议；

（2）在校学习期间获得国家助学贷款的，在与国家助学贷款经办银行签订毕业后还款计划时，注明已申请国家助学贷款代偿，如获得国家助学贷款代偿资格，不需自行向银行还款；

（3）高校负责审查申请资格并上报全国学生资助管理中心。

29. 地方所属高校毕业生到基层就业如何获得学费补偿和助学贷款代偿？

按照《财政部、教育部关于印发〈高等学校毕业生学费和国家助学贷款代偿暂行办法〉的通知》（财教［2009］15 号）要求，各地要抓紧研究制订本地所属高校毕业生面向本辖区艰苦边远地区基层单位就业的学费补偿和助学贷款代偿办法。地方所属高校毕业生到基层就业是否可以获得学费补偿或国家助学贷款代偿，以及如何申请办理补偿或代偿等，请向学校所在地政府有关部门查询。

30. 到基层就业如何办理户口、档案、党团关系等手续？

对到西部县以下基层单位和艰苦边远地区就业的高校毕业生，实行来去自由的政策，户

口可留在原籍或根据本人意愿迁往就业地区；人事档案原则上统一转至就业单位所在地的县级政府人力资源和社会保障部门，由公共就业和人才服务机构提供免费人事代理服务；党团组织关系转至就业单位，在工作期间积极要求入党的，由乡镇一级党组织按规定程序办理。

31. 中央有关部门实施了哪些基层就业项目？

近年来，中央各有关部门主要组织实施了4个引导高校毕业生到基层就业的专门项目，包括团中央、教育部、财政部、人力资源和社会保障部等四部门从2003年起组织实施的“大学生志愿服务西部计划”；中组部、人力资源和社会保障部、教育部等八部门从2006年开始组织实施的“三支一扶”（支教、支农、支医和扶贫）计划；教育部、财政部、人力资源和社会保障部、中央编办等四部门从2006年开始组织实施的“农村义务教育阶段学校教师特设岗位计划”；中组部、教育部、财政部、人力资源和社会保障部等部门从2008年起组织实施的“选聘高校毕业生到村任职工作”。

人力资源和社会保障部门积极会同有关部门，按照统一征集岗位、统一发布公告、统一组织考试、统一服务管理的原则，统筹实施基层服务项目，做好各类项目之间的政策衔接，进一步落实对服务期满考核合格人员的就业政策措施。

32. 什么是农村义务教育阶段学校教师特设岗位计划？

2006年，教育部、财政部、原人事部、中央编办下发《关于实施农村义务教育阶段学校教师特设岗位计划的通知》（教师［2006］2号），联合启动实施“特岗计划”，公开招聘高校毕业生到“两基”攻坚县农村义务教育阶段学校任教。特岗教师聘期3年。

33. 农村教师特岗计划实施的地区范围包括哪些？

2006～2008年“特岗计划”的实施范围以国家西部地区“两基”攻坚县为主（含新疆生产建设兵团的部分团场），包括纳入国家西部开发计划的部分中部省份的少数民族自治州，适当兼顾西部地区一些有特殊困难的边境县、少数民族自治县和少小民族县。2009年，实施范围扩大到中西部地区国家扶贫开发工作重点县。

34. 农村教师特岗计划招聘对象和条件是什么？

（1）以高等师范院校和其他全日制普通高校应届本科毕业生为主，可招少量应届师范类专业专科毕业生。

（2）取得教师资格，具有一定教育教学实践经验，年龄在30岁以下的全日制普通高校往届本科毕业生。

（3）参加过“大学生志愿服务西部计划”、有从教经历的志愿者和参加过半年以上实习支教的师范院校毕业生同等条件下优先。

（4）报名者应同时符合教师资格条件要求和招聘岗位要求。

35. 农村教师特岗计划的招聘程序有哪些？

特岗教师实行公开招聘，合同管理。合同规定用人单位和应聘人员双方的权利和义务。

招聘工作由省级教育、人力资源社会保障、财政、编办等相关部门共同负责，遵循“公开、公平、自愿、择优”和“三定”（定县、定校、定岗）原则，按下列程序进行：①公布需求，②自愿报名，③资格审查，④考试考核，⑤集中培训，⑥资格认定，⑦签订合同，⑧上岗任教。

36. 什么是选聘高校毕业生到村任职？

2008年，中组部、教育部、财政部、人力资源和社会保障部出台了《关于印发〈关于选聘高校毕业生到村任职工作的意见（试行）〉的通知》（组通字［2008］18号），计划用五年时间选聘10万名高校毕业生到农村担任村党支部书记助理、村委会主任助理或团支部书记、

副书记等职务。从 2010 年开始，扩大选聘规模，逐步实现“一村一名大学生村官”计划的目标。选聘的高校毕业生在村工作期限一般为 2～3 年。

37. 选聘到村任职的对象是什么？要满足哪些条件？

选聘对象为 30 岁以下应届和往届毕业的全日制普通高校专科以上学历的毕业生，重点是应届毕业和毕业 1～2 年的本科生、研究生，原则上为中共党员（含预备党员），非中共党员的优秀团干部、优秀学生干部也可以选聘。

基本条件是：①思想政治素质好，作风踏实，吃苦耐劳，组织纪律观念强；②学习成绩良好，具备一定的组织协调能力；③自愿到农村基层工作；④身体健康。此外，参加人力资源和社会保障部、团中央等部门组织的到农村基层服务的“三支一扶”、“志愿服务西部计划”等活动期满的高校毕业生，本人自愿且具备选聘条件的，经组织推荐可作为选聘对象。

38. 选聘到村任职的程序是什么？

选聘工作一般通过个人报名、资格审查、组织考察、体检、公示、决定聘用、培训上岗等程序进行。

39. 什么是“三支一扶”计划？

三支一扶是支教、支医、支农、扶贫的简称。2006 年，中组部、原人事部等八部门下发《关于组织开展高校毕业生到农村基层从事支教、支农、支医和扶贫工作的通知》（国人部发［2006］16 号），以公开招募、自愿报名、组织选拔、统一派遣的方式，从 2006 年开始连续 5 年，每年招募 2 万名高校毕业生，主要安排到乡镇从事支教、支农、支医和扶贫工作。服务期限一般为 2～3 年。招募对象主要为全国普通高校应届毕业生。

2011 年 4 月，人力资源和社会保障部下发《关于继续做好高校毕业生三支一扶计划实施工作的通知》（人社部发［2011］27 号），决定继续组织开展高校毕业生“三支一扶”计划，从 2011 年起，每年选拔 2 万名，五年内选拔 10 万名高校毕业生到基层从事“三支一扶”服务。

40. 什么是大学生志愿服务西部计划？

大学生志愿服务西部计划由共青团中央牵头，教育部、财政部、人力资源和社会保障部共同组织实施。从 2003 年开始，每年招募 1.8 万名普通高等学校应届毕业生，到西部贫困县的乡镇从事为期 1～3 年的教育、卫生、农技、扶贫以及青年中心建设和管理等方面的志愿服务工作。

41. 参加中央部门组织实施的基层就业项目，服务期满后享受哪些优惠政策？

根据中组部、人力资源和社会保障部、教育部、财政部、共青团中央《关于统筹实施引导高校毕业生到农村基层服务项目工作的通知》（人社部发［2009］42 号）等政策规定，参加“选聘高校毕业生到村任职”、“三支一扶”、“大学生志愿服务西部计划”、“农村义务教育阶段学校教师特设岗位计划”项目、服务期满的毕业生，享受以下优惠政策：

（1）公务员招录优惠：每年拿出公务员考录计划的一定比例，专门用于定向招录服务期满且考核称职（合格）的服务基层项目人员。服务基层项目人员也可报考其他职位。

（2）事业单位招聘优惠：鼓励在项目结束后留在当地就业，参加各基层就业项目相对应的自然减员空岗，全部聘用服务期满的高校毕业生。从 2009 年起，到乡镇事业单位服务的高校毕业生服务满 1 年后，在现岗位空缺情况下，经考核合格，即可与所在单位签订不少于 3 年的聘用合同。同时，各省（区、市）县及县以上相关的事业单位公开招聘工作人员，应拿出不低于 40%的比例，聘用各专门项目服务期满考核合格的高校毕业生。

（3）考学升学优惠：服务期满后三年内报考硕士研究生初试总分加 10 分；同等条件下优

先录取；高职（高专）学生可免试入读成人本科。

（4）国家补偿学费和代偿助学贷款政策：参加各基层就业项目的毕业生，符合规定条件的，可享受相应的学费补偿和助学贷款代偿政策。

（5）服务期满自主创业的，可享受税收优惠、行政事业性收费减免、小额贷款担保和贴息等有关政策。

（6）其他：各基层就业项目服务年限计算工龄。服务期满到企业就业的，按照规定转接社会保险关系。

42. 高校毕业生到艰苦边远地区或国家扶贫开发工作重点县就业有什么优惠政策？

根据《国务院关于进一步做好普通高等学校毕业生就业工作的通知》（国发［2011］16号）规定，对到艰苦边远地区或国家扶贫开发工作重点县就业的高校毕业生，在机关工作的，试用期工资可直接按试用期满后工资确定，试用期满后级别工资高定1~2档；在事业单位工作的，可提前转正定级，转正定级时薪级工资高定1~2级。

三、鼓励高校毕业生应征入伍，报效祖国

43. 国家鼓励高校毕业生入伍，这里的“高校毕业生”如何界定？

指中央部门和地方所属全日制公办普通高等学校、民办普通高等学校和独立学院的全日制普通本专科（含高职）、研究生、第二学士学位应届毕业生。不包括往届毕业生及成人高等教育、高等教育自学考试类学生、各类非学历教育的学生。

征集的高校应届毕业生以男性为主，女性应届毕业生征集根据军队需要确定。

高职（专科）毕业班学生完成专业理论课程学习并取得毕业所需学分，仅需再完成毕业实习即能毕业的，可在当年冬季报名应征入伍，享受高校应届毕业生入伍有关优惠政策。

44. 公民应征入伍需要满足哪些政治条件？

征兵政治审查的内容包括：应征公民的年龄、户籍、职业、政治面貌、宗教信仰、文化程度、现实表现以及家庭主要成员和主要社会关系成员的政治情况等。征集服现役的公民必须热爱中国共产党，热爱社会主义祖国，热爱人民军队，遵纪守法，品德优良，决心为抵抗侵略、保卫祖国、保卫人民的和平劳动而英勇奋斗，等等。

45. 公民应征入伍要满足哪些基本身体条件？

公民应征入伍要符合国防部颁布的《应征公民体格检查标准》和有关规定。其中，有几项基本条件。

身高：男性162cm以上，女性160cm以上。

体重：男性：不超过标准体重的+25%、−15%。

女性：不超过标准体重的±15%。

标准体重=（身高−110）kg。

视力：陆勤岗位视力标准，大学专科以上文化程度的青年入伍，右眼裸眼视力放宽至4.6，左眼裸眼视力放宽至4.5。

屈光不正，准分子激光手术后半年以上，无并发症，视力达到相应标准，合格。

内科：乙型肝炎表面抗原呈阴性等。

46. 应征入伍高校毕业生的年龄条件是多少？

高职（专科）毕业生当年为18~23周岁，本科以上学历的可以放宽到当年24周岁。

47. 高校毕业生应征入伍服义务兵役要经过哪些程序？

（1）参加网上预征报名：4月至7月，有应征意向的高校毕业生登录“大学生网上预征

报名系统”报名预征（http://zbbm.chsi.com.cn 或 http://zbbm.chsi.cn），填写、打印《应届毕业生预征对象登记表》和《应征入伍高校毕业生补偿学费代偿国家助学贷款申请表》（以下分别称《登记表》、《申请表》），交所在学校预征工作管理部门。

（2）参加初审、初检，通过确认：5 至 7 月份，按照兵役机关的统一安排，预征报名高校毕业生参加身体初检、政治初审，通过的毕业生被确定为预征对象。在毕业生离校前，高校协助兵役机关，将《登记表》和《申请表》审核盖章发给预征对象并完成网上信息确认。

（3）到户籍所在地报名应征：10 月底全国征兵工作开始后，预征对象携带《登记表》和《申请表》，到入学前户籍所在地县（市、区）征兵办公室报名应征（落实单位户档随迁的，在现户籍所在地应征）。通过体检政审的高校毕业生由县级兵役机关批准入伍。

48. 兵役工作由哪个部门负责？

兵役法规定，全国的兵役工作，在国务院、中央军委领导下，由国防部负责。各军区按照国防部赋予的任务，负责办理本区域的兵役工作。省军区（卫戍区、警备区）、军分区（警备区）和县、自治县、市、市辖区的人民武装部，兼各该级人民政府的兵役机关，在上级军事机关和同级人民政府领导下，负责办理本区域的兵役工作。县级以上地方各级人民政府组织兵役机关和有关部门组成征集工作机构，负责组织实施征集工作。

高校毕业生预征工作在学校由学生管理部门或武装部门牵头。有意向参军入伍的高校毕业生可向所在学校学工部（处）、就业中心、武装部咨询。

49. 高校毕业生应征入伍服义务兵役享受哪些优惠政策？

高校毕业生应征入伍服义务兵役，除享有优先报名应征、优先体检政审、优先审批定兵外，还享受优先选拔使用、考学升学优惠、补偿学费或代偿国家助学贷款、就业安置帮扶等优惠政策。

50. 如何理解高校毕业生应征“优先”政策？

征兵报名前，县级兵役机关通知预征对象报名时间、地点、注意事项等。高校毕业生本人持《登记表》到户籍所在地县级兵役机关报名应征。

高校毕业生预征对象体检由县级征兵办公室统一组织，同级卫生部门具体负责。征兵前，县级兵役机关要通知预征对象体检时间、地点、注意事项，安排其上站体检。

组织高校毕业生政审时，严格按照《征兵政治审查工作规定》进行。《应征公民政治审查表》中的“就读学校鉴定意见”栏的鉴定意见以《登记表》意见为准，不再填写鉴定意见。入伍前，《登记表》作为政审表的附件装入新兵档案。

县级兵役机关召开定兵会议审批定兵时，优先批准体检、政审合格的高校应届毕业生预征对象入伍。

同等条件下，高校毕业生士兵在选取士官、安排到技术岗位等方面优先；具有普通本科学历、取得相应学位的高校毕业生士兵，表现优秀、符合总部有关规定的可以直接选拔为军官。有关具体规定按照军队有关部门出台的文件执行。

51. 应征入伍服义务兵役给予学费补偿和助学贷款代偿的内容是什么？

从 2009 年起，国家对应征入伍服义务兵役的高校应届毕业生在校期间缴纳的学费实行补偿。在校期间获得国家助学贷款的，学费补偿款首先用于偿还助学贷款本金及其全部偿还之前产生的利息。

52. 高校毕业生应征入伍享受学费补偿和助学贷款代偿的标准是多少？

按照《财政部、教育部、总参谋部关于印发〈应征入伍服义务兵役高等学校毕业生学费补偿和国家助学贷款代偿暂行办法〉的通知》（财教［2009］35 号）规定，国家对服义务兵

役的高校毕业生每学年补偿学费或代偿国家助学贷款本息的金额，最高为 6000 元；毕业生在校期间每学年实际缴纳的学费或获得的国家助学贷款本息高于 6000 元的，按照每年 6000 元的金额实行补偿或者代偿；高校毕业生在校学习期间每年实际缴纳的学费或获得的国家助学贷款本息低于 6000 元的，按照学费和国家助学贷款本息两者就高的原则，实行补偿或代偿。

53. 高校毕业生应征入伍都可以享受学费补偿或助学贷款代偿政策吗？

在校期间已享受免除全部学费政策的学生、定向生、委培生、国防生、按部队生长干部条件招收的大学毕业生，以及从高校毕业生中直招的士官等其他形式到部队参军的高校毕业生，均不享受学费补偿和助学贷款代偿政策。

54. 高校毕业生应征入伍享受学费补偿和助学贷款代偿的年限如何计算？

对本科、专科（高职）、研究生和第二学士学位毕业生补偿学费或代偿国家助学贷款本息的年限，不论服役时间长短，分别按照国家规定的相应学制计算，在高校毕业生入伍时，实行一次性补偿或代偿。在校学习时间低于相应学制规定年限的，按照实际学习时间计算。在校学习时间高于相应学制规定年限的，按照学制规定年限计算。专升本、本硕连读、中职高职连读、第二学士学位毕业生补偿学费或代偿国家助学贷款本息的年限，分别按照完成本科、硕士、高职和第二学士学位阶段学习任务的实际时间计算（即按完成最终学历阶段学习任务的实际时间计算）。

55. 高校毕业生应征入伍申请学费补偿或助学贷款代偿的程序是什么？

（1）填写有关表格：预征工作开始后，有应征意向的普通高校应届毕业生登录“大学生预征网上预征报名系统”（http://zbbm.chsi.com.cn 或 http://zbbm.chsi.cn），填写、打印并向就读高校递交《登记表》、《申请表》。在校学习期间获得国家助学贷款的，还需提供与经办银行签订的还款计划书复印件。其中，应注明已申请国家助学贷款代偿。

（2）高校初审盖章：离校前，高校对被确定为预征对象的毕业生补偿学费和代偿国家助学贷款本息的条件资格、具体金额及相关信息资料进行初审，确认无误后，在《申请表》上加盖公章，连同《登记表》一起交给学生本人。

（3）表格递交县征兵办：10 月 31 日前，高校毕业生到入学前户籍所在地报名应征时将《登记表》及《申请表》交县（市、区）人民政府征兵办公室。

（4）县征兵办审批入伍、复核材料并盖章：12 月 31 日前，县（市、区）人民政府征兵办公室批准高校毕业生应征入伍后，向其发放《应征入伍通知书》，并会同同级教育行政部门对应征入伍的高校毕业生申请补偿学费和代偿国家助学贷款本息等情况进行复核。确认无误后，分别在《申请表》上加盖公章。

（5）学生资助中心审核并确定最终名单：次年 1 月 15 日前，县（市、区）教育行政部门将户籍为本县（市、区）的入伍高校毕业生的《应征入伍通知书》复印件及《申请表》原件，寄送至应征入伍毕业生原就读高校学生资助管理机构。各高校按隶属关系，分别报各省（区、市）学生资助管理中心和全国学生资助管理中心审核。最终，汇总至全国学生资助管理中心复核、备案后，确定当年享受补偿学费和代偿国家助学贷款本息政策的最终名单及具体金额。

56. 补偿、代偿的经费如何发放到符合条件的高校毕业生手中？

各中央部门所属高校和地方所属高校在收到补偿学费和代偿国家助学贷款本息资金的 15 个工作日内，向毕业生补偿学费；对于申请助学贷款代偿的毕业生，由学校代替毕业生按照还款协议，向银行偿还其在本校办理的国家助学贷款本息，并将银行开具的偿还国家助学贷款本息的凭据交寄毕业生本人或其家长，将剩余资金汇至高校毕业生指定的地址或账户。

入学前在户籍所在县（市、区）办理了生源地信用助学贷款的应征入伍毕业生，在收到

代偿资金后1个月内，根据与银行签订的还款协议，由学生本人或家长（或其他法定监护人）一次性向银行偿还生源地信用助学贷款本息。

57. 因个人原因被部队退回，毕业生已获补偿、代偿的经费要被收回吗？

高校毕业生因本人思想原因、故意隐瞒病史或违法犯罪等被部队退回的，取消其补偿学费和代偿国家助学贷款的资格。已获补偿或代偿资金由毕业生户籍所在地县（市、区）教育行政部门会同同级征兵办公室收回，并逐级汇总上缴至全国学生资助管理中心。

58. 高校应届毕业生入伍服义务兵役年限是多少？

我国现行的义务兵役制度是两年。

59. 具有高等教育学历的士兵退役后，享受哪些升学考学优惠政策？

（1）参加政法院校为基层公检法定向岗位招生时，同等条件下优先录取，且专列一定比例招收退役毕业生报考者；

（2）退役后三年内参加全国硕士研究生招生统一入学考试，初试总分加10分；

（3）立二等功及以上的，退役后免试（指初试）攻读硕士研究生；

（4）具有高职（高专）学历的，退役后免试入读成人本科；或经过一定考核（计划单列、专升本考试、单独录取），30%比例入读普通本科。

60. 什么是政法院校为基层公检法定向岗位招生？

2008年，政法院校开展招录培养体制改革试点工作，重点从军队退役士兵和普通高校毕业生中选拔人才，为西部和经济欠发达地区的基层公、检、法、司机关定向招录培养专科以上层次的各类人才。

61. 高校毕业生应征入伍服义务兵役，其户口档案存放在哪里，如何迁转？

高校毕业生在4～7月份参加预征，身体初检和政治初审合格，填写《登记表》，将户口迁回入学前户籍所在地，档案可转到入学前户籍所在地公共就业和人才服务机构存放。批准入伍后，其学籍档案放入新兵档案。

62. 高校毕业生退役后就业及户档迁移有何优惠政策？

入伍高校毕业生退出现役后，可参照普通高等学校应届毕业生，凭用人单位录（聘）用手续，向原就读高校再次申请办理就业报到证（从退出现役当年的12月1日起至次年12月31日止），户档随迁（直辖市按照有关规定执行）。到各地公共就业和人才服务机构求职的，可按规定免费享受公共就业和人才服务。参加户籍所在地省级毕业生就业指导机构、原毕业高校就业招聘会，享受提供信息、重点推荐、就业指导等就业服务。

63. 什么是士官？与义务兵有什么区别？

我军现役士兵按兵役性质分为义务兵役制士兵和志愿兵役制士兵。义务兵役制士兵称为义务兵，志愿兵役制士兵称为士官。士官属于士兵军衔序列，但不同于义务兵役制士兵，是士兵中的骨干。义务兵实行供给制，发给津贴；士官实行工资制和定期增资制度。预征指的是义务兵。

64. 没有参加网上预征报名的高校毕业生是否还可以应征入伍并享受有关优惠政策？

离校前未报名的应届毕业生，可在冬季征兵前到入学前户籍所在地乡（镇、街道）武装部报名并进行兵役登记，合格者确定为预征对象，择优送站体检。体检、政审合格被批准入伍后，补办补偿代偿等手续，仍可享受国家鼓励高校毕业生应征入伍的各项优惠政策。

四、积极聘用高校毕业生参与国家和地方重大科研项目

65. 国家和地方重大科研项目包括哪些？

按照《科技部、教育部、财政部、人力资源和社会保障部、国家自然科学基金委员会关于鼓励科研项目单位吸纳和稳定高校毕业生就业的若干意见》（国科发财［2009］97 号）规定，由高校、科研机构和企业所承担的民口科技重大专项、973 计划、863 计划、科技支撑计划项目以及国家自然科学基金会的重大重点项目等，可以聘用高校毕业生作为研究助理或辅助人员参与研究工作。此外的其他项目，承担研究的单位也可聘用高校毕业生。

66. 哪些高校毕业生可以被吸纳为研究助理或辅助人员？

吸纳对象主要以优秀的应届毕业生为主，包括高校以及有学位授予权的科研机构培养的博士研究生、硕士研究生和本科生。

67. 科研项目吸纳的高校毕业生是否为在编职工？

不是项目承担单位的正式在编职工，被吸纳高校毕业生需与项目承担单位签订服务协议，明确双方的权利、责任和义务。

68. 科研项目承担单位与被吸纳高校毕业生签订的服务协议应包含哪些内容？

（1）项目承担单位的名称和地址；
（2）研究助理的姓名、居民身份证号码和住址；
（3）服务协议期限；
（4）工作内容；
（5）劳务性费用数额及支付方式；
（6）社会保险；
（7）双方协商约定的其他内容。

服务协议不得约定由毕业生承担违约金。

69. 服务协议的期限如何约定？

根据《人力资源和社会保障部办公厅关于重大科研项目单位吸纳高校毕业生参与研究工作签订服务协议有关问题的通知》（人社厅发［2009］47 号）等文件规定，服务协议期限最多可签订三年，三年以下的服务协议期限已满而项目执行期未满的，根据工作需要可以协商续签至三年。

70. 服务协议履行期间可以解除协议吗？

服务协议履行期间，毕业生可以提出解除服务协议，但应提前 15 天书面通知项目承担单位。

项目承担单位提出解除服务协议的，应当提前 30 日书面通知毕业生本人。研究助理被解除服务协议或协议期满终止后，符合条件的毕业生可按规定享受失业保险待遇。

71. 被吸纳高校毕业生如何获取报酬？

由项目承担单位向高校毕业生支付劳务性费用，具体数额按照国家有关规定、参照相应岗位标准，由双方协商确定。

72. 项目承担单位是否给被吸纳的高校毕业生上保险？

项目承担单位应当为毕业生办理社会保险，具体包括基本养老保险、基本医疗保险、失业保险、工伤保险、生育保险，并按时足额缴费。参保、缴费、待遇支付等具体办法参照各项社会保险有关规定执行。

73. 被吸纳的高校毕业生户档如何迁转？

毕业生参与项目研究期间，根据当地情况，其户口、档案可存放在项目承担单位所在地或入学前家庭所在地公共就业和人才服务机构。项目承担单位所在地或入学前家庭所在地公共就业和人才服务机构应当免费为其提供户口、档案托管服务。

74. 服务协议期满后如何就业？

协议期满，如果项目承担单位无意续聘，则毕业生到其他岗位就业。同时，国家鼓励项目承担单位正式聘用（招用）人员时，优先聘用担任过研究助理的人员。项目承担单位或其他用人单位正式聘用（招用）担任过研究助理的人员，应当分别依据《劳动合同法》、《国务院办公厅转发人事部关于在事业单位试行人员聘用制度意见的通知》（国办发［2002］35 号）等规定执行。

75. 毕业生服务协议期满被用人单位正式录（聘）用后，如何办理落户手续？工龄如何接续？

担任过研究助理的人员被正式聘用（招用）后，按照有关规定，凭用人单位录（聘）用手续、劳动合同和《普通高等学校毕业证书》办理落户手续；工龄与参与项目研究期间的工作时间合并计算，社会保险缴费年限合并计算。

五、鼓励支持高校毕业生自主创业，稳定灵活就业

76. 高校毕业生自主创业，可以享受哪些优惠政策？

按照《国务院关于进一步做好普通高等学校毕业生就业工作的通知》（国发［2011］16 号）、《国务院办公厅转发人力资源和社会保障部等部门关于促进以创业带动就业工作指导意见的通知》（国办发［2008］111 号）等文件规定，高校毕业生自主创业优惠政策主要包括：

（1）税收优惠：持《就业失业登记证》（注明“自主创业税收政策”或附着《高校毕业生自主创业证》）的高校毕业生在毕业年度内（指毕业所在自然年，即 1 月 1 日至 12 月 31 日）从事个体经营的，3 年内按每户每年 8000 元为限额依次扣减其当年实际应缴纳的营业税、城市维护建设税、教育费附加和个人所得税。对高校毕业生创办的小型微利企业，按国家规定享受相关税收支持政策。

（2）小额担保贷款和贴息支持：对符合条件的高校毕业生自主创业的，可在创业地按规定申请小额担保贷款；从事微利项目的，可享受不超过 10 万元贷款额度的财政贴息扶持。对合伙经营和组织起来就业的，可根据实际需要适当提高贷款额度。

（3）免收有关行政事业性收费：毕业 2 年以内的普通高校毕业生从事个体经营（除国家限制的行业外）的，自其在工商部门首次注册登记之日起 3 年内，免收管理类、登记类和证照类等有关行政事业性收费。

（4）享受培训补贴：对高校毕业生在毕业年度内参加创业培训的，根据其获得创业培训合格证书或就业、创业情况，按规定给予培训补贴。

（5）免费创业服务：有创业意愿的高校毕业生，可免费获得公共就业和人才服务机构提供的创业指导服务，包括政策咨询、信息服务、项目开发、风险评估、开业指导、融资服务、跟踪扶持等“一条龙”创业服务。各地在充分发挥各类创业孵化基地作用的基础上，因地制宜建设一批大学生创业孵化基地，并给予相关政策扶持。对基地内大学生创业企业要提供培训和指导服务，落实扶持政策，努力提高创业成功率，延长企业存活期。

（6）各城市应取消高校毕业生落户限制，允许高校毕业生在创业地办理落户手续（直辖市按有关规定执行）。

77. 高校毕业生怎样提升自主创业的能力？

各高校要广泛开展创业教育，积极开发创新创业类课程，完善创业教育课程体系，将创业教育课程纳入学分管理。

各地人力资源和社会保障部门已形成一些成熟的创业培训模式，如“GYB”（产生你的企业想法）、“SYB”（创办你的企业）、“IYB”（改善你的企业）；高校毕业生可选择参加创业培训和实训，并可按规定享受培训补贴，以提高创业能力。

78. 什么是小额担保贷款？小额担保贷款的用途是什么？

小额担保贷款是指通过政府出资设立担保基金，委托担保机构提供贷款担保，由经办商业银行发放，以解决符合一定条件的待就业人员从事个体经营自筹资金不足的一项贷款业务。

小额担保贷款主要用做自谋职业、自主创业或合伙经营和组织起来创业的开办经费和流动资金。

79. 申请小额担保贷款额度是多少？贷款期限有多长？

国家规定对符合条件的高校毕业生自主创业的，可在创业地按规定申请小额担保贷款；从事微利项目的，可享受不超过 10 万元贷款额度的财政贴息扶持。各地区对申请小额担保贷款额度有不同规定。对合伙经营和组织起来就业的，可根据需要适当提高贷款额度。

小额担保贷款的期限一般不超过 2 年，可展期一年。

80. 怎样申请小额担保贷款？在哪些银行可以申请小额担保贷款？

小额担保贷款按照自愿申请、社区推荐、人力资源和社会保障部门审查、贷款担保机构审核并承诺担保、商业银行核贷的程序，办理贷款手续。

各国有商业银行、股份制商业银行、城市商业银行和城乡信用社都可以开办小额担保贷款业务，各地区根据实际情况确定具体经办银行。在指定的具体经办银行可以办理小额担保贷款。

81. 哪些项目属于微利项目？

微利项目由各省、自治区、直辖市人民政府结合当地实际情况确定，并报财政部、中国人民银行、人力资源和社会保障部备案。对于从事微利项目的，财政据实全额贴息，展期不贴息。

82. 针对高校毕业生灵活就业有什么政策措施？

根据《国务院关于进一步做好普通高等学校毕业生就业工作的通知》（国发［2011］16 号）、《财政部、人力资源和社会保障部关于进一步加强就业专项资金管理有关问题的通知》（财社［2011］64 号）等规定，鼓励支持高校毕业生通过多种形式灵活就业，并给予相关政策扶持。对符合就业困难人员条件的灵活就业高校毕业生，要按规定落实社会保险补贴政策。对申报灵活就业的高校毕业生，各级公共就业和人才服务机构按规定提供人事、劳动保障代理服务，做好社会保险关系接续工作。

对就业困难人员灵活就业后缴纳的社会保险费，给予一定数额的社会保险补贴，补贴数额原则上不超过其实际缴费的 2/3。灵活就业的就业困难人员按规定向当地人力资源和社会保障部门申请社会保险补贴。社会保险补贴申请材料应附：由灵活就业人员签字、人力资源和社会保障部门盖章确认的、注明具体从事灵活就业的岗位、地址等内容的相关证明材料，灵活就业人员身份证复印件、《就业失业登记证》复印件、社会保险征缴机构出具的社会保险费明细账（单）等凭证材料，经人力资源和社会保障部门审核后，财政部门将补贴资金支付给申请者本人。

六、支持高校毕业生参加就业见习和技能培训

83. 什么是就业见习？

就业见习是指由各级人力资源和社会保障部门根据离校未就业高校毕业生本人意愿，组织其到经政府认定的就业见习单位进行见习锻炼、积累工作经验、提升就业能力的一项就业促进措施。

2009年起，人力资源和社会保障部会同教育部、工业和信息化部、国资委、工商总局、全国工商联和共青团中央联合下发《关于印发三年百万高校毕业生就业见习计划的通知》（人社部发［2009］38号），决定自2009～2011年，拓展和规范一批用人单位作为高校毕业生见习基地，用3年时间组织100万离校未就业高校毕业生参加就业见习。

未就业高校毕业生如参加就业见习可向当地人力资源和社会保障部门及当地团组织咨询，当地人力资源和社会保障部门是就业见习的组织实施单位。

84. 离校后未就业高校毕业生如何参加就业见习？

人力资源和社会保障部门通过媒体、公共就业和人才服务机构以及电视、网络、报纸等多种渠道，发布就业见习信息，公布见习单位名单、岗位数量、期限、人员要求等有关内容，或者组织开展见习单位和高校毕业生的双向选择活动，帮助离校未就业高校毕业生和见习单位对接。离校后未就业回到原籍的高校毕业生可与原籍所在地人力资源和社会保障部门及当地团组织联系，主动申请参加就业见习。

85. 就业见习期限有多长？

高校毕业生就业见习期限一般为3～12个月。

高校毕业生就业见习活动结束后，见习单位对高校毕业生进行考核鉴定，出具见习证明，作为用人单位招聘和选用见习高校毕业生的依据之一。在见习期间，见习单位正式录（聘）用的，在该单位的见习期可以作为工龄计算。

86. 就业见习单位给毕业生上保险吗？

见习期间所在见习单位为毕业生办理人身意外伤害保险。

87. 离校未就业高校毕业生参加就业见习享受哪些政策和服务？

（1）获得基本生活补助（基本生活补助费用由见习单位和地方政府分担，各地要根据当地经济发展和物价水平，合理确定和及时调整基本生活补助标准）；

（2）免费办理人事代理；

（3）办理人身意外伤害保险；

（4）见习期满未被录用可继续享受就业指导与服务。

88. 见习单位能享受什么优惠政策？

对企业（单位）吸纳离校未就业高校毕业生参加就业见习的，由见习企业（单位）先行垫付见习人员见习期间基本生活补助，再按规定向当地人力资源和社会保障部门申请就业见习补贴。

就业见习补贴申请材料应附：实际参加就业见习的人员名单、就业见习协议书、见习人员身份证、《就业登记证》复印件和大学毕业证复印件、企业（单位）发放基本生活补助明细账（单）、企业（单位）在银行开立的基本账户等凭证材料，经人力资源和社会保障部门审核后，财政部门将资金支付到企业（单位）在银行开立的基本账户。

见习单位支出的见习补贴相关费用，不计入社会保险缴费基数，但符合税收法律法规规定的，可以在计算企业所得税应纳税所得额时扣除。

89. 高校毕业生如何申请参加职业培训?

职业培训由各地人力资源和社会保障部门负责组织实施。高校毕业生可到当地人力资源和社会保障部门咨询了解职业培训开展情况，选择适宜的培训项目参加。

职业培训工作主要由政府认定的培训机构、技工院校或企业所属培训机构承担。

90. 高校毕业生能否享受职业培训补贴政策? 如何申请职业培训补贴?

高校毕业生毕业年度内参加就业技能培训或创业培训，可按规定向当地人力资源和社会保障部门申请职业培训补贴。毕业后按规定进行了失业登记的高校毕业生参加就业技能培训或创业培训，也可向当地人力资源和社会保障部门申请职业培训补贴。

按照《财政部、人力资源和社会保障部关于进一步加强就业专项资金管理有关问题的通知》(财社［2011］64 号) 等文件规定，申请材料经人力资源和社会保障部门审核后，财政部门按规定将补贴资金直接拨付给申请者本人。职业培训补贴申请材料应附：培训人员身份证复印件、《就业失业登记证》复印件、职业资格证书 (专项职业能力证书或培训合格证书) 复印件、就业或创业证明材料、职业培训机构开具的行政事业性收费票据 (或税务发票) 等凭证材料。

高校毕业生参加就业技能培训或创业培训后，培训合格并通过职业技能鉴定取得初级以上职业资格证书 (未颁布国家职业技能标准的职业应取得专项职业能力证书或创业培训合格证书), 6 个月内实现就业的，按职业培训补贴标准的 100%给予补贴。6 个月内没有实现就业的，取得初级以上职业资格证书，按职业培训补贴标准的 80%给予补贴；取得专项职业能力证书或创业培训合格证书，按职业培训补贴标准的 60%给予补贴。

91. 高校毕业生如何获取职业资格证书?

高校毕业生个人可向职业技能鉴定所 (站) 自主申请职业技能鉴定。职业技能鉴定要参加理论知识考试和操作技能 (专业能力) 考核。经鉴定合格者，由人力资源和社会保障部门核发相应的职业资格证书。

92. 高校毕业生能否享受职业技能鉴定补贴政策，如何申请技能鉴定补贴?

按照《财政部、人力资源和社会保障部关于进一步加强就业专项资金管理有关问题的通知》(财社［2011］64 号) 等文件规定，对高校毕业生在毕业年度内通过初次职业技能鉴定并取得职业资格证书或专项职业能力证书的，按规定给予一次性职业技能鉴定补贴。

通过初次职业技能鉴定并取得职业资格证书或专项职业能力证书的，可向职业技能鉴定所在地的人力资源和社会保障部门申请一次性职业技能鉴定补贴。职业技能鉴定补贴申请材料应附：申请人身份证复印件、《就业失业登记证》复印件、职业资格证书复印件、职业技能鉴定机构开具的行政事业性收费票据 (或税务发票) 等凭证材料，经人力资源和社会保障部门审核后，财政部门按规定将补贴资金支付给申请者本人。

七、为高校毕业生提供就业指导、就业服务和就业援助

93. 主要有哪些机构为高校毕业生提供就业服务?

(1) 公共就业和人才服务机构

由各级人力资源和社会保障部门举办的公共就业和人才服务机构，为高校毕业生免费提供政策咨询、就业信息、职业指导、职业介绍、就业援助、就业与失业登记或求职登记等各项公共服务，按规定为登记失业高校毕业生免费提供人事档案管理等服务。此外，还定期开展面向高校毕业生的公共就业和人才服务专项活动，例如，每年 5 月“民营企业招聘周”、每年 9 月“高校毕业生就业服务月”、每年 11 月“高校毕业生就业服务周”等，为高校毕业生

和用人单位搭建供需对接平台。

（2）高校毕业生就业指导机构

目前，各省教育部门、各高校普遍建立了高校毕业生就业指导机构，为毕业生提供就业咨询、用人单位招聘及实习实训信息、求职技巧、职业生涯辅导、毕业生推荐、实习实践能力提升和就业手续办理等多项就业指导和服务。

（3）职业中介机构

主要包括从事人力资源服务的经营性机构，政府鼓励各类职业中介机构为高校毕业生提供就业服务，对为登记失业高校毕业生提供服务并符合条件的职业中介机构按规定给予职业介绍补贴。

94. 职业中介机构如何享受职业介绍补贴？

按照《财政部、人力资源和社会保障部关于进一步加强就业专项资金管理有关问题的通知》（财社［2011］64 号）等文件规定，在工商行政部门登记注册的职业中介机构，可按经其就业服务后实际就业的登记失业人员人数向当地人力资源和社会保障部门申请职业介绍补贴。

职业介绍补贴申请材料应附：经职业中介机构就业服务后已实现就业的登记失业人员名单、接受就业服务的本人签名及居民身份证（以下简称身份证）复印件、《就业失业登记证》（以下简称《登记证》）复印件、劳动合同等就业证明材料复印件、职业中介机构在银行开立的基本账户等凭证材料。申请材料经人力资源和社会保障部门审核后，财政部门按规定将补贴资金支付到职业中介机构在银行开立的基本账户。

95. 高校毕业生获取就业信息的主要渠道有哪些？

（1）浏览各类就业信息网站，包括中央有关部门主办的全国性就业信息网站、地方有关部门主办的就业信息网站、各高校就业信息网站及校内 bbs 求职版面、其他专业性就业网站等；

（2）参加各类招聘和双向选择活动，包括国家有关部门、各地、学校、用人单位等相关机构组织的各类现场或网络招聘活动；

（3）参与校企合作实习，包括社会实践、毕业实习等活动；

（4）查阅媒体广告，如报纸、刊物、电台、电视台、视频媒体等；

（5）他人推荐，如导师、校友、亲友等；

（6）主动到单位求职自荐等。

96. 在校期间高校毕业生可以通过哪些途径提升就业能力？

在学好专业知识技能的同时，根据学校要求或安排，毕业生可以通过选修或必修就业指导课程、参与学校组织的就业实习、技巧辅导、模拟招聘等活动，学习和了解相关职业的资料和信息，充分借助社会实践平台，全面提升就业能力。

高校毕业生还可通过学校实施的毕业证书与职业资格证书“双证书”制度、组织到企业顶岗实习、参加人力资源和社会保障部门认定的定点机构开展的职业技能培训等，切实增强自身的岗位适应能力与就业竞争力，促进职业素养的养成。

97. 困难家庭高校毕业生包括哪些毕业生？享受哪些帮扶政策？

困难家庭高校毕业生是指：来自城镇低保家庭、低保边缘户家庭、农村贫困家庭和残疾人家庭的普通高校毕业生。

各级机关考录公务员、事业单位招聘工作人员时，免收困难家庭高校毕业生的报名费和体检费。

为帮助困难家庭的高校毕业生求职就业，高校一般都会安排经费作为困难家庭毕业生的求职补助，或对已成功就业的困难家庭毕业生给予奖励。困难家庭的毕业生可向所在院系书

面申请。学校也应根据平时掌握的情况，对困难家庭的毕业生给予主动帮助。

98. 面对求职困难，高校毕业生该如何应对？

（1）主动了解国家促进就业的相关政策，努力争取各方支持；

（2）主动联系学校就业指导老师和专业教师，并保持经常沟通；

（3）积极参加校园招聘会和各类人才洽谈会；

（4）主动到各级人力资源和社会保障部门所属的公共就业和人才服务机构进行求职登记，获得免费的政策咨询、就业信息、职业指导、职业介绍、就业援助等服务；

（5）通过网络等各种渠道，广泛搜集社会需求信息；

（6）充分利用亲友、校友、学校社团等资源，积极获取就业信息；

（7）了解社会发展动态，树立正确的就业观，合理调整求职预期。

99. 高校毕业生如何办理就业登记和失业登记？离校后未就业如何获得相应的就业指导和服务？

各级公共就业和人才服务机构要按照就业促进法的规定，为已就业高校毕业生免费办理就业登记，并按规定提供人事、劳动保障代理服务。对未就业的高校毕业生可按规定办理失业登记，并纳入户籍所在地失业人员统一管理，落实相关就业扶持政策。各级人力资源和社会保障部门、教育部门和各高校将进一步完善以实名制为基础的高校毕业生就业统计制度，做好高校毕业生毕业前后的信息衔接和服务接续。

回到原户籍所在地报到的未就业高校毕业生，能够免费享受当地人力资源和社会保障部门提供的公共就业和人才服务。

100. 离校未就业高校毕业生登记失业后，可以享受哪些服务和政策？

登记失业高校毕业生可免费获得政策咨询、职业指导、职业介绍和人事档案托管等服务政策。有意愿参加就业见习的，可按规定提供基本生活补助并办理一次性人身意外伤害保险；参加职业培训和技能鉴定的，可以按规定申请培训补贴和鉴定补贴。有创业意愿的，可以享受有关税收优惠、小额担保贷款及贴息、行政事业性收费减免、创业服务等扶持政策。

各级公共就业和人才服务机构已将就业困难的高校毕业生纳入当地就业援助体系，建立专门台账，实施“一对一”职业指导和重点帮扶，并向用人单位重点推荐，或通过公益性岗位安置就业。符合就业困难条件的高校毕业生可按规定得到就业援助，并落实社会保险补贴或公益性岗位补贴等政策。

附录二

中华人民共和国劳动合同法

（2007 年 6 月 29 日第十届全国人民代表大会常务委员会第二十八次会议通过）

目　录

第一章　总　则

第一条　为了完善劳动合同制度，明确劳动合同双方当事人的权利和义务，保护劳动者的合法权益，构建和发展和谐稳定的劳动关系，制定本法。

第二条　中华人民共和国境内的企业、个体经济组织、民办非企业单位等组织（以下称用人单位）与劳动者建立劳动关系，订立、履行、变更、解除或者终止劳动合同，适用本法。

国家机关、事业单位、社会团体和与其建立劳动关系的劳动者，订立、履行、变更、解除或者终止劳动合同，依照本法执行。

第三条　订立劳动合同，应当遵循合法、公平、平等自愿、协商一致、诚实信用的原则。

依法订立的劳动合同具有约束力，用人单位与劳动者应当履行劳动合同约定的义务。

第四条　用人单位应当依法建立和完善劳动规章制度，保障劳动者享有劳动权利、履行劳动义务。

用人单位在制定、修改或者决定有关劳动报酬、工作时间、休息休假、劳动安全卫生、保险福利、职工培训、劳动纪律以及劳动定额管理等直接涉及劳动者切身利益的规章制度或者重大事项时，应当经职工代表大会或者全体职工讨论，提出方案和意见，与工会或者职工代表平等协商确定。

在规章制度和重大事项决定实施过程中，工会或者职工认为不适当的，有权向用人单位提出，通过协商予以修改完善。

用人单位应当将直接涉及劳动者切身利益的规章制度和重大事项决定公示，或者告知劳动者。

第五条　县级以上人民政府劳动行政部门会同工会和企业方面代表，建立健全协调劳动关系三方机制，共同研究解决有关劳动关系的重大问题。

第六条　工会应当帮助、指导劳动者与用人单位依法订立和履行劳动合同，并与用人单位建立集体协商机制，维护劳动者的合法权益。

第二章　劳动合同的订立

第七条　用人单位自用工之日起即与劳动者建立劳动关系。用人单位应当建立职工名册备查。

第八条　用人单位招用劳动者时，应当如实告知劳动者工作内容、工作条件、工作地点、职业危害、安全生产状况、劳动报酬，以及劳动者要求了解的其他情况；用人单位有权了解劳动者与劳动合同直接相关的基本情况，劳动者应当如实说明。

第九条　用人单位招用劳动者，不得扣押劳动者的居民身份证和其他证件，不得要求劳动者提供担保或者以其他名义向劳动者收取财物。

第十条　建立劳动关系，应当订立书面劳动合同。

已建立劳动关系，未同时订立书面劳动合同的，应当自用工之日起一个月内订立书面劳动合同。

用人单位与劳动者在用工前订立劳动合同的，劳动关系自用工之日起建立。

第十一条　用人单位未在用工的同时订立书面劳动合同，与劳动者约定的劳动报酬不明确的，新招用的劳动者的劳动报酬按照集体合同规定的标准执行；没有集体合同或者集体合同未规定的，实行同工同酬。

第十二条　劳动合同分为固定期限劳动合同、无固定期限劳动合同和以完成一定工作任务为期限的劳动合同。

第十三条　固定期限劳动合同，是指用人单位与劳动者约定合同终止时间的劳动合同。

用人单位与劳动者协商一致，可以订立固定期限劳动合同。

第十四条　无固定期限劳动合同，是指用人单位与劳动者约定无确定终止时间的劳动合同。

用人单位与劳动者协商一致，可以订立无固定期限劳动合同。有下列情形之一，劳动者提出或者同意续订、订立劳动合同的，除劳动者提出订立固定期限劳动合同外，应当订立无固定期限劳动合同：

（一）劳动者在该用人单位连续工作满十年的；

（二）用人单位初次实行劳动合同制度或者国有企业改制重新订立劳动合同时，劳动者在该用人单位连续工作满十年且距法定退休年龄不足十年的；

（三）连续订立二次固定期限劳动合同，且劳动者没有本法第三十九条和第四十条第一项、第二项规定的情形，续订劳动合同的。

用人单位自用工之日起满一年不与劳动者订立书面劳动合同的，视为用人单位与劳动者已订立无固定期限劳动合同。

第十五条　以完成一定工作任务为期限的劳动合同，是指用人单位与劳动者约定以某项工作的完成为合同期限的劳动合同。

用人单位与劳动者协商一致，可以订立以完成一定工作任务为期限的劳动合同。

第十六条　劳动合同由用人单位与劳动者协商一致，并经用人单位与劳动者在劳动合同文本上签字或者盖章生效。

劳动合同文本由用人单位和劳动者各执一份。

第十七条　劳动合同应当具备以下条款：

（一）用人单位的名称、住所和法定代表人或者主要负责人；

（二）劳动者的姓名、住址和居民身份证或者其他有效身份证件号码；
（三）劳动合同期限；
（四）工作内容和工作地点；
（五）工作时间和休息休假；
（六）劳动报酬；
（七）社会保险；
（八）劳动保护、劳动条件和职业危害防护；
（九）法律、法规规定应当纳入劳动合同的其他事项。

劳动合同除前款规定的必备条款外，用人单位与劳动者可以约定试用期、培训、保守秘密、补充保险和福利待遇等其他事项。

第十八条 劳动合同对劳动报酬和劳动条件等标准约定不明确，引发争议的，用人单位与劳动者可以重新协商；协商不成的，适用集体合同规定；没有集体合同或者集体合同未规定劳动报酬的，实行同工同酬；没有集体合同或者集体合同未规定劳动条件等标准的，适用国家有关规定。

第十九条 劳动合同期限三个月以上不满一年的，试用期不得超过一个月；劳动合同期限一年以上不满三年的，试用期不得超过二个月；三年以上固定期限和无固定期限的劳动合同，试用期不得超过六个月。

同一用人单位与同一劳动者只能约定一次试用期。

以完成一定工作任务为期限的劳动合同或者劳动合同期限不满三个月的，不得约定试用期。

试用期包含在劳动合同期限内。劳动合同仅约定试用期的，试用期不成立，该期限为劳动合同期限。

第二十条 劳动者在试用期的工资不得低于本单位相同岗位最低档工资或者劳动合同约定工资的百分之八十，并不得低于用人单位所在地的最低工资标准。

第二十一条 在试用期中，除劳动者有本法第三十九条和第四十条第一项、第二项规定的情形外，用人单位不得解除劳动合同。用人单位在试用期解除劳动合同的，应当向劳动者说明理由。

第二十二条 用人单位为劳动者提供专项培训费用，对其进行专业技术培训的，可以与该劳动者订立协议，约定服务期。

劳动者违反服务期约定的，应当按照约定向用人单位支付违约金。违约金的数额不得超过用人单位提供的培训费用。用人单位要求劳动者支付的违约金不得超过服务期尚未履行部分所应分摊的培训费用。

用人单位与劳动者约定服务期的，不影响按照正常的工资调整机制提高劳动者在服务期期间的劳动报酬。

第二十三条 用人单位与劳动者可以在劳动合同中约定保守用人单位的商业秘密和与知识产权相关的保密事项。

对负有保密义务的劳动者，用人单位可以在劳动合同或者保密协议中与劳动者约定竞业限制条款，并约定在解除或者终止劳动合同后，在竞业限制期限内按月给予劳动者经济补偿。劳动者违反竞业限制约定的，应当按照约定向用人单位支付违约金。

第二十四条 竞业限制的人员限于用人单位的高级管理人员、高级技术人员和其他负有保密义务的人员。竞业限制的范围、地域、期限由用人单位与劳动者约定，竞业限制的约定不得违反法律、法规的规定。

在解除或者终止劳动合同后，前款规定的人员到与本单位生产或者经营同类产品、从事

同类业务的有竞争关系的其他用人单位，或者自己开业生产或者经营同类产品、从事同类业务的竞业限制期限，不得超过二年。

第二十五条　除本法第二十二条和第二十三条规定的情形外，用人单位不得与劳动者约定由劳动者承担违约金。

第二十六条　下列劳动合同无效或者部分无效：

（一）以欺诈、胁迫的手段或者乘人之危，使对方在违背真实意思的情况下订立或者变更劳动合同的；

（二）用人单位免除自己的法定责任、排除劳动者权利的；

（三）违反法律、行政法规强制性规定的。

对劳动合同的无效或者部分无效有争议的，由劳动争议仲裁机构或者人民法院确认。

第二十七条　劳动合同部分无效，不影响其他部分效力的，其他部分仍然有效。

第二十八条　劳动合同被确认无效，劳动者已付出劳动的，用人单位应当向劳动者支付劳动报酬。劳动报酬的数额，参照本单位相同或者相近岗位劳动者的劳动报酬确定。

第三章　劳动合同的履行和变更

第二十九条　用人单位与劳动者应当按照劳动合同的约定，全面履行各自的义务。

第三十条　用人单位应当按照劳动合同约定和国家规定，向劳动者及时足额支付劳动报酬。

用人单位拖欠或者未足额支付劳动报酬的，劳动者可以依法向当地人民法院申请支付令，人民法院应当依法发出支付令。

第三十一条　用人单位应当严格执行劳动定额标准，不得强迫或者变相强迫劳动者加班。用人单位安排加班的，应当按照国家有关规定向劳动者支付加班费。

第三十二条　劳动者拒绝用人单位管理人员违章指挥、强令冒险作业的，不视为违反劳动合同。

劳动者对危害生命安全和身体健康的劳动条件，有权对用人单位提出批评、检举和控告。

第三十三条　用人单位变更名称、法定代表人、主要负责人或者投资人等事项，不影响劳动合同的履行。

第三十四条　用人单位发生合并或者分立等情况，原劳动合同继续有效，劳动合同由承继其权利和义务的用人单位继续履行。

第三十五条　用人单位与劳动者协商一致，可以变更劳动合同约定的内容。变更劳动合同，应当采用书面形式。

变更后的劳动合同文本由用人单位和劳动者各执一份。

第四章　劳动合同的解除和终止

第三十六条　用人单位与劳动者协商一致，可以解除劳动合同。

第三十七条　劳动者提前三十日以书面形式通知用人单位，可以解除劳动合同。劳动者在试用期内提前三日通知用人单位，可以解除劳动合同。

第三十八条　用人单位有下列情形之一的，劳动者可以解除劳动合同：

（一）未按照劳动合同约定提供劳动保护或者劳动条件的；

（二）未及时足额支付劳动报酬的；

（三）未依法为劳动者缴纳社会保险费的；

（四）用人单位的规章制度违反法律、法规的规定，损害劳动者权益的；

（五）因本法第二十六条第一款规定的情形致使劳动合同无效的；

（六）法律、行政法规规定劳动者可以解除劳动合同的其他情形。

用人单位以暴力、威胁或者非法限制人身自由的手段强迫劳动者劳动的，或者用人单位

违章指挥、强令冒险作业危及劳动者人身安全的，劳动者可以立即解除劳动合同，不需事先告知用人单位。

第三十九条 劳动者有下列情形之一的，用人单位可以解除劳动合同：

（一）在试用期间被证明不符合录用条件的；

（二）严重违反用人单位的规章制度的；

（三）严重失职，营私舞弊，给用人单位造成重大损害的；

（四）劳动者同时与其他用人单位建立劳动关系，对完成本单位的工作任务造成严重影响，或者经用人单位提出，拒不改正的；

（五）因本法第二十六条第一款第一项规定的情形致使劳动合同无效的；

（六）被依法追究刑事责任的。

第四十条 有下列情形之一的，用人单位提前三十日以书面形式通知劳动者本人或者额外支付劳动者一个月工资后，可以解除劳动合同：

（一）劳动者患病或者非因工负伤，在规定的医疗期满后不能从事原工作，也不能从事由用人单位另行安排的工作的；

（二）劳动者不能胜任工作，经过培训或者调整工作岗位，仍不能胜任工作的；

（三）劳动合同订立时所依据的客观情况发生重大变化，致使劳动合同无法履行，经用人单位与劳动者协商，未能就变更劳动合同内容达成协议的。

第四十一条 有下列情形之一，需要裁减人员二十人以上或者裁减不足二十人但占企业职工总数百分之十以上的，用人单位提前三十日向工会或者全体职工说明情况，听取工会或者职工的意见后，裁减人员方案经向劳动行政部门报告，可以裁减人员：

（一）依照企业破产法规定进行重整的；

（二）生产经营发生严重困难的；

（三）企业转产、重大技术革新或者经营方式调整，经变更劳动合同后，仍需裁减人员的；

（四）其他因劳动合同订立时所依据的客观经济情况发生重大变化，致使劳动合同无法履行的。

裁减人员时，应当优先留用下列人员：

（一）与本单位订立较长期限的固定期限劳动合同的；

（二）与本单位订立无固定期限劳动合同的；

（三）家庭无其他就业人员，有需要扶养的老人或者未成年人的。

用人单位依照本条第一款规定裁减人员，在六个月内重新招用人员的，应当通知被裁减的人员，并在同等条件下优先招用被裁减的人员。

第四十二条 劳动者有下列情形之一的，用人单位不得依照本法第四十条、第四十一条的规定解除劳动合同：

（一）从事接触职业病危害作业的劳动者未进行离岗前职业健康检查，或者疑似职业病病人在诊断或者医学观察期间的；

（二）在本单位患职业病或者因工负伤并被确认丧失或者部分丧失劳动能力的；

（三）患病或者非因工负伤，在规定的医疗期内的；

（四）女职工在孕期、产期、哺乳期的；

（五）在本单位连续工作满十五年，且距法定退休年龄不足五年的；

（六）法律、行政法规规定的其他情形。

第四十三条 用人单位单方解除劳动合同，应当事先将理由通知工会。用人单位违反法律、行政法规规定或者劳动合同约定的，工会有权要求用人单位纠正。用人单位应当研究工会的意见，并将处理结果书面通知工会。

第四十四条　有下列情形之一的，劳动合同终止：

（一）劳动合同期满的；

（二）劳动者开始依法享受基本养老保险待遇的；

（三）劳动者死亡，或者被人民法院宣告死亡或者宣告失踪的；

（四）用人单位被依法宣告破产的；

（五）用人单位被吊销营业执照、责令关闭、撤销或者用人单位决定提前解散的；

（六）法律、行政法规规定的其他情形。

第四十五条　劳动合同期满，有本法第四十二条规定情形之一的，劳动合同应当续延至相应的情形消失时终止。但是，本法第四十二条第二项规定丧失或者部分丧失劳动能力劳动者的劳动合同的终止，按照国家有关工伤保险的规定执行。

第四十六条　有下列情形之一的，用人单位应当向劳动者支付经济补偿：

（一）劳动者依照本法第三十八条规定解除劳动合同的；

（二）用人单位依照本法第三十六条规定向劳动者提出解除劳动合同并与劳动者协商一致解除劳动合同的；

（三）用人单位依照本法第四十条规定解除劳动合同的；

（四）用人单位依照本法第四十一条第一款规定解除劳动合同的；

（五）除用人单位维持或者提高劳动合同约定条件续订劳动合同，劳动者不同意续订的情形外，依照本法第四十四条第一项规定终止固定期限劳动合同的；

（六）依照本法第四十四条第四项、第五项规定终止劳动合同的；

（七）法律、行政法规规定的其他情形。

第四十七条　经济补偿按劳动者在本单位工作的年限，每满一年支付一个月工资的标准向劳动者支付。六个月以上不满一年的，按一年计算；不满六个月的，向劳动者支付半个月工资的经济补偿。

劳动者月工资高于用人单位所在直辖市、设区的市级人民政府公布的本地区上年度职工月平均工资三倍的，向其支付经济补偿的标准按职工月平均工资三倍的数额支付，向其支付经济补偿的年限最高不超过十二年。

本条所称月工资是指劳动者在劳动合同解除或者终止前十二个月的平均工资。

第四十八条　用人单位违反本法规定解除或者终止劳动合同，劳动者要求继续履行劳动合同的，用人单位应当继续履行；劳动者不要求继续履行劳动合同或者劳动合同已经不能继续履行的，用人单位应当依照本法第八十七条规定支付赔偿金。

第四十九条　国家采取措施，建立健全劳动者社会保险关系跨地区转移接续制度。

第五十条　用人单位应当在解除或者终止劳动合同时出具解除或者终止劳动合同的证明，并在十五日内为劳动者办理档案和社会保险关系转移手续。

劳动者应当按照双方约定，办理工作交接。用人单位依照本法有关规定应当向劳动者支付经济补偿的，在办结工作交接时支付。

用人单位对已经解除或者终止的劳动合同的文本，至少保存二年备查。

第五章　特别规定

第一节　集体合同

第五十一条　企业职工一方与用人单位通过平等协商，可以就劳动报酬、工作时间、休息休假、劳动安全卫生、保险福利等事项订立集体合同。集体合同草案应当提交职工代表大会或者全体职工讨论通过。

集体合同由工会代表企业职工一方与用人单位订立；尚未建立工会的用人单位，由上级工会指导劳动者推举的代表与用人单位订立。

第五十二条 企业职工一方与用人单位可以订立劳动安全卫生、女职工权益保护、工资调整机制等专项集体合同。

第五十三条 在县级以下区域内，建筑业、采矿业、餐饮服务业等行业可以由工会与企业方面代表订立行业性集体合同，或者订立区域性集体合同。

第五十四条 集体合同订立后，应当报送劳动行政部门；劳动行政部门自收到集体合同文本之日起十五日内未提出异议的，集体合同即行生效。

依法订立的集体合同对用人单位和劳动者具有约束力。行业性、区域性集体合同对当地本行业、本区域的用人单位和劳动者具有约束力。

第五十五条 集体合同中劳动报酬和劳动条件等标准不得低于当地人民政府规定的最低标准；用人单位与劳动者订立的劳动合同中劳动报酬和劳动条件等标准不得低于集体合同规定的标准。

第五十六条 用人单位违反集体合同，侵犯职工劳动权益的，工会可以依法要求用人单位承担责任；因履行集体合同发生争议，经协商解决不成的，工会可以依法申请仲裁、提起诉讼。

第二节 劳务派遣

第五十七条 劳务派遣单位应当依照公司法的有关规定设立，注册资本不得少于五十万元。

第五十八条 劳务派遣单位是本法所称用人单位，应当履行用人单位对劳动者的义务。劳务派遣单位与被派遣劳动者订立的劳动合同，除应当载明本法第十七条规定的事项外，还应当载明被派遣劳动者的用工单位以及派遣期限、工作岗位等情况。

劳务派遣单位应当与被派遣劳动者订立二年以上的固定期限劳动合同，按月支付劳动报酬；被派遣劳动者在无工作期间，劳务派遣单位应当按照所在地人民政府规定的最低工资标准，向其按月支付报酬。

第五十九条 劳务派遣单位派遣劳动者应当与接受以劳务派遣形式用工的单位（以下称用工单位）订立劳务派遣协议。劳务派遣协议应当约定派遣岗位和人员数量、派遣期限、劳动报酬和社会保险费的数额与支付方式以及违反协议的责任。

用工单位应当根据工作岗位的实际需要与劳务派遣单位确定派遣期限，不得将连续用工期限分割订立数个短期劳务派遣协议。

第六十条 劳务派遣单位应当将劳务派遣协议的内容告知被派遣劳动者。

劳务派遣单位不得克扣用工单位按照劳务派遣协议支付给被派遣劳动者的劳动报酬。

劳务派遣单位和用工单位不得向被派遣劳动者收取费用。

第六十一条 劳务派遣单位跨地区派遣劳动者的，被派遣劳动者享有的劳动报酬和劳动条件，按照用工单位所在地的标准执行。

第六十二条 用工单位应当履行下列义务：

（一）执行国家劳动标准，提供相应的劳动条件和劳动保护；

（二）告知被派遣劳动者的工作要求和劳动报酬；

（三）支付加班费、绩效奖金，提供与工作岗位相关的福利待遇；

（四）对在岗被派遣劳动者进行工作岗位所必需的培训；

（五）连续用工的，实行正常的工资调整机制。

用工单位不得将被派遣劳动者再派遣到其他用人单位。

第六十三条 被派遣劳动者享有与用工单位的劳动者同工同酬的权利。用工单位无同类岗位劳动者的，参照用工单位所在地相同或者相近岗位劳动者的劳动报酬确定。

第六十四条 被派遣劳动者有权在劳务派遣单位或者用工单位依法参加或者组织工会，

维护自身的合法权益。

第六十五条　被派遣劳动者可以依照本法第三十六条、第三十八条的规定与劳务派遣单位解除劳动合同。

被派遣劳动者有本法第三十九条和第四十条第一项、第二项规定情形的，用工单位可以将劳动者退回劳务派遣单位，劳务派遣单位依照本法有关规定，可以与劳动者解除劳动合同。

第六十六条　劳务派遣一般在临时性、辅助性或者替代性的工作岗位上实施。

第六十七条　用人单位不得设立劳务派遣单位向本单位或者所属单位派遣劳动者。

第三节　非全日制用工

第六十八条　非全日制用工，是指以小时计酬为主，劳动者在同一用人单位一般平均每日工作时间不超过四小时，每周工作时间累计不超过二十四小时的用工形式。

第六十九条　非全日制用工双方当事人可以订立口头协议。

从事非全日制用工的劳动者可以与一个或者一个以上用人单位订立劳动合同；但是，后订立的劳动合同不得影响先订立的劳动合同的履行。

第七十条　非全日制用工双方当事人不得约定试用期。

第七十一条　非全日制用工双方当事人任何一方都可以随时通知对方终止用工。终止用工，用人单位不向劳动者支付经济补偿。

第七十二条　非全日制用工小时计酬标准不得低于用人单位所在地人民政府规定的最低小时工资标准。

非全日制用工劳动报酬结算支付周期最长不得超过十五日。

第六章　监督检查

第七十三条　国务院劳动行政部门负责全国劳动合同制度实施的监督管理。

县级以上地方人民政府劳动行政部门负责本行政区域内劳动合同制度实施的监督管理。

县级以上各级人民政府劳动行政部门在劳动合同制度实施的监督管理工作中，应当听取工会、企业方面代表以及有关行业主管部门的意见。

第七十四条　县级以上地方人民政府劳动行政部门依法对下列实施劳动合同制度的情况进行监督检查：

（一）用人单位制定直接涉及劳动者切身利益的规章制度及其执行的情况；

（二）用人单位与劳动者订立和解除劳动合同的情况；

（三）劳务派遣单位和用工单位遵守劳务派遣有关规定的情况；

（四）用人单位遵守国家关于劳动者工作时间和休息休假规定的情况；

（五）用人单位支付劳动合同约定的劳动报酬和执行最低工资标准的情况；

（六）用人单位参加各项社会保险和缴纳社会保险费的情况；

（七）法律、法规规定的其他劳动监察事项。

第七十五条　县级以上地方人民政府劳动行政部门实施监督检查时，有权查阅与劳动合同、集体合同有关的材料，有权对劳动场所进行实地检查，用人单位和劳动者都应当如实提供有关情况和材料。

劳动行政部门的工作人员进行监督检查，应当出示证件，依法行使职权，文明执法。

第七十六条　县级以上人民政府建设、卫生、安全生产监督管理等有关主管部门在各自职责范围内，对用人单位执行劳动合同制度的情况进行监督管理。

第七十七条　劳动者合法权益受到侵害的，有权要求有关部门依法处理，或者依法申请仲裁、提起诉讼。

第七十八条　工会依法维护劳动者的合法权益，对用人单位履行劳动合同、集体合同的情况进行监督。用人单位违反劳动法律、法规和劳动合同、集体合同的，工会有权提出意见

或者要求纠正；劳动者申请仲裁、提起诉讼的，工会依法给予支持和帮助。

第七十九条 任何组织或者个人对违反本法的行为都有权举报，县级以上人民政府劳动行政部门应当及时核实、处理，并对举报有功人员给予奖励。

第七章 法律责任

第八十条 用人单位直接涉及劳动者切身利益的规章制度违反法律、法规规定的，由劳动行政部门责令改正，给予警告；给劳动者造成损害的，应当承担赔偿责任。

第八十一条 用人单位提供的劳动合同文本未载明本法规定的劳动合同必备条款或者用人单位未将劳动合同文本交付劳动者的，由劳动行政部门责令改正；给劳动者造成损害的，应当承担赔偿责任。

第八十二条 用人单位自用工之日起超过一个月不满一年未与劳动者订立书面劳动合同的，应当向劳动者每月支付二倍的工资。

用人单位违反本法规定不与劳动者订立无固定期限劳动合同的，自应当订立无固定期限劳动合同之日起向劳动者每月支付二倍的工资。

第八十三条 用人单位违反本法规定与劳动者约定试用期的，由劳动行政部门责令改正；违法约定的试用期已经履行的，由用人单位以劳动者试用期满月工资为标准，按已经履行的超过法定试用期的期间向劳动者支付赔偿金。

第八十四条 用人单位违反本法规定，扣押劳动者居民身份证等证件的，由劳动行政部门责令限期退还劳动者本人，并依照有关法律规定给予处罚。

用人单位违反本法规定，以担保或者其他名义向劳动者收取财物的，由劳动行政部门责令限期退还劳动者本人，并以每人五百元以上二千元以下的标准处以罚款；给劳动者造成损害的，应当承担赔偿责任。

劳动者依法解除或者终止劳动合同，用人单位扣押劳动者档案或者其他物品的，依照前款规定处罚。

第八十五条 用人单位有下列情形之一的，由劳动行政部门责令限期支付劳动报酬、加班费或者经济补偿；劳动报酬低于当地最低工资标准的，应当支付其差额部分；逾期不支付的，责令用人单位按应付金额百分之五十以上百分之一百以下的标准向劳动者加付赔偿金：

（一）未按照劳动合同的约定或者国家规定及时足额支付劳动者劳动报酬的；

（二）低于当地最低工资标准支付劳动者工资的；

（三）安排加班不支付加班费的；

（四）解除或者终止劳动合同，未依照本法规定向劳动者支付经济补偿的。

第八十六条 劳动合同依照本法第二十六条规定被确认无效，给对方造成损害的，有过错的一方应当承担赔偿责任。

第八十七条 用人单位违反本法规定解除或者终止劳动合同的，应当依照本法第四十七条规定的经济补偿标准的二倍向劳动者支付赔偿金。

第八十八条 用人单位有下列情形之一的，依法给予行政处罚；构成犯罪的，依法追究刑事责任；给劳动者造成损害的，应当承担赔偿责任：

（一）以暴力、威胁或者非法限制人身自由的手段强迫劳动的；

（二）违章指挥或者强令冒险作业危及劳动者人身安全的；

（三）侮辱、体罚、殴打、非法搜查或者拘禁劳动者的；

（四）劳动条件恶劣、环境污染严重，给劳动者身心健康造成严重损害的。

第八十九条 用人单位违反本法规定未向劳动者出具解除或者终止劳动合同的书面证明，由劳动行政部门责令改正；给劳动者造成损害的，应当承担赔偿责任。

第九十条 劳动者违反本法规定解除劳动合同，或者违反劳动合同中约定的保密义务或

者竞业限制，给用人单位造成损失的，应当承担赔偿责任。

第九十一条 用人单位招用与其他用人单位尚未解除或者终止劳动合同的劳动者，给其他用人单位造成损失的，应当承担连带赔偿责任。

第九十二条 劳务派遣单位违反本法规定的，由劳动行政部门和其他有关主管部门责令改正；情节严重的，以每人一千元以上五千元以下的标准处以罚款，并由工商行政管理部门吊销营业执照；给被派遣劳动者造成损害的，劳务派遣单位与用工单位承担连带赔偿责任。

第九十三条 对不具备合法经营资格的用人单位的违法犯罪行为，依法追究法律责任；劳动者已经付出劳动的，该单位或者其出资人应当依照本法有关规定向劳动者支付劳动报酬、经济补偿、赔偿金；给劳动者造成损害的，应当承担赔偿责任。

第九十四条 个人承包经营违反本法规定招用劳动者，给劳动者造成损害的，发包的组织与个人承包经营者承担连带赔偿责任。

第九十五条 劳动行政部门和其他有关主管部门及其工作人员玩忽职守、不履行法定职责，或者违法行使职权，给劳动者或者用人单位造成损害的，应当承担赔偿责任；对直接负责的主管人员和其他直接责任人员，依法给予行政处分；构成犯罪的，依法追究刑事责任。

第八章 附 则

第九十六条 事业单位与实行聘用制的工作人员订立、履行、变更、解除或者终止劳动合同，法律、行政法规或者国务院另有规定的，依照其规定；未作规定的，依照本法有关规定执行。

第九十七条 本法施行前已依法订立且在本法施行之日存续的劳动合同，继续履行；本法第十四条第二款第三项规定连续订立固定期限劳动合同的次数，自本法施行后续订固定期限劳动合同时开始计算。

本法施行前已建立劳动关系，尚未订立书面劳动合同的，应当自本法施行之日起一个月内订立。

本法施行之日存续的劳动合同在本法施行后解除或者终止，依照本法第四十六条规定应当支付经济补偿的，经济补偿年限自本法施行之日起计算；本法施行前按照当时有关规定，用人单位应当向劳动者支付经济补偿的，按照当时有关规定执行。

第九十八条 本法自2008年1月1日起施行。

附录三

大学生就业、创业推荐阅读书目及简介

1.《最新就业促进法律政策指导》，中国法制出版社主编. 北京：中国法制出版社，2007。本书收录了有关促进就业的政策支持、公平就业与就业援助、就业服务和管理、职业教育和培训等方面的法律、法规、规章和政策等，是政府劳动行政部门、社会组织、公司企业和广大群众学习就业促进法律政策，做好促进就业工作的重要参考。

2.《转型中的中国就业政策》，杨伟国著. 北京：中国劳动社会保障出版社，2007。本项研究受2006年度“新世纪优秀人才支持计划”资助。本书共分9章，介绍了中国改革与就业政策转型、中国就业政策转型的宏观环境、战略性就业政策、保护性就业政策等内容。

3.《劳动就业政策的国际比较研究》，孙德威著. 北京：经济科学出版社，2008。本书共分为三部分。第一部分，即第一章，问题的提出，劳动就业领域面临的共同挑战与多样化的就业政策选择；第二部分，即第二至第五章，对新自由主义劳动就业政策、合作主义劳动就业政策、保守主义劳动就业政策和灵活安全性劳动就业政策进行了深入分析；第三部分，即第六章，总结劳动就业政策的成功经验。

4.《经济全球化下的就业政策》，袁志刚，Nick Parsons 主编. 北京：中国劳动社会保障出版社，2004。在全球化进程中不断加快的今天，任何一种就业的变动和就业政策的出台都具有全彩的色彩。这是因为现在的生产要素，尤其是劳动力要素是在全球的范围内进行优化配置。对就业变动、就业政策以及类似养老保险这样的其他社会政策进行国际比较研究就有了特别重要的意义。

5.《简历：让你脱颖而出》，胡鹏编著. 北京：机械工业出版社，2007。针对网络时代信息发展的特点，针对不同背景的求职者，提供了系统、全面的中英文简历写作解决方案。书中收录了大量来自国内外顶尖大学毕业生的优秀简历案例，以帮助读者在最短时间内迅速提升简历写作水平，亮出自身的精彩，从众多竞争者中脱颖而出。

6.《面试宝典：30 位求职者名企面试攻略》，王丽平，谢文辉主编. 北京：中国时代经济出版社，2007。面试其实是一门艺术，它不仅包含实力的较量，还需要技巧的竞技，甚至是灵性的对答。技巧能够弥补实力的不足。对刚毕业而完全没有求职经验的学生来说，掌握面试的技巧，尤为重要。选取了30位求职者全真面试故事案例，他们以切身的经验体会、深刻的见解为我们解答了面试过程中可能碰到的众多问题，并提供了可借鉴的实战经验。

7.《面试突围：世界500强企业200套经典面试题》，彭洁，陈凯编著. 深圳：海天出版社，2007。编者尽力搜寻一常规的有代表性的内容呈现给读者。作为一个职场中人，可能会

前言

高等院校毕业生就业形势日益严峻，其就业工作已成为我国政府的民生工程，成为社会和学校关注的热点。

李克强总理近年来不断号召“大众创业、万众创新”，希望激发民族的创业精神和创新基因。身为社会主义事业接班人的大学生们是重要力量，更应该响应总理的号召，勇于创新，勇于实现自己的梦想。

本书根据教育部《大学生职业发展与就业指导课程教学要求》（教高厅）[2007] 7 号）的内容和要求，结合我国普通高等院校开展就业与创业指导教学的实际情况，由一线专职老师与相关专家编写而成。

全书在编写体例上，每章采用案例为主、案例点评为要，理论为主、素质拓展为要的编排体系。题材新颖，内容丰富，具有很强的针对性、趣味性、指导性和体系性，既有理论方面的深入阐述，又有切合大学生职业发展实际的能力训练、操作方法，既立足实用性，具备指导功能，又注重方向性，富有教育意义，不仅有利于引导大学生正确认识就业，从容进行创业，而且还可以帮助大学生树立职业目标，合理规划大学业、规划人生，为大学生个人职场成功奠定基础。

本书作为大学生职业发展的课程体系的组成部分，三篇密不可分，形成有机整体，但是又自成体系，各有侧重点。第一篇为“职业规划篇”，帮助学生规划学业、规划人生；第二篇为“就业指导篇”，帮助学生了解就业形势，进行就业训练，就业准备；第三篇为“创业创新篇”，帮助学生掌握创业知识，做好创业准备或创业尝试。

本书不仅可以作为高等职业学校就业与创业指导方面的通识教育教材，也可以作为高职院校相关教职人员的参考书。

在本书的编写过程中，参考和使用了有关资料，在此致以诚挚的谢意。

由于时间仓促和编者水平有限，书中难免存在不足不处，恳求广大读者给予批评指正。

编　者

2015 年 9 月

面临各种各样的机会与挑战，如何把握机会赢得挑战就显得相当重要。本系列图书力图使读者首先能对自己有一个清醒的认识,然后参考各个知名企业的面试方法以及它们的管理理念，以便做到有备而战。最终使得读者能找到自己合适的人生舞台。

8.《网络求职宝典》，赖伟承，薛屹敏编著.北京：机械工业出版社，2009。本书总结了当前最流行的网络求职与面试技巧，告诉你新职位、新机会怎么去找，告诉你简历什么时间发给什么人最好，告诉你如何做到不用发送简历也能找到工作，告诉你面对 IT 等热门行业，面对策划、市场、管理等热门职位，怎样才能成为面试场的主导，从而实现职场梦想。

9.《成就事业的 50 个心理工具》，刘振中，王海东，李月红编著. 北京：电子工业出版社，2008。本书汇集了 50 种与事业发展有关的常用心理工具，这些心理工具分为五个门类，包括能力是事业成功的基础、性格比能力更重要、成就事业的原动力、好人缘成就好事业、压力是事业成功的另一种动力。每个门类都包括多份评估表或调查问卷，用以调查技能、态度和行为，以展示一个人的技能、素质和性格特征。

10.《求职上岗礼仪》，周裕新主编.上海：同济大学出版社，2006。礼仪是社会文明的产物，其产生与发展的历史，正是人类得以摆脱原始的蒙昧状态而进化到物质文明高度发达的今天的根本原因。随着时代与社会经济的飞速发展，礼仪现已渗透到人们社会生活的各个领域，占据着越来越重要的位置，并逐渐形成了专门的学科。

11.《创新学》，吴维亚，吴海云著. 南京：东南大学出版社，2008。做一个理性的创业者要从掌握创业法律知识，学习避免法律风险开始，这是本书试图给所有创业人士灌输的理念，更提供了切实可行的方法策略。本书根据创业的不同阶段分为基础、进阶、高阶三大部分，选取创业过程中最常遇到的法律问题，达到迅速锁定，最快解答的目的。

12.《开采人生：当代大学生新视野》，陈光军著. 济南：山东大学出版社，2001。本书共十章：介绍了高校与高校大学生、大学生自我设计、大学生人生哲学、大学生能力培植、大学生机遇把握、大学生创造力开发、新时代向大学生提出挑战、大学生创业、大学生才华锤炼。

13.《赢得细节》，杨娜著. 北京：当代中国出版社，2007。本书通过具有说服力和启发性的普通人成功创业的事例，以平实、通俗的语言，教你把握生活细节并在其中寻找市场空缺，指导你成功地迈出自主创业的第一步。

14.《这样找工作：名牌高校毕业生求职心路历程》，汪昊，梁功平主编. 北京：机械工业出版社，2005。本书由北大、清华等名校毕业生讲述他们成功求职的真实经历和感悟，既有求职成功的经验有也失败的教训。书中除了就业指导专家谈当前的就业形势及给毕业生的建议外，还有求职者对职业选择、户口问题、城市选择等问题的不同角度的考虑。希望通过此书，能够帮助读者对自己的职业规划进行思考，并带领你提前进入求职现场，了解求职的每一个环节，注意求职中的每一个细节。

15.《大学生创业 100 例》，毛文学编著. 北京：长征出版社，2007。本书是浙江省社会科学界联合会社科普及课题成果。它精选了近几年全国各地大学生创业案例 100 个，其中有成功的欢乐和失败的痛苦，为大学毕业生和其他有志创业青年提供借鉴、参考，也为其成长、成才、成功铺路。

图书在版编目（CIP）数据

就业指导与创业教程 / 庞若通主编. -- 北京 : 人民邮电出版社, 2015.11
高等院校通识教育“十二五”规划教材
ISBN 978-7-115-40676-7

Ⅰ. ①就… Ⅱ. ①庞… Ⅲ. ①大学生－职业选择－高等学校－教材 Ⅳ. ①G647.38

中国版本图书馆CIP数据核字(2015)第238684号

内 容 提 要

本书根据教育部《大学生职业发展与就业指导课程教学要求》，分为三篇。第一篇为“职业规划篇”，介绍职业意识的培养，职业与人生，自我认知，职业认知，职业定向，职业素质的培养，职业生涯发展规划及培养等内容；第二篇为“就业指导篇”，介绍求职准备，应聘实务，求职心理调适，职业情商的培养，就业权益的保护等内容；第三篇为“创业创新篇”，介绍创业、创业精神与人生发展，创业者和创业团队，创业机会与创业风险，创业计划，新企业的创办，新企业的生存与成长管理等内容。

本书可以作为高等院校职业发展与就业指导、创业创新方面的通识教育教材，或者作为高等院校相关教职人员的参考书，也适合有志于确立自己人生规划，提高自己就业与创业能力的广大青年朋友阅读。

◆ 主　　编　庞若通
责任编辑　王亚娜
责任印制　焦志炜

◆ 人民邮电出版社出版发行　　北京市丰台区成寿寺路 11 号
邮编　100164　　电子邮件　315@ptpress.com.cn
网址　http://www.ptpress.com.cn
三河市海波印务有限公司印刷

◆ 开本：787×1092　1/16
印张：14　　2015 年 11 月第 1 版
字数：373 千字　　2015 年 11 月河北第 1 次印刷

定价：32.00 元

读者服务热线：(010)81055256　印装质量热线：(010)81055316
反盗版热线：(010)81055315

高等院校

通识教育“十二五”规划教材

就业指导与创业教程

庞若通 主编

人民邮电出版社

北京